Gert P. Spindler

Das Spindler-Modell

Gert P. Spindler

Gert P. Spindler

Das Spindler-Modell

Erinnerungen eines Unternehmers

UNIVERSITAS

Meinen Enkeln gewidmet

Schutzumschlag: Wolfgang Heinzel
Frontispiz mit freundlicher Genehmigung
von Paulus Belling, phot., Bonn
Satz + Druck: Jos. C. Huber KG, Dießen
Binden: R. Oldenbourg, München
Printed in Germany
3-8004-1306-X

Inhalt

Weshalb schauen wir auf die Uhr,
um zu sehen, wie spät es ist,
weshalb nicht, wie früh es ist?

Warum?

Das 20. Jahrhundert ist der interessante, aufregende, aber in vieler Hinsicht auch deprimierende Hintergrund, vor dem sich mein Leben abgespielt hat. Seit ich die Ereignisse bewußt wahrgenommen habe, fesselten sie mich im Guten wie im Bösen, und ich möchte rückblickend in keiner anderen Zeit auf dieser Welt gewesen sein.

Das Schreiben an diesem Buch über meine Existenz war für mich eine Entdeckungsreise zu mir selbst, ein Zurückrufen der Erinnerung. Es ist eine Schilderung dessen geworden, was mich bestimmt und geformt hat, was ich daraus erfahren und gelernt habe, und der Handlungen, zu denen es mich veranlaßte. Das Dasein, von dem ich hier in seinen einzelnen, sehr unterschiedlichen Phasen berichte, war ein einziges, wundervolles Erlebnis. Daran ändert auch die Tatsache nichts, daß es neben Höhepunkten auch manche Bedrängnis und Enttäuschungen mit sich brachte. Denn auch in solchen Herausforderungen war es für mich anspornend und damit faszinierend.

Je älter ich wurde und je mehr Menschen ich aus den verschiedensten Schichten der Bevölkerung kennenlernte, desto größer wurde mein Interesse an ihrer Situation in Staat und Gesellschaft, desto mehr wuchs aber auch mein Empfinden, verpflichtet zu sein, das Meinige zu tun, um ihre Lage zu verbessern. Dabei kam ich unvermeidlich den politischen

Verhältnissen und Vorgängen nahe. Während meiner Tätigkeit in zwei mich zusammen fünfzig Jahre ausfüllenden Berufen als Unternehmer und Kommunikationsberater erkannte ich mehr und mehr, von welch entscheidender Bedeutung die geistige und materielle Abhängigkeit der vielen Durchschnittsbürger für ihr Dasein ist. Nicht nur in totalitären Regimen oder wie früher unter den absoluten Fürsten wird der einzelne fortgesetzt übergangen, sondern erschreckenderweise auch in einer Demokratie.

Die Ursache liegt nicht nur in der Undurchschaubarkeit und weitgehenden Anonymität einer modernen Industriegesellschaft und in den Hintergründen für die Entscheidungen, die dort getroffen werden, sondern auch in der Apathie der Regierten, die nur dann noch aufbegehren, wenn die Verhältnisse für sie unerträglich geworden sind. Dabei spielt ihre allgemeine Unmündigkeit – im Sinne von fehlenden Möglichkeiten –, sich selbst ein eigenes, unabhängiges Urteil über die jeweils anstehende Sache zu machen, eine ausschlaggebende Rolle. Das Objektdasein der vielen ist das Hauptproblem unserer Zeit. Es hat sich in diesem Jahrhundert ständig vergrößert und tut es weiter. So lange „die da oben" ihre Haltung nicht ändern und das selbständige Denken und Mitwirken der anderen nicht fördern, so lange kann die verhängnisvolle Entwicklung nicht gestoppt, geschweige denn zurückgebildet werden.

Diese Erkenntnisse liegen der Rückblende, die dieses Buch darstellt, zugrunde. Es wird, so hoffe ich, den roten Faden aufzeigen, der von ihnen ausgeht und mich bei allem, was ich unternommen habe, geleitet hat. Er war aber auch der Gesichtspunkt, von dem aus ich das Geschehen um mich her empfand und betrachtete. Wo ich die Möglichkeit – zum Beispiel in meinen Berufen – sah, an Bestehendem und an Handhabungen im Sinne meiner Überlegungen etwas zu ändern, tat ich es, obwohl ich immer wieder erfuhr, wie gering die Chancen waren, daß mir dies außerhalb meines direkten Entscheidungsbereichs gelingen konnte. In den bestimmenden Positionen des öffentlichen Lebens sitzen überwiegend Menschen, die sich vom Gewohnten und Eingefahrenen weder durch beispielhaftes Verhalten abbringen, noch durch Argumente überzeugen lassen.

Zu dieser Niederschrift benutzte ich Aufzeichnungen und Notizen verschiedener Art, die ich fast immer in der einen oder anderen Weise für mich gemacht habe. Briefwechsel kamen hinzu und Bücher, die sich mit verschiedenen Fragen in einer Form befaßten, daß sie mir als Ergänzung meiner Berichterstattung geeignet erschienen. Dankbar bin ich vor allem denjenigen, die mit mir durch gemeinsame Aktivitäten verbunden waren oder noch sind und mir in Gesprächen und mit Unterlagen halfen, Lücken in meinem Gedächtnis zu schließen.

Gert P. Spindler

Erkrath-Hochdahl, Januar 1994

Nicht was man erlebt,
sondern wie man etwas erlebt,
ist wichtig.

Walter Gerhard Bauer

Wie es begann

Wenn man von Hilden bei Düsseldorf die Landstraße nach Norden in Richtung Hochdahl fährt, liegt kurz hinter den letzten Häusern der Stadt auf der rechten Seite ein größeres Anwesen. Über die massive Mauer, die sonst die Sicht versperrt, ragen die Wipfel eines alten Baumbestands. Die Mauer ist an einer Stelle durch eine Einfahrt unterbrochen und gibt dort den Blick auf eine Gruppe moderner Gebäude frei. Ein Schild besagt, daß es sich um das „Institut für Öffentliche Verwaltung" handelt. Nur der Name der Bushaltestelle davor, „Kolksbruch", erinnert noch daran, was dort einmal gewesen ist: Ein herrschaftlicher Landsitz, 1911 von meinen Eltern Paul Spindler und Meta geb. Sondermann errichtet. Es soll ein sonnenüberfluteter, strahlender Frühlingstag gewesen sein, an dem ich da am 9. Mai 1914 geboren wurde. War das ein gutes Vorzeichen für mein Leben? Wenn ich es heute überblicke, dann war es das!

Meine Mutter stammte aus Gummersbach, und alle ihre Ahnen kamen aus dem Bergischen Land beziehungsweise dem Oberbergischen, wo viele in der Roheisenveredelung als Reidemeister tätig gewesen waren. Die Vorfahren meines Vaters kamen aus Wuppertal-Elberfeld, wohin sie von Kassel beziehungsweise dem Hunsrück und noch vorher aus Franken kommend zugewandert waren. Sie übten handwerkliche Berufe aus, aber es gab auch bedeutende Pfarrer unter ihnen. In den letzten drei Generationen sind meine unmittelbaren Vorfahren sowohl väterlicher- als auch mütterlicherseits als Unternehmer tätig gewesen und hervorgetreten. Noch vierzig Jahre später war diese Abkunft für einen Mitarbeiter des Familienunternehmens, das ich damals leitete, Veranlassung, bei einer öffentlichen Anhörung zu der von mir vorgenommenen Beteiligung der Belegschaft an der Firma zu erklären: „Das scheint ja alles gut und schön, aber jemand, der wie Herr Spindler aus einem solchen Elternhaus stammt, kann doch gar nicht sozial sein.“ Nicht wenige Außenstehende sahen das ähnlich.

Glücklicherweise wußte ich in jenen unbeschwerten Kinderjahren – die ich in der Geborgenheit des Kolksbruchs verbrachte – nichts von derartigen Vorurteilen. Sie begleiteten mich jedoch, solange ich als Fabrikant tätig war, und ich gewöhnte mich daran, damit zu leben.

Eine Kindheit, die in einer solchen Umgebung verbracht wird wie diesem Besitz meiner Eltern, ist prägend für das ganze Leben. Das hängt vor allem mit dem ländlichen Charakter und der Großräumigkeit eines solchen Anwesens und der Nähe allen Geschehens zur Natur zusammen. Wenn es dann außerdem noch in einer harmonischen Weise gestaltet ist, wirkt es sich besonders nachhaltig auf das Empfinden eines jungen Menschen aus. Ich erlebte es so, wie meine mit einundzwanzig Jahren verstorbene Schwester Metita den Zauber, der den Kolksbruch umgab, in einem Märchen, wie sie es nannte, geschildert hat:

„Am Eingang stehen hohe Pappeln so dicht beieinander, daß sie eine einzige wundervolle Krone bilden. Die kleinen, runden Blätter zittern und rauschen im Wind. Er treibt die Samen mit den weißen Flöckchen durch die Luft weit über Land. Daneben schaut die schöngeformte Linde über die Mauer. Wenn sie blüht, dann ist ein tiefes Summen darin, dann holen sich die goldenen Bienen den süßesten Honig aus den unscheinbaren Blüten.

Das Haus hebt sich aus einer Fülle von Blumen. Leuchtend sind seine Farben, gelb die Wände und das breite Dach rot; die Fensterläden leuchten frisch grün und weiß die Gesimse. Vor der Tür ist ein Säulengang. Gegenüber liegt das Gärtnerhaus und gerade so ein Gang davor. Eine hohe bewachsene Mauer mit weißen Toren darin führt von einem Haus zum anderen.

Um alle Balkone, Säulengänge und auch um den Brunnen mitten im Hof schlingt sich ein Blumenkranz. Die Blüten leuchten feuerrot, lila, rosa und weiß in allen Schattierungen. Sie blühen auch in zwei steinernen Becken rechts und links in dunklen Taxusnischen. An den Säulen winden sich blasse, lila Glyzinien hinauf und an den Wänden Weinranken, die sich im Herbst blutrot und dunkler färben. Hinter den weißen Toren wachsen zwei Kastanienbäume. Sie schauen mit ihren Spitzen über die Mauer und stecken im Frühling ihre weißen Kerzen auf.

Im Winter brennen auf der schönsten Tanne aus dem Wald auch Kerzen. Sie steht dann in der Diele des Hauses und ragt bis an die Decke. In einem Bogen hängt ein Adventskranz aus Tannen und Hagebutten. Rote und silberne Bänder sind darum geschlungen. Die Diele ist braun getäfelt, und darüber geht die weiße Wand in die Decke über. Viele Lampen hängen herab mit kleinen, milchweißen Glocken und Perlenketten aus hellem Glas. Die klingen leise und fein, wenn einmal der Wind durch das offene Fenster hereinfährt.

Anstelle des Weihnachtsbaumes steht sonst der Flügel. Auf seiner spiegelglatten Mahagonifläche liegt ein weißes Spinnwebdeckchen, und darauf steht eine Tänzerin aus Bronze. Es ist auch eine Kaminecke da. Die Decke dort ist niedriger, daß man so recht traulich beisammen sitzen kann. Das Licht strahlt aus einer Schale gegen die Decke und fällt dann mild zurückgeworfen hinunter. An den Wänden zieht sich eine Bank rings entlang. An Winterabenden loht im Kamin ein Feuer, und manchmal knackt und zischt es in der Flamme, daß Funken heraussprühen.

In dem anderen Zimmer sind die Wände mit lila Stoff bespannt, und der Boden ist mit einem hellgrauen Teppich bedeckt. In einer Ecke steht ein niedriger, gestreckter Schrank. Darin sind die schönsten und interessantesten Bücher verborgen. An der Wand hängt eine Kohlezeichnung von Fahrenkrog: Jesus und das Kind. Hell liegt das Licht auf dem seidigen Scheitel des Kindes. Über dem grünen Sofa hängt im goldenen Rahmen ein frisches, dunkeläugiges Kinderbildnis. Das Kind hält ein paar rote Tulpen in der Hand. Die Glastür zu dem Wintergarten steht weit offen, und man sieht durch die großen Fenster hinaus in den Rosengarten mit dem grünen Rasen, darauf ein Birnbaum steht, und den leuchtenden Blumenbeeten vor den beschnittenen Taxushecken.

Hinter dem Haus ist ein Weiher. Seerosen und Mummeln blühen dort und breiten ihre runden Blätter auf der Wasserfläche aus. Weiße Schwäne ziehen ihre Bahn oder schweben mit ruhigen Schlägen über den Teich. An einer Stelle sind sich die Ufer so nah, daß eine weiße Brücke im Bogen hinüberführt. Trauerweiden hängen ihre langen Zweige tief hinab und streifen das Wasser. Wenn die Mücken darüber tanzen, schnellen die Forellen anmutig in die Höh', und wenn sie zurückfallen in die Flut, bilden sich weite Kreise. Im Winter dehnt sich eine Eisschicht über das ganze Wasser, und an manchen Stellen ist es so spiegelblank und klar, daß man bis auf den Grund sehen kann.

Wo ein Weg mit einem grünen Moosteppich hinaus auf eine Wiese führt, steht eine weiße Bank zwischen jungen Kiefernbäumchen. Oft wogt der Wind durch das hohe Gras mit den vielen Margeritenblumen, dem gelben Hahnenfuß, rankenden Wicken und dem hohen, dunkelroten Sauerampfer. Wenn es später geschnitten ist und getrocknet auf Haufen steht, breitet sich ein würziger Heuduft über Wald und Wiese, und die Sonne scheint heiß darüber. In feuchten Nächten, wenn die Elfen mit ihren Nebelschleiern unter den Buchenzweigen im Wald und über den Wassern tanzen, zünden die Glühwürmchen ihre Laternen an und leuchten in schwebendem, gleitendem Fluge den Tanzenden mit ihrem grünsilbernen Licht." Wer dies so erlebte und erfuhr, vergaß es nie wieder.

Einige künstlerisch begabte Verwandte hielten die Schönheiten des Kolksbruch, die Pracht der Farben, der Blumen, der Rhododendren und anderer blühender Gehölze und der Gebäude in Aquarellen und Linolschnitten fest. Sie schmücken heute die Wände des Hauses, das ich bewohne, und halten meine Erinnerungen an die von einem Zauber umgebene Kindheit wach. Dort hatte ich auch meine ersten bewußten eigenen Erlebnisse.

Sie beginnen mit endlosen Kolonnen der geschlagenen deutschen Armee, die 1918 tagelang an unserem Tor vorbei in die Heimat marschierten. Meine Eltern und unser Personal versorgten sie mit allen Gaben – Brot, Getränke etc. –, die ihnen zur Verfügung standen. Den deutschen Truppen folgten die englischen Besatzungssoldaten, die große Teile der Gebäude des Anwesens beschlagnahmten und unsere Familie auf wenige Zimmer beschränkten. Dieser Vorgang störte mich weniger als die Erwachsenen, und ich sah auch keinen Grund, weshalb ich mich nicht mit den fremden Soldaten anfreunden sollte, zumal sie zu mir reizend waren.

Die Engländer verhielten sich überhaupt – allerdings mit einigen Ausnahmen – reserviert und korrekt. Sie verlangten jedoch, daß Deutsche ihre Fahne grüßten, wenn sie daran vorbeigingen. Die Franzosen, die Düsseldorf besetzt hatten, gingen noch einen Schritt weiter: Wenn einer ihrer Offiziere einem auf dem Bürgersteig entgegenkam, mußte man auf die Fahrbahn ausweichen. Als wir einmal von einem Ferienaufenthalt im unbesetzten Deutschland nach Hause reisten, ließen uns Besatzungssoldaten auf dem Bahnhof in Hagen mehrere Stunden bei geschlossenen Fenstern in brütender Sommerhitze auf einem Abstellgleis stehen. Grund: Ein Mitreisender hatte ein verbotenes Plakat an die Scheibe seines Abteils geklebt.

Solche überflüssigen und demütigenden Schikanen verärgerten die Bevölkerung natürlich sehr, ebenso wie die Sperrstunden, in denen kein Deutscher auf die Straße durfte, Ärzte ausgenommen. Hinzu kam ein Paßzwang, wenn man von einem Besatzungsgebiet in ein anderes wollte. Eine solche Grenze lief durch das Gelände des Kolksbruchs. Da die Ein- und Ausfahrt dazu von der Kontrollstelle an der Straße nicht einzusehen war, nutzte unsere Firma die günstige Gelegenheit, um ihre Erzeugnisse mit Pferdefuhrwerken unverzollt aus dem besetzten ins unbesetzte Gebiet zu transportieren. Für uns Kinder, denen man sicherheitshalber nichts über diese Vorgänge gesagt hatte, war das Geheimnisvolle natürlich sehr aufregend.

Die Stimmung gegen die Siegermächte steigerte sich zu offener Empörung, als am 11. Januar 1923 französische und belgische Truppen, etwa sechzigtausend Mann, ins Ruhrgebiet einrückten, um in Eigenregie den Abtransport der Kohle zu übernehmen. Grund dafür war, daß Deutschland seinen im Versailler Vertrag übernommenen Reparationsverpflichtungen nicht vollständig nachgekommen war. Noch am gleichen Tag rief Reichspräsident Ebert die Bevölkerung des Ruhrgebiets auf, gegen dieses Vorgehen passiven Widerstand zu leisten. Gleichzeitig hielten die Gewerkschaften ihre Mitglieder an, die Arbeit niederzulegen. Dem Generalstreik schlossen sich auch die Beamten der Post und der Bahn an. Als Folge brachen Wirtschaft und Transportwesen an der Ruhr zusammen. Die Franzosen konnten gerade noch fünf Prozent der ihnen zustehenden Kohlelieferungen abtransportieren.

Zum „passiven Widerstand" gehörte auch, daß kein Deutscher mehr die Eisenbahn benutzte, die in französischer Regie lief. Auch gab es Anschläge auf die Bahn. Um sich dagegen zu schützen, befahlen die Besatzer, daß angesehene Bürger, etwa Ärzte, Beamte oder Fabrikanten, in bestimmten Zügen mitfuhren, selbst wenn sie keinen eigenen Anlaß dazu hatten. Das sollte die Attentäter abschrecken. Auch Verwandte von uns mußten solche Zugreisen mitmachen. Unbeirrt setzten jedoch die Franzosen ihre harte Repressalienpolitik fort: Allein sechsundvierzigtausend Beamte mit ihren Familien wurden ins unbesetzte Deutschland ausgewiesen, dazu noch weitere einhunderttausend Einwohner. Schon Ende März hatte die Besatzungsmacht bei Zusammenstößen in Essen dreizehn Krupp-Arbeiter erschossen.

Die Situation an der Ruhr hatte aber auch noch eine andere Folge. Im Rheinland häuften sich die Stimmen jener, die sich von einem wirtschaftlichen Anschluß an Frankreich die langersehnte Ruhe und Ordnung erhofften. Einer der führenden Köpfe dieser Autonomiebewegung war der Oberbürgermeister von Köln, Konrad Adenauer, der spätere erste Regierungschef des westdeutschen Teilstaates Bundesrepublik.

Die Besetzung des Ruhrgebiets muß als Ausfluß der unseligen sogenannten „Erbfeindschaft“ zwischen Franzosen und Deutschen betrachtet werden und als Folge des großen Krieges zwischen diesen Völkern, der von beiden einen bis dahin nie gekannten Blutzoll an Menschenleben gefordert hatte. Gustav Stresemann, der im August 1923 Reichskanzler wurde, brachte eine große Koalition zusammen, mit der er die entscheidenden Schritte zur Beendigung des Ruhrkampfes unternehmen konnte. Aber erst als in Frankreich Aristide Briand ab 1926 die Außenpolitik leitete, kam es zur Aussöhnung zwischen Franzosen und Deutschen. In Verdun, dem heißumkämpften Schlachtfeld, fanden Massentreffen und Kundgebungen ehemaliger Frontkämpfer beider Länder statt, die „nie wieder Krieg“ forderten. Leider mußte noch ein weiterer Waffengang erfolgen, bis das so sehr ersehnte Ziel Wirklichkeit werden konnte.

Als der Ruhrkampf Ende September 1923 abgebrochen wurde, entspannte sich die Lage; kurz vor Weihnachten zogen die ersten Truppen ab. Begreifliche Erleichterung machte sich breit. Aber die nächsten Schwierigkeiten zeigten sich bereits am Horizont: die große Inflation, die Millionen Menschen um ihre Ersparnisse und an den Bettelstab brachte.

Zu jener Zeit ging unser Vater zu Fuß vom Kolksbruch nach Hilden in seine Fabrik. Dabei traf er allerlei meist einfache Leute, mit denen er „platt kallte", denn das konnte er perfekt. Zwei solche Gespräche verdienen hier festgehalten zu werden, denn sie geben wieder, was die Menschen damals beschäftigte. Das eine Mal erkundigte sich Vater bei einem Mann, von dem er wußte, daß er Kommunist war, wie er sich die Zukunft denn vorstelle, wenn sein Ideal verwirklicht würde. Da erwiderte ihm der biedere Mann: „Zuerst schlagen wir alles kapott!" Und als diese Antwort unseren Vater nicht befriedigte, setzte er hinzu: „Wat dann kommt, dat soll mich denn janz ejal sin!" – Ein anderes Mal unterhielt sich Vater mit einem Arbeiter über die Sorge eines Freundes, der eine Weizenmühle betrieb, ob er nach Beendigung der kriegsbedingten Roggenmahlerei wohl wieder Kunden finden würde, die Weizenbrot essen wollten. Da beruhigte ihn der Mann mit der Bemerkung: „Wissen se, wenn dat alles hier zu Ende is, dann don ich nen janzen Tag nix wie Brütchers freten."

So vergnüglich derartiges war, so blieb unseren Eltern und uns Geschwistern ein großes Leid nicht erspart: Mit einundzwanzig Jahren starb meine zweitälteste Schwester Metita nach einem jahrelangen Siechtum an einer schweren, damals unheilbaren Krankheit. Es war jene künstlerisch Hochbegabte, die das „Märchen vom Kolksbruch" geschrieben und mit zahlreichen Tuschzeichnungen illustriert hatte. Dies ließ ahnen, welches Talent in der Heimgegangenen noch schlummerte. Nun war alles vorbei. Unsere Eltern beschlossen daraufhin, den schönen Besitz, mit dem so viele Erinnerungen an das verstorbene Kind verbunden waren, zu verlassen und in ein viel kleineres Haus, das sie sich im Zentrum von Hilden bauen ließen, umzuziehen. Zu dem persönlichen Verlust kam die Erkenntnis, daß der Weltkrieg und seine Folgen ein Wohnen in so großem Stil wie bis dahin nicht mehr zeitgemäß erscheinen ließen. Für mich aber blieb der Kolksbruch, auf dem ich meine glücklichen Kinderjahre verbracht hatte, mein „Elternhaus". Das neue konnte diesen Platz in meinem Herzen nie einnehmen.

Meine Mutter schrieb während ihres Lebens vieles auf, was ihr wichtig oder sonstwie erinnerungswürdig schien. Dazu gehörten die Äußerungen, die wir als Kinder (wir waren zu viert, ich hatte drei ältere Schwestern) getan hatten und die sie als besonders typisch für das Wesen und den Charakter jedes einzelnen von uns empfand. Noch heute erkenne ich mich in einigen derartigen Bemerkungen und meinem Verhalten bei späteren Gelegenheiten wieder.

Bereits sehr früh fesselten die Vorgänge in der Natur, die ich beobachtete, meine Aufmerksamkeit. Dazu trug auch mein Vater bei, der ein großer Kenner all dessen war, was da „kreucht und fleucht". Dreijährig bewunderte ich den blühenden Flieder und die grünenden Bäume mit dem Ausruf: „Der Frühling ist da, der Frühling ist da, sieh mal, was er alles gemacht hat." Als ich später in der Schule naturkundlichen Unterricht hatte, kam ich eines Tages mit einem Löwenzahn nach Hause und hielt ihn meinen Eltern mit dem Hinweis unter die Nase: „Das ist ein Wunder der Natur." Der Lehrer hatte uns gezeigt, wie die Blume ihre kleinen „Schirmchen" mit den Samen durch die Luft fliegen läßt.

Gedanken machte ich mir offenbar um die Art und Weise, wie meine Eltern mich erzogen. Sechsjährig sagte ich zu meinem Vater: „Du, Vater, wenn ich aber mal Kinder hab', die erzieh' ich viel strenger als ihr mich. Wenn die so herumquengeln und schimpfen würden wie ich, dann hätten sie schon gleich eine Ohrfeige." Aber ein paar Jahre später beklagte ich, sie seien immer so streng mit mir. Ich meinte, sie würden es ganz falsch machen, dann könne ich ja gar nicht artig sein. Statt mir mit einem strengen Verbot eine hohe Mauer aufzubauen, sollten sie mir ein kleines „Zäunchen" hinstellen, das mir die Entscheidung überließe, ob ich es respektieren würde oder nicht. Meine Eltern folgten meiner Empfehlung, und ich soll mich tatsächlich entsprechend verhalten haben. Nur einmal bekam ich eine Tracht Prügel, und zwar von meinem Vater mit einem Stock. Ich hatte in Abwesenheit meiner Eltern versucht, einen Lampenschirm anzuzünden, konnte ihn zwar rechtzeitig löschen, log aber, ich sei es nicht gewesen. Ich empfand die Strafe als gerechtfertigt.

Mit anderen Kindern tat ich mich schwer. Am ersten Schultag ging ich alleine nach Hause und bemerkte dann, „es seien ein paar Kinder zuviel dagewesen". Merkwürdig früh, stellte meine Mutter fest, hätte ich sinngemäß, wenn sie mich fragte, weshalb ich nicht mit diesem oder jenem spielen wolle, geantwortet: „Er ist mir unsympathisch." Mit zehn Jahren äußerte ich zu ihr: „In mir ist immer so was Mächtiges'", und als sie nachfragte, wie das sei, hatte ich erklärt: „Weißt du, es ist so in mir, immer wieder. Ich weiß ja, daß es nicht geht. Aber ich meine, ich müßte zu sagen haben, und die anderen tun, was ich sage." Diese Diskrepanz zwischen Wollen und der Einsicht des Nicht-Könnens hat mir mein Leben lang zu schaffen gemacht.

Sehr deutlich wurde mein ausgeprägter Individualismus bei zahlreichen Gelegenheiten. Wir feierten – da meine älteren Schwestern zum „Wandervogel", einer jugendbewegten Organisation gehörten – selbstverständlich das Osterfest auf eine traditionelle Weise. Dazu gehörte das Abbrennen eines großen Feuers, für das wir während des ganzen Winters allerlei Reisig zusammentrugen. Wenn dann in der Dunkelheit die Flammen hoch zum Himmel schossen und die Glut einen zwang, Abstand zu halten (die Jungen und Mädchen bewiesen ihren Mut, indem sie über das Feuer sprangen, wenn es herabgebrannt war), dann ergriff auch mich die Begeisterung. Dann nahm ich mir etwas von dem brennenden Holz, um mir ein kleines, eigenes Extrafeuerchen neben dem großen, das für alle da war, zu machen.

Diese Freude an etwas Eigenem ist ja vielen Menschen angeboren. Bei mir war sie bestimmend für alle wichtigen Entschlüsse und Entscheidungen, die ich während meines Lebens zu treffen hatte. Glücklicherweise konnte ich dies Streben fast immer verwirklichen, und wenn es nicht ging, verlor ich schnell das Interesse an der betreffenden Sache. Das war zum Beispiel auch so, als ich den Wunsch hegte, Klavierstunden zu nehmen. Nachdem ich damit begonnen hatte, war mir bald das dazu erforderliche Üben eine Last, und ich verlor die Freude daran. Da nahmen mich meine Eltern zu einem Konzert des damals berühmten Pianisten Edwin Fischer mit, in der Hoffnung, daß ich durch sein wundervolles Spiel zur Fortsetzung meiner Bemühungen motiviert würde. Aber das Gegenteil trat ein. Ich erklärte schon in der Pause, nicht mehr weitermachen zu wollen, da ich ihn nie erreichen würde. Es habe deshalb keinen Sinn für mich, mich weiter dafür anzustrengen.

Die meisten Kinder haben gelegentlich einen Wutanfall, den sie noch schlecht beherrschen können. Auch mir ging es nicht anders. Eines Tages riß eines meiner Kaninchen aus, und ich konnte es nicht wieder einfangen. Immer wieder sauste es gerade dann davon, wenn ich es fast schon gehabt hätte. Da packte mich eine solche Wut, daß ich einen Hammer nach ihm warf, der es tödlich traf. Es war entsetzlich. Der Schock, den ich dadurch erhielt, bremst mich noch heute, wenn Zorn in mir aufsteigt. Beschämt sehe ich dann jene Szene wieder vor mir.

Schon als Kind hatte ich große Probleme, mit etwas Traurigem fertigzuwerden, aber auch sehr Schönes rührte mich zu Tränen. Ich versuchte mit allerlei Mitteln dagegen anzugehen, weil ich es als Schwäche empfand. Einmal bekannte ich diese Bemühung mit den Worten: „Beinahe wären mir die Tränen gekommen, aber dann kommt eine Wut über mich, und die Tränen gehen wieder in ihren Behälter zurück." Mit „Wut" meinte ich wohl eine gewisse Härte, die mir über meinen Kummer hinweghalf, wenn er mich überkam und mich zu übermannen drohte. Meine Mutter, die meine Not spürte, kam eines Tages auf eine wunderschöne Idee. Sie trug immer ein kleines Aquamarinherz an einem Kettchen um ihren Hals. Das zeigte sie mir und sagte: Jeder Mensch habe nur eine bestimmte Menge Tränen, die er in seinem Leben vergießen könne, und meine seien in diesem Herz. Weil es so klein wäre, müßte ich damit haushalten, damit ich noch weinen könne, wenn mir später als Erwachsenem etwas viel Schmerzlicheres geschehe als meine kleinen Kümmernisse, die ich als Kind empfand. Mich hat das sehr beeindruckt und tut es noch heute, denn ich habe noch immer die alten Schwierigkeiten, wenn mich etwas anrührt. Schon diese Geschichte zeigt, wieviel ich meiner klugen, empfindsamen Mutter verdanke.

Der Kolksbruch bot mir viele Gelegenheiten, mich zu betätigen. Leider hatte ich nur wenige Spielfreunde. Das waren in aller Regel die Kinder des Gärtners und anderer Angestellter. Es gab vielerlei Möglichkeiten, die verrücktesten Ideen in die Tat umzusetzen. So begannen wir eines Tages mit dem Bau eines Tunnels, den wir durch die Erde treiben wollten, weil ich annahm, daß wir damit auf der anderen Seite des Globus herauskommen würden. Aber leider verhinderten die Ferien die Verwirklichung des großen Vorhabens, und als ich zurückkam, hatte ich das Interesse an der Sache verloren. Nach einem Besuch des Hildener Betriebs brachte ich viele Rollen und Spulen mit und versuchte mir daraus eine Maschine zu basteln, wie ich sie in der Fabrik gesehen hatte. Überhaupt war das Basteln in jenen Jahren meine Leidenschaft, während ich mich für „Geistiges“ erst nach und nach interessierte. Das war die Frucht des allabendlichen Vorlesens meiner Mutter, die das mit großer Vollendung konnte und selbst Reuters „Ut mine Stromtiet“ in originaler Mundart fließend beherrschte. Im übrigen gab es in dem großen Besitz dauernd etwas zu sehen, denn die Gartenarbeiten und die Landwirtschaft, die dazugehörten, boten vielerlei zu beobachten und zu lernen.

Denn wo das Strenge mit dem Zarten,
wo Stärke sich und Mildes paarten,
da gibt es einen guten Klang.

Friedrich von Schiller

Eltern und Schwestern

Das neue Haus, in das wir umgezogen waren, lag in einem alten Park. Ein Bauernhof, der sich daran anschloß, uns aber nicht gehörte, auf dem ich jedoch fast ausschließlich meine Freizeit verbrachte, spielte und mithalf, ermöglichte mir, weiterhin in ländlicher Atmosphäre aufzuwachsen. Aber nicht nur solche äußeren Umstände bescherten mir eine an Eindrücken reiche Kinder- und Jugendzeit. Mein Elternhaus selbst war voller Anregungen und interessanter Erlebnisse.

Die Eltern verstanden sich gut. Sie ergänzten sich in vielerlei Hinsicht geradezu ideal. Auch wir Geschwister waren während unseres ganzen Lebens eng verbunden, obwohl wir ganz verschiedene Wege gingen und der Altersunterschied erheblich war. Er betrug zwischen meiner ältesten Schwester und mir sechzehn Jahre. Fast scheue ich mich, das Einvernehmen in unserer Familie so zu beschreiben, denn es charakterisiert eine „heile Welt", die von vielen selbstbewußten Jugendlichen unserer Tage mit Spott und Hohn bedacht wird, weil sie sie verachten. Vermutlich haben sie zu Hause nie erfahren, wie großartig eine solche Übereinstimmung ist und wie dadurch das ganze Dasein bereichert wird. Das bedeutet nicht, daß man immer und in allen Fragen derselben Meinung sein muß. Das Wesentliche ist jedoch, zusammen in die gleiche Richtung zu blicken. Wer hat später als Erwachsener noch das Glück, mit anderen Menschen so zu harmonieren, daß er jederzeit ohne Vorbehalt mit jedem Thema zu ihnen kommen und sich ihnen anvertrauen kann?

Hier muß ich anfügen, daß das Verhältnis zwischen den Eltern und uns keineswegs typisch für jene Zeit war, eher die Ausnahme. Im allgemeinen galt in den bürgerlichen Familien vielfach noch eine autokratische Ordnung, bei der gewöhnlich der Vater der alles beherrschende und bestimmende Patriarch war, ohne den nichts lief. Viele junge Leute wurden für Berufe ausersehen, zu denen sie keine Neigung empfanden und die sie widerwillig erlernten. Sie verließen sie dann später häufig, sobald sich ihnen eine Gelegenheit dazu bot. Mädchen erhielten in derartigen Familien selten eine Chance, überhaupt einen Beruf zu erlernen oder zu ergreifen. Sie hatten im Haus zu bleiben, bis sie geheiratet wurden (oder als alte Jungfern sitzenblieben). Mir ist noch ein Beispiel gegenwärtig, daß vor dem Zweiten Weltkrieg ein Bankier verhinderte, daß seine Tochter eine Auslandsreise machte, weil er die Devisenausgabe für ein Mädchen für überflüssig hielt.

Aber selbst in unserer Familie durfte meine jüngste Schwester nicht einen Mann heiraten, den sie liebte, weil er beruflich nicht in die Zukunftspläne unseres Vaters paßte. Sie durfte dann allerdings in Berlin einige Semester an der Hochschule für Politik studieren, bis der Beginn der NS-Zeit ihr die Fortsetzung verleidete. Eine interessante Tätigkeit fand sie anschließend, vermittelt durch Alice Salomon, im Pariser Büro des Internationalen Frauenbundes. Bis ins hohe Alter blieb Politik das sie am meisten fesselnde Gebiet.

In unserem Elternhaus ging es oft lebhaft, unkonventionell und natürlich zu. Wir alle waren, vielleicht unsere Mutter am wenigsten, temperamentvoll und konnten uns leidenschaftlich für eine Sache begeistern und auch erhitzen, die es in unseren Augen wert zu sein schien. Gelegenheiten gab es dazu genug.

Aber wir achteten einander so, daß Verstimmung darüber zwischen uns nie aufkam.

Im übrigen konnte von einer heilen Welt, soweit sie uns umgab, keine Rede sein. Der Versailler Friedensvertrag und die Folgen, die er mit sich brachte: die große Inflation der zwanziger Jahre, die Weltwirtschaftskrise mit dem Sechs-Millionen-Heer von Arbeitslosen und schließlich die Ära des Nationalsozialismus mit dem Zweiten Weltkrieg, waren genügend erregende Ereignisse, die verhinderten, daß man sich in einer Scheingeborgenheit verlor. Darüber hinaus wurden wir und jeder einzelne von uns im Lauf der Zeit mit mancherlei persönlichen Problemen und Herausforderungen konfrontiert, mit denen wir fertig werden mußten. Aber auch sie bewiesen, daß dafür ein intaktes innerfamiliäres Verhältnis eine große Hilfe ist.

Freilich, wie wir geworden sind und auch unsere Einstellung zueinander, verdanken wir in erster Linie dem Vorbild und der Erziehung unserer Eltern. Sie waren und verhielten sich liberal und verständnisvoll und das nicht nur uns Kindern gegenüber. Schon als jungverheiratete Leute pflegten sie alle Kontakte zu Menschen, von denen sie etwas lernen konnten, und diskutierten mit ihnen die akuten Themen des allgemeinen geistigen und sonstigen Geschehens. Ihre Aufgeschlossenheit neuen Gedanken gegenüber war groß und ausgeprägt und wirkte sich auf vielen Gebieten, mit denen sie zu tun hatten, aus. So holte unsere Mutter bei Gertrud Bäumer, Pädagogin und damals eine der führenden Persönlichkeiten der Frauenbewegung, einen Rat ein, ob und wo sie ihre beiden ältesten Töchter konfirmieren lassen sollte. Vor dem Bau des Kolksbruchs informierten die Eltern sich jahrelang über modernes Wohnen und Bauen, wie es etwa von Schultze-Naumburg propagiert wurde, und hielten sich die besten Zeitschriften über Hausbau und Inneneinrichtung. Als meine älteste Schwester einen chinesischen Wissenschaftler heiraten wollte, gaben sie dazu ihre

Zustimmung, wenn auch erst, nachdem sie sich über das Gelingen derartiger Ehen erkundigt hatten.

Diese Schwester lebte dann viele Jahre, bis nach dem Ende des Zweiten Weltkriegs, in China, da ihr Mann, der in Berlin Zeitungswissenschaft studiert hatte, wegen seiner „Rasse" sein Staatsexamen nicht absolvieren konnte. Sie wanderten 1934 in seine Heimat aus. Während er bei der Regierung Tschiang Kaischek eine Reihe von Aufgaben wahrnahm, verfaßte meine Schwester ein umfangreiches Lehr- und Nachschlagewerk über die Geschichte des Theaters, „Das Drama und seine Aufführung", das noch auf seine Veröffentlichung wartet.

Mich veranlaßten die neuen Kontakte und später die Berichte meiner Schwester aus dem fernen Land, mich stärker für ostasiatische Fragen, vor allem die Verhältnisse in Japan und China, zu interessieren. So las ich fast alle Bücher von Klaus Mehnert über China und weitere von anderen Autoren über Japan. In den Jahren 1983 und 1987 konnte ich endlich die beiden Länder selbst bereisen und mir persönliche Eindrücke verschaffen. Später hat mir die Lektüre der Briefe Pandit Nehrus an seine in Genf studierende Tochter Indira weitere wichtige Erkenntnisse über asiatisches, nicht vom Christentum geprägtes Denken vermittelt. Man sieht daraus, wie sich die Welt demjenigen darstellt, der nicht aus Europa kommt und mit entsprechender Brille ausgestattet ist.

Wollte man die Eltern in der kürzestmöglichen Weise charakterisieren, so würde man unsere Mutter als warmherzig, empfindsam und liebevoll beschreiben, die diese Seite ihres Wesens jeden spüren ließ, dem sie begegnete. Sie verband das mit einer großen Weltoffenheit und Aufnahmebereitschaft allem, auch dem ihr Ungewohnten und Fremden gegenüber. Es gab nichts, das sie gleichgültig ließ. Was ihr Mann und wir Kinder dachten und taten, war für sie das Wichtigste im Leben. Dabei vernachlässigte sie aber nicht ihre Interessen, die vornehmlich der Literatur und dem Theater galten, jedoch auch die bildenden Künste einschlossen.

Unser Vater war ein Vollblutunternehmer und Fabrikant mit einer natürlichen Begabung für die Lösung technischer Fragen. Sein erfinderischer Geist befaßte sich mit allem, was ihm begegnete, sowohl in seinem Textilunternehmen als auch außerhalb. Viele Patente krönten seinen Lebensweg. Eine Erfindung, die der Firma einen großen Vorsprung vor ihren Wettbewerbern verschaffte, verdient besonders hervorgehoben zu werden.

Um die Jahrhundertwende begünstigte die Mode vor allem einige gewebte Artikel, die eine glänzende Abseite, den sogenannten „Spiegel", aufwiesen. Um diesen Effekt in größter Vollkommenheit zu erreichen, wurden die Gewebe „gescheuert", das heißt, die Lücken zwischen den Kettfäden, die während des Webvorgangs entstanden waren, durch einen speziellen Arbeitsgang geschlossen. Im allgemeinen geschah das, nachdem die Ware den Webstuhl verlassen hatte. Damit wurde aber nur eine mäßige Verbesserung erreicht, die unseren Vater nicht befriedigte. Als er auf Abhilfe sann, kam ihm die Idee, die Scheuerung im Webstuhl selbst vorzunehmen, und er konstruierte eine einfache Vorrichtung, die man in die Maschine leicht einbauen konnte. Die damit erzielte Wirkung übertraf alle Erwartungen. Jahrelang versuchten die Wettbewerber, die angewandte Methode herauszufinden. Sie warben schließlich Weber und sogar Meister ab, aber erstaunlicherweise war diesen die Veränderung am Webstuhl gar nicht aufgefallen, und mein Vater hütete sich, die Erfindung zum Patent anzumelden, weil sie dadurch bekannt geworden wäre. Das Geheimnis ist nie herausgekommen. Der damit erreichte Effekt verlor später seine Bedeutung.

Das letzte Patent erhielt mein Vater zwei Monate nach seinem Tod für einen Venenhalter, den er gemeinsam mit seinem Hausarzt entwickelt hatte. Zweifellos würde er aus seinem Talent sehr viel mehr gemacht haben, wenn er ein Ingenieurstudium absolviert hätte. Aber da sein Vater früh verstorben war, hatte dazu die Zeit nicht mehr gereicht. Die Tatsache, daß er trotzdem oft den „Studierten" mit seinem Instinkt für „Technisches" überlegen war, ließ ihn den Wert eines solchen Studiums geringachten.

Technische Lösungen, auch wenn sie nicht unmittelbar mit seinem Textilberuf zusammenhingen, faszinierten meinen Vater sein Leben lang. So erregte ihn eines Tages bei einem Spaziergang das Drahtgeflecht eines Hühnergeheges. Wir wurden durch sein lautes Rufen: „Da ist er ja!" darauf aufmerksam und erfuhren, daß er darüber nachgedacht hatte, wie man so etwas besser machen könnte. Nun sah er, daß schon ein anderer die gleiche Idee gehabt hatte. Ein weiteres Gebiet, das ihn sehr interessierte, waren neue Automobile oder Besonderheiten ihrer Konstruktion. Er mußte immer das Neueste haben, um es auszuprobieren. So kaufte er sich eines Tages einen „Adler" mit einer Lederkarosserie der Firma Weymann, deren geringeres Eigengewicht eine größere Nutzlast erlauben sollte. Überall, wo wir hinkamen, fiel aber auch das elegante Aussehen auf, und oft standen Fremde um den Wagen, wenn er irgendwo parkte. Leider wurde das Leder bald brüchig, und bei schlechtem Wetter regnete es ins Innere. Meine Eltern behalfen sich mit einem Schirm, den sie im Wagen über sich aufspannten und so durch die Lande fuhren, bis eine andere Neukonstruktion den Leder-Wagen ablöste.

Solche lustige Begebenheiten belebten unsere Jugend, die auch sonst nicht in tierischem Ernst verlief. Unser Vater war mit drei Brüdern und einer Schwester in einem fröhlichen Elternhaus aufgewachsen, und es muß dort recht natürlich und ungezwungen zugegangen sein. So hatte unser Großvater, der ein passionierter Jäger war, eines Tages ein kleines Wildschwein, „Nückes" genannt, mit ins Haus gebracht, wo es blieb und lebte, bis es erwachsen war. Die Jagdleidenschaft vererbte sich übrigens weder auf unseren Vater noch auf mich, so sehr wir die Natur liebten – oder vielleicht gerade deshalb. Um so mehr erfreuten uns die Einfälle, die das eine oder andere Familienmitglied bei verschiedenen Gelegenheiten hatte und die von spontaner Urwüchsigkeit zeugten. So wurde unsere Mutter, die im allgemeinen auf gute Formen hielt, eines Tages von uns Kindern bejubelt, als sie empört darüber berichtete, daß die Vögel wieder die Fensterbretter „beschissen" hätten.

Auf einem Rheindampfer dirigierte unser Vater nach ein paar Gläsern eines köstlichen Tropfens die Kapelle. In ihrer Jugend erwanderten sich die Eltern manche schöne Berglandschaft. Dabei ging es sportlich zu. Als ein neu hinzugekommener Freund sich zwei Flaschen Wein in den Rucksack verstaute, um sie auf dem Gipfel zu leeren, vertauschten unsere Eltern sie gegen solche mit Leitungswasser, die – oben angekommen – durch die sommerliche Hitze schön aufgewärmt einigen Verdruß verursachten. Wenn sie abends eingeladen waren und noch keine Lust hatten, nach Hause zu gehen, ließ sich mein Vater von seinem Chauffeur Teile der Dienstbekleidung geben, setzte eine mitgebrachte rote Perücke auf und erschien so in der Gesellschaft, um sie zu bitten, doch noch etwas bleiben zu können, weil er in der Küche in ein interessantes Gespräch verwickelt sei, das er gerne zu Ende bringen würde. Solche Geschichten ließen sich noch manche erzählen. Hier mögen sie als Beispiele genügen.

Unser Vater war höchst sensibel, aber er verbarg diese Empfindsamkeit unter einer harten, oft abweisenden Schale, durch die sie nur in seltenen Augenblicken sicht- und spürbar wurde. Das machte den Umgang mit ihm für uns nicht immer leicht. Manchmal polterte er plötzlich los, wenn ihm etwas naheging oder er sich in sonstiger Weise bedrängt fühlte. Als er in der ersten Nachkriegszeit meinen Wagen, den einzigen Pkw, der für die Firma zugelassen war, für eine Fahrt zu seinem Bruder haben wollte und ich ihm sagte, ich hätte für den betreffenden Tag eine wichtige Verabredung mit einer Besatzungsdienststelle, reagierte er tief gekränkt. Er war auch nicht bereit, mein Angebot, den Termin zu ändern, anzunehmen. Mir ging das sehr nahe, denn er verlangte fast nie etwas für sich selbst. Nun, da er einmal einen solchen Wunsch hatte, gab es Schwierigkeiten. Ich verstand ihn. Als ich am nächsten Morgen in Hut und Mantel in sein Zimmer kam, um ihn abzuholen, stand er wortlos auf, zog sich an und folgte mir zu meinem Auto. Schweigend fuhren wir ins Bergische Land. Plötzlich ließ er mich halten und nahm mich still in seinen Arm. Seine Augen waren feucht. Rauh und fast heftig, als bedaure er, mir seine Bewegung gezeigt zu haben, sagte er dann: „Fahr weiter."

Vater ging in seiner Firma, einem bedeutenden Textilunternehmen, auf. Er dachte Tag und Nacht daran, was er noch Neues, Besseres machen könne. Das betraf nicht nur die Technik, sondern in gleicher Weise die Produkte und den Markt. Oft erlebten wir, daß er sogar im Konzert oder Theater plötzlich sein Notizbuch hervorholte, um etwas aufzuschreiben, was ihm eingefallen war, oder um eine kleine Skizze zu machen, die er dann später ausführen ließ. Darüber vergaß er dann alles, womit er sich vorher beschäftigt hatte. Bei einem Spaziergang, den er mit mir als Kind unternahm, forderte er mich auf, ich möchte ihm etwas von dem erzählen, was mich gerade beschäftigte. Ich tat das mit großer Freude, denn es war selten, mit ihm darüber sprechen zu können. Er reagierte auch auf meinen Bericht und erkundigte sich sogar nach diesem oder jenem. Aber als wir wieder an unserem Tor ankamen, fragte er mich, worüber wir eigentlich gesprochen hätten. Seine Gedanken waren ganz woanders gewesen. Meine Enttäuschung war natürlich groß.

Vaters Konzentration auf das Unternehmen brachte ihm großen Erfolg. Die einfache Weberei, die er geerbt hatte, baute er Anfang der dreißiger Jahre zu einem vertikal vollstufigen

Unternehmen aus, das in Europa einzigartig war und schließlich weit über zweitausend Mitarbeiter beschäftigte. Für den ersten Produktionsgang wurde dazu eine chemische Fabrik errichtet, in der das Ausgangsmaterial, die Viskosekunstfaser Rayon, hergestellt werden sollte. Mein Vater suchte dafür einen Standort am Rhein, um diesen als Vorfluter für die umfangreichen Abwässer benutzen zu können. Als die Stadt Hilden – wie viele andere von hoher Arbeitslosigkeit gebeutelt – davon erfuhr, beschwor sie ihn, das Werk, mit dem achthundert neue Arbeitsplätze geschaffen werden sollten, in ihrer Gemeinde zu bauen. Sie war dafür bereit, eine erhebliche Verschmutzung des kleinen Flüßchens Itter, das dann als Vorfluter dienen sollte, durch verdünnte Schwefelsäure in Kauf zu nehmen. Nachdem die Stadt weiteres Entgegenkommen gezeigt hatte, wurde der chemische Betrieb dort angesiedelt. Die Sensibilität Umweltproblemen gegenüber war in jenen Jahren sowohl bei der Industrie als auch bei den Kommunen noch gering.

Das gesponnene Material, das das Werk verließ, wurde in mehreren Webereien zu Geweben verarbeitet und als gefärbte oder bedruckte Stoffe auf den Markt gebracht. Diese in einer Hand zusammengefaßte Produktion hatte gegenüber den Wettbewerbern zahlreiche erhebliche Vorteile und sicherte der Firma einen großen Vorsprung, der sich erst Ende der fünfziger und in den sechziger Jahren mehr und mehr verlor und schließlich in sein Gegenteil umschlug. Mangelnde Beweglichkeit wurde dem Unternehmen beinahe zum Verhängnis.

Beachtlich, unerschütterlich und geradezu ansteckend war Vaters Optimismus. Schwierigkeiten waren für ihn dazu da, überwunden zu werden. Anders hätte er das große Werk, in dem es immer wieder Rückschläge und mannigfache Probleme gab, nicht aufbauen können. So waren die umfangreichen Gebäude für das chemische Werk und auch Teile der technischen Anlagen bereits seit zwei Jahren fertiggestellt und standen ungenutzt, bevor die erste Spinnmaschine in Betrieb genommen werden konnte. Bei der Erprobung der von ihm erfundenen Nachbehandlungsgänge ergaben sich mehrfach Komplikationen, die erst gelöst werden mußten, bevor die Großproduktion anlaufen konnte. Aber nicht nur auf diesem Gebiet hielt ihn sein Optimismus aufrecht. Wenn es einmal nicht so kam, wie er es erwartet hatte, so machte ihn das auch nicht mutlos. Sofort hatte er ein anderes Thema, mit dem er sich dann so intensiv beschäftigte, daß er das frühere darüber leicht verschmerzte.

Anderen Menschen gegenüber gerecht zu sein, gehörte zu den obersten Grundsätzen seines Handelns. Das ließ ihn manchmal zögern, eine Entscheidung zu treffen, was von Dritten kaum zu verstehen war. So konnte er sich anderthalb Jahrzehnte lang nicht dazu durchringen, den Geschäftsvertrag mit seinem älteren Bruder Adolph, mit dem er gemeinsam die Firma geerbt hatte, zu kündigen, um ihn auszuzahlen, obwohl dieser schon seit Ende des Ersten Weltkriegs nicht mehr tätig war und ihm fortgesetzt Schwierigkeiten machte, ja ihn sogar einmal wegen „Vermögensverschleuderung“ verklagen wollte. In einem anderen Fall handelte es sich um einen Schweizer Geschäftspartner, der nach dem Zweiten Weltkrieg finanzielle Forderungen an die Firma für Benachteiligungen stellte, die ihm dadurch entstanden waren, daß ihm wegen der deutschen Devisenbestimmungen seine Gewinnanteile nicht in die Schweiz transferiert werden konnten. Erst nach dem Tod meines Vaters konnte ich seine Ansprüche auf einen angemessenen Umfang reduzieren und mich mit ihm einigen.

So sehr die Firma Vater in Anspruch nahm, so wenig vernachlässigte er darüber andere Gebiete, für die er sich interessierte: die Natur, soziale Fragen und die Politik. Erstere betrachtete er mit Liebe. Es gab keinen einheimischen Baum,

Strauch, Vogel oder eine Pflanze, die er nicht kannte. Buchstäblich bis zu seinem letzten Atemzug schenkte er seine Beobachtung ihrem Werden und Vergehen. Ein Herzschlag beendete sein Leben in dem Augenblick, als er sich im Frühling auf einem Spaziergang niederbeugte, um das Hervorkommen einer Blume zu untersuchen.

Die soziale Frage bestand für ihn in erster Linie in den Beziehungen zu seinen Mitarbeitern. Dabei folgte er seiner von ihm selbst aufgestellten Maxime „Den Kopf für das Werk, das Herz für die Belegschaft". In der großen Inflation fand er durch seine geschäftlichen Verbindungen mit der Schweiz einen Weg, den Betriebsangehörigen den Wert ihres Lohns zu erhalten, so daß sie nicht gezwungen waren, das Geld sofort auszugeben, um es vor der Inflation zu retten. Einige Jahre später errichtete er vor der Verwaltung des Unternehmens ein Denkmal für den letzten Handweber und erklärte dabei, daß es eine Mahnung an die Tatsache sein solle, daß zu einem Fabrikationsgeschäft der Arbeiter so wichtig sei wie der Unternehmer. Mit anderen Worten, daß sie aufeinander angewiesen sind und ihr Bestes tun müssen, damit es beiden gutgeht! Kein Wunder, daß er später meine Absicht, die Mitarbeiter durch Beteiligung an der Firma zu Partnern und Mitunternehmern zu machen, guthieß.

Diese Einstellung, die ihm bei seinen Kollegen den Spitznamen „roter Spindler" einbrachte, bestimmte auch seine politischen Auffassungen. Als Hitler an die Macht kam, erklärte er den 1. Mai, der bis dahin von den Marxisten im Geist des Klassenkampfes begangen wurde, zum „Feiertag der Arbeit". An ihm sollten sich die Unternehmer und Arbeiter die Hand reichen, um ihre Gegensätze zu überwinden. Dieser Gedanke begeisterte den Vater so sehr, daß er der neuen Regierung den Kolksbruch für einen sozialen Zweck schenkte. Es wurde daraus ein Müttererholungsheim, bis es nach dem Krieg einem Neubau für eine andere Verwendung weichen mußte.

Diese spontane Aktion war aber auch Vaters einziger Sympathiebeweis für das neue Regime. Einige Jahre vorher hatte er Hitler bei seiner berühmt-berüchtigten Rede im Industrie-Club in Düsseldorf gehört, bei der er um das Vertrauen der Industrie geworben hatte. Ich erinnere mich noch gut, wie mein Vater erregt nach Hause gekommen ist, weil er die Gefahr erkannt hatte, die von dem Charisma dieses Mannes ausging, der damit erfolgreich Anhänger und Wähler sammeln könnte. Vater hatte immer die „Demokratische Partei" unterstützt und blieb ihren Grundsätzen auch nach der „Machtübernahme" treu. Er wurde nie Mitglied der NS-Partei und schrieb, wenn ihm etwas nicht richtig erschien, in aller Offenheit an die damals führenden Persönlichkeiten. Obwohl unsere vorsichtigere Mutter stets besorgt solche Vorgänge verfolgte, geschah ihm nichts. Vielleicht lag es daran, daß er stets nur sachliche Kritik übte und praktische Vorschläge machte. Vehement hatte er sich auch in Artikeln, die die „Kölnische Zeitung" unter dem Titel „An die wirklich freien Unternehmer" abdruckte, für eine in jeder Hinsicht freie Wirtschaft eingesetzt. Dem entsprach auch seine strikt ablehnende Haltung bei allen Versuchen des zuständigen Fachverbands, durch reglementierende Absprachen den ungehemmten Wettbewerb auszuschalten.

Unsere Mutter war dem Vater bei all seinen Plänen und Aktivitäten eine verständnisvolle Partnerin, mit der er alle Probleme, die ihn beschäftigten, besprach, besonders wenn es um die Firma ging. Ihre große Menschenkenntnis, die die seine erheblich übertraf, machte er sich vor allem dann zunutze, wenn er für die leitenden Aufgaben einen neuen Mitarbeiter suchte. Fast immer habe er dadurch den Richtigen ausgewählt, gab er im Alter bewundernd zu. Mutter hatte aber auch ein sehr ausgeprägtes soziales Empfinden. Schon im Ersten Weltkrieg betreute sie mehrere kinderreiche Familien, deren Väter im Feld standen, und half, wo sie nur konnte; im Zweiten trug sie in der Öffentlichkeit keinen Schmuck mehr und gab sich auch sonst betont einfach. Nie wäre es ihr in den Sinn gekommen, sich bei Einkäufen in den Geschäften vorzudrängen. Wenn die Inhaber sie bevorzugt nach ihren Wünschen fragten, lehnte sie das ab und wartete, bis sie an der Reihe war. In ihren späteren Jahren stiftete sie eine beachtliche Summe als Grundstock für ein Altersheim. Damit es aber wirklich alsbald gebaut würde, knüpfte sie an ihre Gabe die Bedingung, daß dies bis zu einem bestimmten Zeitpunkt erfolgen müsse, andernfalls der Betrag nicht mehr zur Verfügung stünde. Sie hatte damit Erfolg. Das Heim wurde gebaut, wie sie es sich erhoffte.

Eine besondere Begabung hatte unsere Mutter, uns viele geistige Gebiete, die sie selbst bewegten und die sie liebte, wie Literatur, Theater und bildende Künste, nahezubringen. An Winterabenden wurden wir Kinder animiert, mit den Eltern klassische Theaterstücke mit verteilten Rollen zu lesen. Das geschah vor allem, wenn eine Aufführung bevorstand, die sie mit uns besuchen wollten. Dazu gab es in den zwanziger und dreißiger Jahren in Düsseldorf eine hervorragende Gelegenheit. Dort unterhielt und betrieb das Ehepaar Dumont-Lindemann ein vorzügliches Theater, das weit über dem sonst üblichen Niveau von Provinzbühnen stand. Es setzte damit die Tradition Karl Immermanns fort, der hundert Jahre früher dort gewirkt hatte. Gustaf Gründgens bekam seine erste Ausbildung als Schauspieler auf dieser Bühne. Auch meine älteste Schwester, von Mutters Begeisterung für das Theater angesteckt, begann hier gleichfalls ihren Beruf. Auch ich erhielt durch unsere Mutter eine Fülle von Anregungen, die mein Interesse an den Themen, die sie uns nahegebracht hatte, das ganze Leben lang wachhielten. Ich verdanke beiden Elternteilen eine breite Basis an Wissen und Bildung, die mir die Schule nie hat vermitteln können.

Dazu trugen auch große Erlebnisse bei wie die Anwesenheit

auf dem Flugfeld in Friedrichshafen bei Ankunft und Abfahrt des Luftschiffs „Graf Zeppelin“ auf seiner berühmten Weltumrundung. Als wir die Halle betraten, in dem es festgemacht war und für seine große Fahrt vorbereitet wurde, bot sich uns ein überwältigender, unvergeßlicher Anblick. Von unzähligen Scheinwerfern angestrahlt, schwebte das Schiff hoch über uns, zu groß, um es mit den Augen auf einmal erfassen zu können. Die mit den letzten Arbeiten beschäftigten Menschen schienen winzig klein, und die Situation erinnerte ein bißchen an die Sage vom Riesen Goliath. Inzwischen kamen die berühmten Fahrgäste, die jeder aus den Zeitungen kannte, und bestiegen die Passagiergondel. Dann setzte sich, von ungezählten Händen gezogen, das Silberschiff in Bewegung. Wir liefen mit auf das Flugfeld, neben uns ein Rundfunkreporter, der vorwärts hastend pausenlos in sein Mikrophon sprach. Mehrfach stolperte er über Unebenheiten und fiel sogar. Aber er ließ sich davon nicht unterbrechen. Endlich kam der große Moment, an dem auf das Kommando „Leinen los!“ die Haltemannschaften das Schiff freigaben, das sofort emporstieg. Die schweren Maybachmotoren, die es antrieben, wurden angelassen, und „Graf Zeppelin“ nahm Fahrt auf. Es war ein bewegender Augenblick. Nach einer Ehrenrunde über die Stadt entschwand er langsam und majestätisch dahinziehend unseren Blicken in Richtung Osten. Die nächste Station würde Tokio sein, nonstop über Rußland und Sibirien. Das war damals unvorstellbar und schien wie ein Wunder. Ein Traum wurde wahr.

Mich interessierten überhaupt alle Pionierleistungen bei der Entdeckung noch unbekannter Gebiete der Erde und der Luft: der erste Atlantikflug von Charles A. Lindbergh, die Erforschung der Arktis und Antarktis und die Reisen Sven Hedins durch das Innere Asiens. All dies beflügelte meine Phantasie, und ich versetzte mich in die Personen, die Derartiges wagten, und erlebte die Gefahren, die sie zu bestehen hatten, als wäre ich selbst dabeigewesen. In gleicher Weise faszinierte mich die Weltraumfahrt Ende der fünfziger und in den sechziger Jahren, und ich zitterte um das Gelingen der ersten Landung eines Menschen auf dem Mond.

Was ein Mensch wert ist,
hängt so sehr von dem ab,
was er wird.

Antoine de Saint-Exupéry

Lernen und Begreifen

Mit dem Vorangegangenen habe ich zeitlich weit vorgegriffen. Meine Schulzeit ist, abgesehen von den Streichen, die meine Kameraden und ich ausführten (nachträglich ist erstaunlich, was uns dazu alles eingefallen ist), und einigen Lehrern, sozusagen spur- und erinnerungslos und vor allem ohne Bedeutung für mein späteres Denken und Handeln an mir vorübergegangen. Konnten mir die Pädagogen in den Grundschuljahren noch vieles, was mich interessierte, vermitteln, so war das in der Oberrealschule kaum mehr der Fall. Immer habe ich mich schlecht konzentrieren können, wenn es um Dinge ging, die mir nicht lagen und mich gleichgültig ließen. Das traf vor allem bei den naturwissenschaftlichen Fächern, außer Biologie und Geographie, zu. Am meisten fesselten mich Geschichte und Religionsgeschichte. Der Konfirmandenunterricht und die Konfirmation selbst haben auf mich jedoch keinen Eindruck gemacht, wie auch der Kirchenbesuch, der damit zusammenhing, für mich nie mehr als eine Pflichtübung gewesen ist. Die Zugehörigkeit zur Kirche beendete ich allerdings erst nach dem Krieg.

In Deutsch hatte ich auch meine Probleme. Leidlich gute Noten bekam ich nur in Aufsätzen, die im „Ausdruck“ stets mit einem „Sehr gut“, in der Orthographie meist mit einem „Mangelhaft“ zensiert wurden, woraus sich eine Mischnote ergab. Auf Kriegsfuß stand ich auch mit dem Sport, der mich langweilte, sehr zum Leidwesen meines Vaters, der in seiner Jugend ein passionierter Geräteturner gewesen war. Er versuchte alles mögliche, mir sportliche Betätigung schmackhaft zu machen. Als ich volljährig war, versprach er mir sogar ein Auto, wenn ich zwölf Klimmzüge machen würde. Ich habe nicht einmal angefangen, dafür zu trainieren. Zwar bin ich später Ski und eisgelaufen, habe geschwommen, gerudert und auch etwas Tennis gespielt, aber bei all dem fehlte mir jeglicher Ansporn. Einzig dem Skilaufen konnte ich eine gewisse Freude abgewinnen, weil es mich in Gebirgslandschaften führte, die ich immer geliebt habe. Nie bin ich auf einem Fußballfeld gewesen.

Die mäßigen Schulergebnisse veranlaßten meinen Vater, der seit seiner Kindheit mit seinem Herzen Probleme hatte und deshalb Wert darauf legte, mich möglichst bald in die Firma zu bekommen, mir einen Abgang mit „Sekundareife" in Aussicht zu stellen, wenn ich Ostern ein ordentliches Zeugnis nach Hause bringen würde. Das spornte mich dann tatsächlich so an, daß er sein Versprechen einlösen mußte. Der Direktor der Schule hatte dafür allerdings wenig Verständnis, weil er den Grund für meine Besserung nicht kannte. Ich war natürlich froh, endlich mit „richtiger" Arbeit anfangen zu können.

Als ich jedoch damit beginnen wollte, stellte ein Onkel, der Arzt war, zufällig einen ungewöhnlich hohen Eiweißverlust bei mir fest, hinter dem man einen schweren Nierenschaden vermutete. Meine Mutter, übersensibilisiert durch den frühen Tod meiner Schwester, brachte mich zu einer führenden Kapazität für derartige Leiden. Obwohl dieser Professor keine Erklärung für meine „Erkrankung" fand und ich keine Beschwerden hatte, verordnete er mir für ein volles Jahr Untätigkeit, Diätkost und Ruhe. Das belastete mich psychisch schwer, denn ich fühlte mich voller Kraft und gesund. Als dann ein naturverbundener Arzt im Engadin, wohin man mich zu einer

Liegekur geschickt hatte, bereits bei meiner Ankunft feststellte, mein gesundheitliches Problem sei nichts weiter als eine Pubertätserscheinung, fühlte ich mich wie erlöst. Die hochangesehene Kapazität aber konnte sich der Diagnose ihres „kleinen" Kollegen in den Bergen auch dann noch nicht anschließen, als der Eiweißverlust von einem Tag zum anderen ohne besondere Behandlung verschwunden war. Diese Erfahrung, unnötig als „krank" behandelt worden zu sein, ließ meine Skepsis ärztlichem Können gegenüber so stark werden, daß sie auch heute noch meine Beziehungen zu dieser Berufsgruppe entscheidend beeinträchtigt und ich mich schwer tue, einer Diagnose durch einen Arzt zu trauen.

Bereits bei meiner Geburt stand fest, daß ich in die väterliche Firma eintreten und sie eines Tages leiten würde. Auch ich selbst zweifelte nicht daran, daß dies der richtige Beruf für mich sei. Allerdings war ich nicht von dem Gedanken begeistert, nur das von meinem Vater Geschaffene fortzuführen. Lieber hätte ich etwas Eigenes aufgebaut. „Mit vier Webstühlen anfangen" war meine Vorstellung. Aber mein Vater hatte dafür kein Verständnis. Er betrachtete meinen Wunsch fast als undankbar, weil er meinte, ich solle es im Leben besser haben als er und mich weniger abplagen müssen. Als er spürte, wie ernst es mir mit meinen Überlegungen war, schrieb er mir im April 1935 nach London: „Ich bin fest überzeugt, daß, wenn Du einmal richtig in unserem Geschäft drin bist und alle Zusammenhänge kennst, wenn Du die Schwierigkeit am eigenen Leibe erfährst, welche allein die Besetzung aller leitenden Posten mit geeigneten Persönlichkeiten darstellt, wenn Du ferner siehst, welche Auswirkungsmöglichkeiten sich Deiner technischen Begabung (die übrigens nicht vorhanden war) und Deinem Organisationstalent bieten durch die mustergültige technische und organisatorische Ausgestaltung und Aufrechterhaltung unserer Betriebe, daß Du dann die Erfüllung des Satzes, was Du ererbt von Deinen Vätern hast, erwirb es, um es zu besitzen' als ein sehr weitgehendes und befriedigendes Arbeitsfeld für einen Mann von Initiative und schöpferischen Fähigkeiten erkennen wirst." Das trat auch weitgehend ein, als die freie Marktwirtschaft mit ihrem Wettbewerb zum Ordnungsprinzip gemacht wurde. Aber zu jener Zeit meiner Ausbildung konnte ich mir das nicht vorstellen.

Ein Studium hielt man in jenen Jahren für selbständige Fabrikanten und Kaufleute für wenig sinnvoll und überflüssig. Fachliche Kenntnisse hatten absoluten Vorrang. Auch über die Frage, ob es für einen Nachfolger zweckmäßig sei, seine Erfahrungen im eigenen Betrieb oder in einem fremden zu sammeln, gingen die Ansichten der „Väter" auseinander. Für letzteres sprach, daß man dort keinerlei Bevorzugung erfuhr und sich die „Sporen" selbst verdienen mußte. Das eigene Unternehmen hatte demgegenüber den Vorzug, daß man mit ihm während der Ausbildung gründlich vertraut werden konnte, was später in gleicher Weise nie mehr möglich war. Auch die Mitarbeiter begrüßten diesen Weg, der ihnen die Möglichkeit bot, ihren späteren „Chef" hautnah zu erleben. Die Ausbildung im väterlichen Betrieb empfahl sich für mich aber auch deshalb, weil der von meinem Vater konzipierte vertikale Aufbau gerade vollzogen wurde. So konnte ich ihn in seinen wichtigsten Phasen selbst miterleben. Ich absolvierte alle wichtigen Bereiche in zwei Jahren. Daran sollten sich weitere im Ausland anschließen, um „mir den Wind um die Nase wehen zu lassen" und meine Ausbildung zu vervollständigen. Wie bedeutungsvoll diese Zeit für mein weiteres Leben, vor allem für meine politischen Auffassungen und mein allgemeines Verhalten wurde, zeigte sich erst, als ich 1935 wieder nach Deutschland zurückkehrte.

Seit ich mich erinnern kann, sprach mein Vater von einem Buch, das er einmal schreiben wolle, das Buch „Warum". Ihm war immer wieder aufgefallen, daß Menschen, mit denen er zusammenkam, leichtgläubig und oberflächlich etwas akzeptierten, obwohl sie es nicht vollständig kannten. Sie fragten nicht genug nach dem Warum und übersahen deshalb häufig etwas Wichtiges und machten deshalb Fehler. Mit seinem Buch wollte er anhand von Beispielen zeigen, wie man vorgehen müsse, um zu optimalen Ergebnissen zu kommen. Man solle nichts als gegeben hinnehmen, sondern so lange recherchieren, bis man die betreffende Sache im Griff habe. Zwar schrieb er das Buch nie, aber bei meiner praktischen Ausbildung in der Firma spielte dieser Gedanke oft eine große Rolle.

Ich durchlief alle Abteilungen des Unternehmens und verrichtete die dort erforderlichen Arbeiten. Wenn ich glaubte, alles verstanden zu haben, sagte ich es meinem Vater, und er kam und prüfte mich. Eines Tages, ich war an einer Maschine tätig, die eine einfache Aufrollfunktion für Garne hatte, machte er mich darauf aufmerksam, daß der Fadenführer, der hin- und herging, um das Garn gleichmäßig zu verlegen, an jedem Wendepunkt einen kleinen Ruck erhielt. Was es damit auf sich habe, wollte er wissen. Ich hatte keine Erklärung dafür; auch die Meister und Techniker nicht, die ich dann fragte. Als ich ihm das berichtete, sagte er: „Das ist ein typisches Beispiel. Alle nehmen etwas unkritisch hin, weil es schon ‚immer' so gewesen ist. Sie fragen nicht ‚warum'. Die Maschine ist verschlissen, und ich lasse sie nicht reparieren, weil ich eine neue gekauft habe." Diese Erfahrungen, von denen ich noch viele ähnliche in meinem Leben machen konnte, brachten mich dazu, nichts mehr einfach hinzunehmen, was mir begegnet und mich interessiert, ohne zu wissen, weshalb das so ist und was dahinterstecken mag. Die Lehre des „Buches" ist in meinem Kopf verankert.

Mit meinem Vater verstand ich mich gut. Ich bewunderte seinen Mut, seine Tatkraft, seinen Weitblick, kurz sein unternehmerisches Verhalten und Können. Ihm nachzustreben war für mich Herausforderung und stachelte meinen Ehrgeiz an. So brauchte er sich über meinen Eifer keine Sorgen zu machen und tat es auch nicht, selbst wenn dieser mich gelegentlich zu Aktivitäten verleitete, die manchmal für meinen damaligen fachlichen Kenntnisstand zu weit gingen. Ihm schien das weniger problematisch, als wenn ich zu wenig Initiative entfaltet hätte. Schließlich war er immer noch da, um einzugreifen, wenn etwas schiefging. Schwieriger erwies sich für ihn mein Training in unternehmerischem Denken und Handeln. Impulsiv und dynamisch, wie er war, neigte er dazu, mir bei der Schilderung eines geschäftlichen Problems auch seine beabsichtigte Lösung und Entscheidung gleich mitzuteilen. Das befriedigte mich nicht, und ich glaubte auch auf diese Weise nicht das lernen zu können, was erforderlich sei, um einmal die Nachfolge antreten zu können. Ich schlug ihm deshalb vor, mir künftig nur das Problem aufzuzeigen, das es zu lösen gäbe, und mir die Beantwortung zu überlassen. Dann könne er sie gutheißen oder mir sagen, was ich zu beachten übersehen hätte. Das würde ihm zeigen, wie weit ich in meiner Ausbildung sei, und mich zwingen, mir eigene Gedanken über eine Entscheidung zu machen. Mein Vater griff den Vorschlag sofort auf. Damit begann ein neuer, schöner Abschnitt in unserer Zusammenarbeit, bis sein Tod sie beendete. Leider wurde sie für sechs Jahre durch meine Einberufung zur Wehrmacht unterbrochen.

Als ich 1943 aus gesundheitlichen Gründen vorzeitig entlassen wurde, machte mich mein Vater zum Mitgeschäftsführer. Wir arbeiteten dann einige Jahre Schreibtisch an Schreibtisch in einem gemeinsamen Zimmer. So lernte ich die Fragen kennen, mit denen er sich befaßte, erfuhr, wie er die verschiedenen Probleme anging und seine Entscheidungen traf, an denen er mich beteiligte. Als die Kampfhandlungen beendet wurden, waren wir davon überzeugt, daß das gewaltige politische und kriegerische Geschehen, das hinter uns lag, den Unternehmern in Zukunft neue, erweiterte Aufgaben stellen würde, die vor allem auf gesellschaftspolitischem Gebiet liegen würden. Mein

Vater respektierte das weitgehend, da es in vielem seinen eigenen Vorstellungen von unserem Beruf entsprach. Er übertrug mir als dem Jüngeren die Alleinentscheidung in allen Fragen des Personalwesens, weil er auf diesem Gebiet die größten Veränderungen erwartete. Damit stellte er vorausschauend die Weiche für das, was 1951 zur Einführung des „Mitunternehmertums“ in unserem Haus führte. Aber bis es dazu kam, vergingen noch einige Jahre.

Die Bewährung unserer Arbeitsteilung wurde nur ein einziges Mal im Personalbereich auf eine harte Probe gestellt. Die Kontroverse zwischen uns entzündete sich an der Wiedereinstellung eines aus dem Krieg zurückgekehrten leitenden Ingenieurs in sein früheres Arbeitsgebiet. Dem widersetzte sich der Betriebsrat eines Werks! Die forsche und, wie er sagte, „militaristische Art“ des Mannes sei ein Überbleibsel aus der Nazizeit und nicht mehr tragbar. Man drohte mit Arbeitsniederlegung, wenn der Betreffende den Betrieb wieder betreten würde. Was tun? Mein Vater vertrat den Standpunkt, man müsse einer solchen Anmaßung mit autoritären Mitteln entgegentreten. Ich plädierte für eine andere Lösung. In der Zielsetzung waren wir uns einig: auf jeden Fall unseren Standpunkt durchsetzen! Meine Absicht war, eine Betriebsversammlung abzuhalten, in der ich die Mitarbeiter davon überzeugen wollte, ihre Bedenken zurückzustellen. Mein Vater war dagegen. Wir stritten, teilweise telefonisch, bis in die späten Abendstunden. Dann erklärte ich, daß, wenn er meinen Weg nicht akzeptiere, er auch wieder und zwar die alleinige Verantwortung im Personalbereich übernehmen müsse. Ich könne seine Entscheidung nicht mittragen. Das gab den Ausschlag. Mein Vater gab nach. Die Betriebsversammlung nahm den von mir erwarteten Verlauf: Es erhob sich kein Widerspruch mehr gegen die Wiedereinsetzung des Ingenieurs, den ich jedoch bat, seinen „kommissigen“ Ton abzulegen, was auch geschah. Der Vorgang hatte aber auch noch eine andere Auswirkung: Nie wieder fand zwischen dem Betriebsrat und mir eine derartige Kraftprobe statt. Nie wieder aber auch eine ähnliche Auseinandersetzung mit meinem Vater.

Während meiner Ausbildung nahmen die politischen Verhältnisse in Deutschland hektische Züge an, die auch mich aufs höchste erregten. Die Weimarer Republik eilte mit Riesenschritten ihrem Ende zu. Ich verfolgte die Vorgänge mit heißem Herzen, aber was sich da abspielte, war mir zu widerwärtig, um mich selbst dabei zu engagieren. Das Versagen vor allem der bürgerlichen Parteien und ihrer Politiker war für mich die erste prägende Erfahrung mit menschlichem Unverstand und zügellosem Radikalismus. Diese Beobachtungen waren für mich so meinungsbildend, daß ich nach dem Zweiten Weltkrieg keinem Politiker mehr Vertrauen entgegenbringen konnte, der in der Weimarer Republik bereits an führender Stelle gestanden hatte und dadurch in meinen Augen mitschuldig am Aufstieg Hitlers geworden war. Nur durch die Protektion der Besatzungsmächte bekamen diese Politiker noch einmal eine Chance. Ich war neunzehn, als das Dritte Reich seinen Anfang nahm.

Die politischen Machtkämpfe, die dazu führten, spielten sich in einer Art Wettlauf zwischen den bürgerlichen und den extremen Flügelparteien, den Kommunisten und den Nationalsozialisten, ab. Die bürgerlichen versuchten in zähen Verhandlungen mit den Siegerstaaten des Ersten Weltkriegs die schweren Hypotheken des Versailler Vertrags Stück für Stück abzubauen. Sie brachten diesen schwierigen Prozeß langsam voran, aber nicht schnell genug, um das Unheil abzuwenden, das am Horizont heraufzog.

Alle guten Ansätze wurden zunichte, als außer den Kriegsfolgen die Weltwirtschaftskrise zu einer wachsenden Massenarbeitslosigkeit führte, die schließlich im Februar 1932 mit über sechs Millionen Erwerbslosen den Höchststand erreichte. Das Elend, das diese Entwicklung für die betroffenen Familien mit sich brachte, kann man erst ermessen, wenn man weiß, daß ein Arbeitsloser im Durchschnitt achtzig Reichsmark im Monat erhielt, während ein gelernter Arbeiter auf zweihundertsechzehn kam. Ein Pfund Brot kostete 1927 zwanzig bis fünfundzwanzig Pfennige, ein Pfund Butter oder Schmalz oder ein Kilo Fleisch zwei Reichsmark. Zehn Brötchen bekam man für dreißig Pfennige, und für einen Liter Bier mußte man bis zu fünfzig Pfennige bezahlen. Hinzu kam, daß immer mehr Arbeitslose „ausgesteuert“ wurden und die Versicherungsleistungen sprunghaft zurückgingen. Waren es 1927 noch achtzig Mark dreiundneunzig pro Monat, erhielt ein Leistungsempfänger 1933 nur noch siebenundvierzig Mark fünfzig.

Viele hatten kaum ein Existenzminimum. Kein Wunder, daß dies zu einer Radikalisierung führte, die sich in Straßen- und Saalschlachten zwischen den bald uniformierten Anhängern (SA und Rotfrontkämpferbund) der immer stärker werdenden Flügelparteien Luft machte. Auch Hilden war in dieser Hinsicht ein häufig heimgesuchter Platz. Mit Lkw schafften beide Seiten Verstärkung aus der Umgebung herbei, die dann mit Schlagringen und anderen „Waffen“ aufeinander losgingen. Nicht selten vernahmen wir den Lärm solcher Tumulte, die sich in der Regel am Sonntag abspielten, in unserem dem Parteilokal der Kommunisten nahegelegenen Haus. Dann stieg die Erregung und Spannung der Bevölkerung aufs äußerste, bis die Polizei eingriff und die Ordnung wiederherstellte.

Solche bürgerkriegsähnlichen Zustände, zusammen mit der wirtschaftlichen Not, erzeugten bei den Menschen Verzweiflung und Hoffnungslosigkeit und den Wunsch nach dauerhaft gesicherter staatlicher Ordnung. Wer sie versprach, zusammen mit der Beseitigung der letzten belastenden Bestimmungen des Versailler Vertrags, waren die Nationalsozialisten. Die Zahl ihrer Wähler wuchs, wenn auch mit kleinen Rückschlägen von einem Reichstag zum anderen. Sie bekämpften gemeinsam mit den Kommunisten, obwohl diese ihre schärfsten politischen Gegner waren, das Weimarer „System“, wie sie es nannten.

Die bürgerlichen Parteien versuchten mit Notverordnungen (Brüning), einer demokratischen Katastrophenbremse, das Unheil noch einmal abzuwenden. Aber eine große Mehrheit, vor allem die wirtschaftlich und existenziell am Boden liegenden Teile der Bevölkerung, folgten ihnen nicht mehr. Die bürgerlichen Parteien hatten das Vertrauen verspielt und verloren, das ihnen die erste demokratische Staatsform auf deutschem Boden als Bewährungschance geboten hatte. Bei einem Vergleich mit der Situation nach dem Zweiten Weltkrieg wird einem klar, wie verhängnisvoll auch das Verhalten der Sieger nach dem Ersten Weltkrieg Deutschland gegenüber gewesen ist und wie unzureichend die meisten deutschen Politiker mit den Problemen, vor die sie gestellt waren, fertiggeworden sind.

Wer heute danach fragt, wie das alles so kommen konnte, der muß sich sehr intensiv und gründlich mit der Geschichte und Vorgeschichte der entscheidenden Jahre vor 1933 beschäftigen. Wer die verzweifelte innen- und außenpolitische sowie wirtschaftliche Situation der damaligen Zeit nicht miterlebt hat, kann nicht verstehen, weshalb Hitler an die Macht kam. Die alliierten Siegermächte machten es sich jedenfalls viel zu einfach, als sie von einer „Kollektivschuld“ der Deutschen an den Verbrechen des Dritten Reichs sprachen. Denn solange diese noch frei entscheiden konnten, also bis zur Reichstagswahl am 5. März 1933, war von Krieg, Völkermord, Judenausrottung und Konzentrationslagern nicht die Rede. Als das Verbrecherische des NS-Regimes sichtbar wurde, war dieses so sicher etabliert, daß es für die Breite der Bevölkerung keine Möglichkeit der Einwirkung mehr gab. Einiges erfuhr sie ohnehin erst nach Beendigung des Kriegs. Nur einzelne und kleinere Gruppen vermochten noch Widerstand zu leisten und Sabotage zu üben. Erfolg hatten auch sie nicht. Die staatliche Gewalt hatte das Volk nach der „Machtübernahme“ fest im Griff. Die Alliierten ließen deshalb den Vorwurf der kollektiven Verantwortung bald fallen.

Auch jene Generation, die ihren Eltern oder Großeltern Vorhaltungen macht, daß sie dem Nationalsozialismus nicht Widerstand geleistet hätten, kann sich vielfach nicht vorstellen, daß vernünftige, intelligente Menschen in einer ausweglos erscheinenden Lage sich einem „Führer“ anvertrauen, der ihnen eine glänzende Zukunft verspricht. Sie haben die Verhältnisse, die dazu führten, glücklicherweise nie selbst erfahren. Da waren allerdings auch Zeitgenossen, die alles vorhergesehen hatten, weil Hitler es in „Mein Kampf“ als sein Programm verkündet hatte. Aber es waren nur relativ wenige, die dieses schwer lesbare Buch kannten, und auch von denen meinten viele, „es würde nichts so heiß gegessen, wie es gekocht worden sei“. Man beruhigte sich damit, um die Hoffnung nicht aufgeben zu müssen, die der Mann versprach. Ich selbst teilte diese Meinung und Haltung nicht. Ich habe das Buch nie gelesen. Mir genügte, was ich sah und erlebte. Es widerte mich an. Rabauken in Uniform: Ich konnte nichts mehr verabscheuen.

Meinen ersten Konflikt mit der Nazipartei hatte ich etwa ein Jahr vor ihrem politischen Sieg. Ich hielt mich gerade für einige Wochen in Nastätten im Taunus auf, wo unsere Firma eine große Weberei betrieb, um die dortigen Verhältnisse kennenzulernen. In diese Zeit fiel auch wieder eine der damals so häufigen Reichstagswahlen. Als ich an diesem Sonntagmorgen aus dem Fenster schaute, wehte auf dem Fabrikschornstein die Nazifahne, die SA-Leute in der Nacht dort angebracht hatten. Das war an sich nicht verwunderlich, denn die Stadt war durch und durch „braun“. Sie machte als erste Adolf Hitler zum Ehrenbürger, noch bevor dieser sein Ziel, der „Führer“ Deutschlands zu werden, erreicht hatte. Mich kümmerte das wenig: Die Fahne mußte runter und zwar sofort. Ich wurde deshalb beim Bürgermeister vorstellig, von dem bekannt war, daß er hinter diesen politischen Aktivitäten steckte. Meine Mitteilung an ihn war kurz und einfach: Wenn die Fahne nicht sofort entfernt würde, ließe ich den Betrieb am Montag nicht anlaufen. Eine Stunde später kletterten zwei SA-Männer in Uniform, es waren zwei Mitarbeiter unseres Werks, auf den Schornstein und holten sie herunter. Die Partei hat mir das lange nicht vergessen. Nach diesem Erlebnis war ich froh, im Mai meine weitere Berufsausbildung in der Schweiz fortsetzen zu können.

Jede neue Sprache ist wie ein offenes Fenster, das einen neuen Ausblick auf die Welt eröffnet und die Lebensauffassung weitet.

Frank Harris

Auslandsjahre

Mit meinem Eintreffen in Zürich, wo ich eine Textilfachschule besuchte, begannen die zwei unbeschwertesten Jahre meines Lebens. Deutschland und was dort nun geschah war für mich in solche Ferne gerückt, daß ich das Gefühl hatte, mich ginge das gar nichts mehr an. Dabei waren die Schweizer Zeitungen natürlich voller Berichte über die Ausschaltung der Gegner des NS-Regimes, die Einrichtung der ersten Konzentrationslager, die Beseitigung der Pressefreiheit und viele andere Maßnahmen des nun „Drittes Reich" genannten Landes. Gleichzeitig kam eine Flut deutscher Emigranten in die Stadt. Viele Juden und insbesondere Intellektuelle retteten sich vor der Verfolgung.

In der Pension, die ich bewohnte, wunderschön am Dolderberg gelegen mit herrlicher Aussicht über Stadt und See, waren die meisten Gäste Landsleute, die hier Zuflucht gesucht hatten. Sie hielten sich begreiflicherweise sehr zurück und vermieden nähere persönliche Kontakte. Nur mit Erwin Kalser, der als Schauspieler am Theater ein Engagement gefunden hatte, kam ich ins Gespräch. Wolfgang Langhoff, den ich in Düsseldorf oft auf der Bühne in jugendlichen Liebhaberrollen gesehen hatte und der dort von Backfischen umschwärmt worden war, kam, nach einem mehrmonatigen Aufenthalt im KZ, ebenfalls ans Schauspielhaus. Auf dieser großartigen Bühne sah ich in bewegenden Rollen der Weltliteratur auch Albert Bassermann und Ernst Deutsch. In der Altstadt hatte Erika Mann ihr politisch-satirisches Kabarett „Pfeffermühle“ aufgemacht, an dem auch Therese Giehse wirkte. So kam der Exodus aus Deutschland dem kulturellen und geistigen Leben der Stadt sehr zugute.

Aber es war keineswegs so, daß die einheimische Bevölkerung diesen Zustrom der Fremden gerne gesehen hätte, was auch ich zu spüren bekam. Zweimal ließen mich Schweizer Mädchen auf der Tanzfläche stehen, als sie an meiner Aussprache merkten, daß ich Deutscher war. Betont freundschaftliche Aufnahme fand ich jedoch in zwei Familien, deren hohes geistiges Niveau und Weltoffenheit mir eine Fülle von Anregungen brachten. Nicht zuletzt erfuhr ich bei ihnen die Selbstverständlichkeit, demokratisch zu denken und zu handeln. Beide hatten Söhne in meinem Alter, mit denen es zu lebenslangen Freundschaften kam.

Bei der einen Familie handelte es sich um Freunde meiner Eltern. Emil Zürcher war ein hochgeachteter Staats- und später Rechtsanwalt, der sich durch sein Eintreten für die Begnadigung der Italiener Sacco und Vanzetti, die in den zwanziger Jahren in den USA nach einem fragwürdigen Prozeß wegen angeblichen Mordes zum Tode verurteilt worden waren, einen Namen gemacht hatte. Sein Einsatz blieb zwar – wie der vieler anderer – ohne Erfolg, aber ich habe nie mehr einen Anwalt so glaubhaft für das Recht streiten erlebt wie ihn. Seine warmherzige, etwas weltfremde Frau Johanna war eine Jugendfreundin meiner Mutter aus Gummersbach, die in der Schweiz jener Jahre als Schriftstellerin geschätzt wurde.

Die Familie Wehrli lernte ich durch den Sohn Martin kennen, der mit mir zusammen die Fachschule besuchte. Der Vater, Professor für Geographie, war ein forschender Wissenschaftler, der einen überaus großen Eindruck auf mich machte. Seine Frau verehrte ich als eine feinsinnige, hochgebildete und lebenskluge Dame bis zu ihrem Tod im hohen Alter. Noch heute vermisse ich die schönen und anregenden Gespräche mit ihr.

Gegenüber der auf Bescheidenheit und Zurückhaltung beruhenden Atmosphäre in diesen Häusern kommen mir heute die italienischen Studenten, mit denen ich in meiner Pension zusammentraf, wie ein Kontrastprogramm vor. Als Söhne wohlhabender Eltern benahmen sie sich so, als gehöre ihnen die Welt. Sie und ihre Freunde waren alle Faschisten. Gemeinsam mit einem Belgier und einem Schweizer aus dem Tessin, die wie erstere die technische Hochschule besuchten, waren wir insgesamt sieben und aßen zusammen an einem großen runden Tisch, an dem es lebhaft zuging. Auch sonst unternahmen wir alles gemeinsam, soweit die prüde, wenn auch elegante Stadt Zürich Gelegenheit dazu bot. Die Gefahr, dort „verdorben“ zu werden, vor der meine Mutter etwas Sorge hatte, bestand allerdings kaum. Um dreiundzwanzig Uhr war unwiderruflich Polizeistunde, und in jedem Lokal wachte ein Ordnungshüter darüber, daß sie eingehalten wurde. Sonst machten wir uns unseren eigenen Spaß. Noch zwei Jahrzehnte später zeigte mir unsere Pensionsmutter Straßenverkehrsschilder und Lampen, die wir nachts irgendwo abmontiert hatten.

Wir besuchten aber auch häufig Konzerte und Opern, die uns durch einen der Italiener in ausgezeichneter Weise nahegebracht wurden. Er hatte damals schon eine große Plattensammlung und kannte die Entstehungsgeschichte der meisten Musikwerke, die wir erlebten und, durch ihn in sie eingeführt, besonders intensiv kennenlernten.

Die Textil-Fachschule, wegen der ich ja nach Zürich gekommen war, stellte sich bald als eine völlig veraltete, mittelmäßige Einrichtung heraus, die keineswegs mehr dem Ruf entsprach, der ihr vorausging. Außer Seide, die damals bereits nur noch am Rande für Luxusbekleidung verwendet wurde, gab es keine anderen Materialien, mit denen man uns vertraut machte. Viele Stunden wurden statt dessen mit dem Ausnehmen von Mustern verbracht, die wir im noblen Seidenhaus Grieder einkauften. Das einzige, was uns fesselte, war das Aufziehen von Seidenraupen, die mit den Blättern der Maulbeerbäume, die im Schulhof standen, gefüttert wurden, bis sie einen Kokon spannen und sich darin verpuppten. Dann wurden sie in heißem Wasser getötet, der Kokon abgewickelt und zusammen mit anderen zu einem Faden verzwirnt.

Der Niedergang des Instituts, beschleunigt durch die Weltwirtschaftskrise, wurde auch daraus deutlich, daß wir nur noch zwölf Schüler waren. Im folgenden Jahr wurde das Institut geschlossen. Außer mir und einem Auslandsdeutschen bestand die kleine Schar nur aus Schweizern, mit denen ich mich gut verstand. Aber der Landsmann erwies sich schnell als ein hundertfünfzigprozentiger Nazi, der die Parolen der Partei bei jeder Gelegenheit, die sich ihm bot, anbrachte. Weil er damit bei mir nicht ankam, brachte er das Gerücht auf, ich sei Jude und emigriert. Das förderte zwar nicht seine Beliebtheit bei den Mitschülern, erinnerte mich aber daran, daß es auch noch etwas anderes gab als die fröhliche Unbekümmertheit jener Tage, die ich genoß. Bald wurde ich auch alle paar Wochen vom Zürcher „Ortsgruppenleiter der NSDAP" zu Schulungsabenden eingeladen, denen ich fernblieb, obwohl die „Einladungen" im Ton immer befehlender wurden. Ich wußte wohl, wem ich das verdankte. Es geschah aber nichts weiter.

Im Sommer 1934 war meine Schweizer Zeit zu Ende. Das waren jene Wochen, in denen Hitler sich seines alten Mitkämpfers Ernst Röhm, der die SA führte, und einer Reihe seiner Kameraden, insgesamt fünfundachtzig, in einer Nacht- und Nebelaktion entledigte. Er ließ sie am 30. Juni in Wiessee, wo sie sich versammelt hatten, gefangennehmen und durch ein SS-Kommando erschießen. Die Niederschlagung dieses sogenannten „Röhm-Putsches“, mit dem angeblich die Absicht verfolgt worden war, die SA zu einer nationalsozialistischen Armee zu machen, diente in Wirklichkeit der Ausschaltung der innerparteilichen Kräfte, die Hitlers absoluter Führerstellung gefährlich werden konnten. Durch die bereits „gleichgeschaltete“ Presse und den Rundfunk erfuhr das „Volk“ – wie in totalitär regierten Staaten auch am Ende unseres Jahrhunderts noch – nur die offizielle Lesart. Mich veranlaßte das mir unheimliche Ereignis, mein zweites Auslandsjahr, das ich in England verbringen sollte, so schnell wie möglich anzutreten.

In London, wo ich als Volontär in einem großen Textilunternehmen meine Arbeit aufnahm, wohnte ich in Ealing, im westlichen Teil der Stadt. Meine Wirtsleute waren naturalisierte Deutsche, bei denen ich während meines Englandjahrs gut untergebracht und versorgt war. Zu den anderen Gästen gehörten auch zwei Engländer, mit denen ich mich anfreundete. Aber diese Beziehungen entwickelten sich nie so herzlich und intensiv wie in den Schweizer Familien. So war ich überrascht, als mir einer von ihnen, Michael Pritchard, vor meiner Abreise eine Prachtausgabe von Shakespeares gesammelten Werken mit einer schönen Widmung übergab. Darin schrieb er, seine Angehörigen möchten mir damit ihren Dank dafür abstatten, daß ich ihnen den Glauben an Deutschland wiedergegeben hätte.

Er erzählte mir, daß sein Vater als Offizier im Ersten Weltkrieg in deutsche Kriegsgefangenschaft geraten und dort so schweren Schikanen und Mißhandlungen ausgesetzt gewesen sei, daß sie zu seinem Tod geführt hatten. Seither habe seine Familie (seine Mutter war Lady-in-Waiting bei Queen Mary) alles Deutsche gehaßt. Durch meine natürliche, unbekümmerte Art und mein in jeder Hinsicht nobles Verhalten hätte ich ihnen jedoch wieder Vertrauen in mein Land gegeben. Noch heute bin ich beschämt, denn der Zweite Weltkrieg mit den furchtbaren Verbrechen, die in Deutschland geschahen, hat diesen Glauben wieder zunichte gemacht. Ich hörte wohl deshalb nie wieder etwas von dieser Familie!

Die Firma, bei der ich arbeitete und kaufmännische Praxis lernen sollte, stellte in großem Umfang Teppiche und Bezugsstoffe her, die weltweit vertrieben wurden. Fast täglich kamen Einkäufer aus dem damals noch ziemlich intakten Empire und kauften alles, was zur Einrichtung von Hotels, Kinos und Privathaushalten erforderlich war. Das mußte dann bis zu einem bestimmten Zeitpunkt in einem englischen Hafen bereitstehen und wurde von da zu seinem Bestimmungsort in Übersee verschifft. Während die Bestellungen bearbeitet und die Güter produziert wurden, fuhren die Kunden nach Schottland, um mit ihren Freunden auf die Jagd zu gehen und in den dortigen Hochmooren das rebhuhnähnliche Grouse zu schießen. Viele reisten dann mit den Schiffen, auf denen die bestellten Waren verladen waren, in ihre Heimat zurück.

Die Abschlüsse waren von sagenhaftem Umfang und wurden zwischen den häufigen „Teatimes“ perfekt gemacht. Aber auch im Inlandsmarkt hatte das Unternehmen eine starke Stellung. So war es der einzige Lieferant für die Bezüge der Sitzpolster der U-Bahnen und Busse, die von „London Transport“ betrieben wurden. Als das Werk, in dem man diese Stoffe herstellte, während meiner Zeit vollständig abbrannte, gelang es keinem Wettbewerber, in die entstandene Lieferlücke einzudringen. Monatelang, bis der Schaden behoben war, konnte das Transportunternehmen verschlissene Bezüge nicht ersetzen, was jedermann bemerkte, der die Verkehrsmittel benutzte. Diese idyllischen Verhältnisse sind natürlich lange vorbei, und die Firma, die sich darauf ausgeruht hatte, ist längst vom Markt verschwunden.

Was mich mehr als meine Erfahrungen und Erlebnisse bei dem Unternehmen weiterbrachte, war das Leben in Großbritannien und besonders in der Weltstadt London. Sie war in jenen Jahren noch der „Nabel der Welt". Das erkannte man an den Menschen auf der Straße, den Geschäftsauslagen und den fast tagtäglichen Staatsbesuchen. Mich beeindruckte die Selbstverständlichkeit, mit der sich Mitglieder des Königshauses in der allgemeinen Öffentlichkeit sozusagen privatim verhielten. So begegnete ich einigen von ihnen fast so wie anderen Bürgern des Landes. Queen Mary traf ich in Begleitung von zwei Hofdamen auf einem Spaziergang in Kew Gardens, den Prince of Wales – später Duke of Windsor – in einem Geschäft in der Bond Street und erlebte aus nächster Nähe König Georg V., als er mit Tränen in den Augen einen Kranz am Cenotaph, dem Denkmal für die Gefallenen in Whitehall, niederlegte, während der Verkehr der Riesenstadt für eine Schweigeminute stillstand.

Die Höflichkeit der Menschen untereinander, ihr diszipliniertes Verhalten, wenn sie einmal irgendwo warten mußten (auf den Bus zum Beispiel), ihre Fairneß im täglichen Leben und ihr natürliches Selbstbewußtsein, das keinen Minderwertigkeitskomplex zu kennen schien, aber auch ihr Verhalten mir gegenüber, prägten mich mehr und mehr, so daß ich mich am Ende meiner Zeit dort mit Land und Leuten so verbunden fühlte, daß ich mich als „anglophil" bezeichnen darf. Daran hat der Zweite Weltkrieg nichts zu ändern vermocht. Es gehört wohl auch zu meinem Schicksal, daß es ein britischer Truppenarzt war, der nach dem Ende des furchtbaren Ringens als Angehöriger der Besatzungsmacht unserer Tochter das Leben rettete. Aber, das ist eine spätere Geschichte.

Von nazistischen Aktivitäten blieb ich in London verschont. Ein Problem war jedoch die Finanzierung meines Aufenthalts. Während mir in Zürich Geschäftsverbindungen unserer Firma halfen, die erforderlichen Mittel zu bekommen, fehlten derartige Beziehungen in London völlig. Das englische Unternehmen, bei dem ich tätig war, durfte mir kein Gehalt zahlen, und die strengen Devisenbestimmungen Deutschlands erlaubten nur die Ausfuhr von zehn Reichsmark. Was tun? Viele junge Deutsche in gleicher Lage ließen sich größere Reichsmarkscheine, eingeklebt in das Parteiblatt „Völkischer Beobachter“, unter Streifband an eine postlagernde Adresse schicken. Diese Sendungen wurden nie aufgemacht und kontrolliert und erreichten immer sicher ihr Ziel. Andere Familien trafen Absprachen mit englischen, die ein Kind in Deutschland studieren ließen, und kamen für dessen Lebensunterhalt auf, während die eigenen Kinder in Großbritannien im Austausch „eingeladen“ wurden. Ein von mir bevorzugter Weg war der Schwarzmarkt mit seltenen Eintrittskarten, zum Beispiel für Wimbledon, wenn im Centercourt die Endspiele im großen Tennisturnier anstanden. Auch frühzeitige Kartenkäufe für gewisse besondere Vorstellungen in der Covent Garden Oper erwiesen sich als Möglichkeit, meine Finanzmittel aufzubessern. Sie ermöglichten mir zwei große, mehrwöchige Reisen, auf denen ich das Land bis zu den schottischen Highlands, die Midlands, Wales und Cornwall kennen- und liebenlernte.

Ein besonderes Ereignis, das in London fast meinen Lebensweg drastisch geändert hätte, war eine Begegnung mit Albert Schweitzer. Ich traf ihn in einem deutschen Pfarrhaus, in dem ich verkehrte. Bei einem längeren Gespräch über Bücher und Literatur machte mir der große Urwalddoktor plötzlich das Angebot, mit ihm nach Lambarene zu gehen, um dort seine Bibliothek zu führen und zu pflegen. Das war wohl das letzte, woran ich gedacht hatte. Aber die Sache faszinierte mich so sehr, daß ich tagelang mit mir rang, was ich tun sollte. Dabei spielte nicht nur der Reiz eine Rolle, in der Nähe eines so bedeutenden Mannes, wie es Schweitzer war, arbeiten zu können. Mich lockten natürlich auch das Abenteuer Afrika und der ständige Umgang mit Büchern. Aber ich sagte ihm dann doch ab. Ich dachte an meine Familie und die Erwartung meines Vaters, als sein Nachfolger das Unternehmen weiterzuführen. Was ich nicht ahnte, war, daß ich damit eine Entscheidung getroffen hatte, die noch ganz andere Folgen haben würde als die Übernahme der schwierigen Aufgabe, die Firma zu leiten.

An Krieg glaubte ich zwar nicht. Die mehr oder weniger geheime Aufrüstung, von der ich in den Londoner Zeitungen las, schien mir vielmehr eine logische Konsequenz der jahrelangen erfolglosen Abrüstungsbemühungen zu sein. Ich hielt sie aus dem Schutzbedürfnis Deutschlands, das von hochgerüsteten Staaten umgeben war, für gerechtfertigt. Deshalb sah ich sie auch nicht als charakteristisch für die Naziherrschaft an, für die ich weniger denn je Sympathie aufbringen konnte.

Da mein Vater Wert darauf legte, daß ich nach Beendigung der Londoner Zeit nach Hause zurückkehrte, damit er mich noch möglichst lange einarbeiten könne, machte ich mich mit dem Gedanken vertraut, dort auch unter den veränderten politischen Umständen wieder zu leben. Keinen Augenblick habe ich die Möglichkeit erwogen, im Ausland zu bleiben, also zu emigrieren, was von England aus jederzeit möglich gewesen wäre. Mich rief die Pflicht und die Freude an der Aufgabe, die vor mir lag. Mit den politischen Verhältnissen, soweit sie das Unternehmen oder mich persönlich betrafen oder noch tangieren würden, glaubte ich fertigzuwerden, ohne mich engagieren zu müssen.

Ich wurde allerdings stutzig, als mich der damalige Militärattaché an der deutschen Botschaft, dem ich sagte, daß ich mich freiwillig zum Arbeitsdienst melden wolle, nach meinem Jahrgang fragte, um mir dann zu empfehlen, dies nicht zu tun. Er wußte, daß die Einführung der allgemeinen Dienstpflicht in der neuen Wehrmacht bevorstand und mein Jahrgang als erster eingezogen werden sollte. Das sagte er mir natürlich nicht. Aber ich verhielt mich nach seinem Rat. Noch während ich in London war, im März 1935, wurde das entsprechende Gesetz erlassen. Nun war es also zunächst nichts mit dem Eintritt in die Firma. Aber ein Jahr, meinte ich, ließe sich wohl verkraften. Es wurden zwei Jahre daraus, und hinzu kamen noch vier weitere während des Kriegs.

Ich weiß heute nicht, wie ich mich damals in England entschieden hätte, würde ich gewußt haben, was mir bevorstand. Jung wie ich war, sagte ich mir: „Das wirst du überstehen!“ Dieser Vorsatz und diese Entschlossenheit bestimmten von da an mein ganzes Verhalten und Tun. „Unversehrt überleben“, war die einzige Maxime, die mich bis zum Waffenstillstand am 8. Mai 1945, einen Tag vor meinem einunddreißigsten Geburtstag, leitete.

Alles Politische interessierte mich nach meiner Rückkehr mehr als bis dahin. Ein Nationalbewußtsein stellte sich aber auch dann bei mir nicht ein. Es blieb mir fremd und fern. Ich wußte nichts damit anzufangen. Meine Auslandszeit ließ mich Deutschland gegenüber auf Distanz gehen. Am besten könnte man meine Einstellung als „innere Emigration“ bezeichnen. Als der Krieg ausbrach, fühlte ich mich mit dem Schicksal meines Vaterlands nicht verbunden. Zwar erregte mich das Geschehen, aber es war mir immer, als beträfe es nicht meine Heimat. Wahlen und Abstimmungen gab es nicht mehr. Dem „Widerstand“ blieb ich fern. Zwar kam ich in späteren Jahren mit einigen „Verschwörern“, die dann am 20. Juli beteiligt waren, über dienstliche Kontakte in nähere Berührung, aber ich wußte nicht, daß sie dazugehörten. Ich erfuhr es erst, als nach dem Attentat ihre Namen genannt wurden. Im übrigen hielt ich jedoch einen Sturz des NS-Regimes von innen für aussichtslos und jedes Opfer dafür umsonst. Leider hat die Entwicklung meine Meinung bestätigt. Aber ich achte und verehre diejenigen, die es wagten. Für mich wurde mein Heimatland mehr und mehr zu einem Alptraum und sollte es bleiben, bis alles vorüber war.

Der törichte Patriotismus des 20. Jahrhunderts deckt sich mit der Begeisterung einer Mannschaft, die nur die Farbe des Trikots zusammenhält, während sie die wahren Gemeinsamkeiten vernachlässigt.

Antoine de Saint-Exupéry

Soldat und Bürger im Dritten Reich

Aus den Himmeln der Freiheit, der Weltweite und Offenheit, die ich in Zürich und London erfahren und erlebt hatte, stürzte ich am 1. November 1935 auf meinen Strohsack in der Kaserne des Artillerie-Regiments 73 zu Weimar und heulte mein ganzes Elend in mich hinein. Bereits nach wenigen Wochen wußte ich, daß ich nie wieder etwas so hassen würde wie den militärischen Betrieb, den Drill, die Zwänge, die Befehlsabhängigkeit und alles, was sonst noch damit zusammenhing. Zwar hatte ich noch die Möglichkeit gehabt, mir die Waffengattung und den Standort aussuchen zu können, wo ich meine Dienstzeit ableisten wollte, aber was half das schon? Ich wählte Weimar, den stillen Ort der großen Musen und Geister, und die Artillerie, von der ich annahm, daß man bei ihr im „Ernstfall“ weniger gefährdet sein würde als bei anderen Truppenteilen.

Zu meiner Ablehnung des damaligen Deutschland kam meine Auffassung, daß kein Staat berechtigt sei, seine Bürger gegen ihren Willen zum Dienst mit der Waffe zu verpflichten. Wenn ein Land schon nicht in der Lage wäre, sich ohne militärische Einheiten zu behaupten und zu schützen, dann sollte es dafür Freiwillige engagieren, wie das bei der Reichswehr seit dem Ende des Ersten Weltkrieges geschehen war und auch von anderen Nationen praktiziert wurde. Von der Attraktivität eines Staates, seines Verhaltens und seiner Gesellschaft würde es abhängen, ob er genügend Menschen fände, die bereit wären, gegebenenfalls ihr Leben für ihn einzusetzen. Für einen Krieg möge das nicht ausreichen, aber weshalb überhaupt Krieg? Die Gründe, die das NS-Regime dafür nannte, rechtfertigten ihn in meinen Augen zu keinem Zeitpunkt. Ich mußte mich trotzdem äußerlich fügen, weil es in jenem Staat keine Möglichkeit gab, legal den Kriegsdienst zu verweigern. Als Konsequenz daraus suchte ich nach allen Wegen, die sich mir bieten würden, um einen Kampfeinsatz zu vermeiden. Aber zunächst war diese Frage noch nicht aktuell.

Weimar erwies sich als eine liebenswerte Garnisonstadt. In ihr herrschte eine Atmosphäre kleinbürgerlicher Geborgenheit, die im harten Gegensatz zu der rauhen Wirklichkeit stand, mit der wir jungen Soldaten konfrontiert wurden. Unsere Ausbilder waren fast ausschließlich jene „Zwölfender“, die es im „Hunderttausend-Mann-Heer“ in einem Dutzend Jahren gerade zum Obergefreiten gebracht hatten. Die besten von ihnen wurden nun Unteroffiziere. Was sich diese Leute an Schinderei und Schikanen ausdachten, hat Hans Hellmut Kirst in seinem Buch „08/15 heute“, allerdings bezogen auf die Bundeswehr, so zutreffend geschildert, daß dem nichts mehr hinzuzusetzen ist. Es genügt zu vermerken, daß einer der übelsten Peiniger meiner Batterie in den ersten Tagen des Polenfeldzugs in der Nacht von hinten – also aus den eigenen Reihen – erschossen wurde.

Aber nicht nur Auswüchse menschlichen Machtrauschs und Mißbrauchs trübten das Bild des idyllischen Städtchens, das einst Mittelpunkt einer geistigen Welt gewesen war, zu dem die Denker einer glücklicheren Zeit pilgerten, um sich an klugen Gesprächen zu erbauen. Nicht weit von unseren Kasernen am Ettersberg, genauer gesagt, nur wenige Kilometer oberhalb, lag das Konzentrationslager Buchenwald. Es war so hermetisch abgeschlossen und weit umstellt bewacht, daß man nicht beobachten konnte, was dort vor sich ging. Natürlich wußten wir, wußte auch die Bevölkerung, daß dort politische und sonstige Gefangene in Gewahrsam gehalten und mit härtester Arbeit, zum Beispiel in einem Steinbruch, „beschäftigt" wurden. Massenmord, wie später während der letzten Jahre des Kriegs, fand allerdings noch nicht statt.

Wenn man jedoch am Güterbahnhof vorbeikam, so konnte man zahlreiche Häftlinge in ihrer breitgestreiften Kleidung beim Aus- oder Einladen der Züge beobachten. Ihr „Vergehen" ließ sich an großen farbigen Dreiecken erkennen, die sie an ihren Anzügen trugen: Rot bedeutete „politischer Gegner", Violett „religiöser", etwa die „ernsten Bibelforscher", die den Wehrdienst aus Glaubensgründen verweigerten, Rosa kennzeichnete die Homosexuellen, Gelb die Juden. Unterernährt sah man damals noch keinen; schließlich sollten sie ja schwere Arbeit leisten. Der Anblick war bedrückend, aber man erfuhr nichts Näheres. Wurde jemand entlassen, was hin und wieder vorkam, so mußte er einen Revers unterschreiben, in dem er zu schweigen gelobte, andernfalls man ihn wieder zurückholen würde. Dies ist einer der Gründe, weshalb die Masse der Bevölkerung in Deutschland bis Kriegsende nicht wußte, was sich in den Lagern abspielte.

Sorglos und unberührt von derartigen Beobachtungen taten wir jungen Rekruten unseren Dienst, der uns jedoch genügend Freizeit ließ, um uns mit Erfreulicherem zu befassen. Da war vor allem das ausgezeichnete Theater, das wir häufig besuchten. Auch trafen wir uns abends in Weinstuben und debattierten über politische und Fragen der Literatur und Künste. Gerade für letztere gab es viele Anregungen, die mit der Stadt der Musen zusammenhingen. Einige von uns hatten persönliche Beziehungen zu den Einrichtungen, wie etwa zum Nietzsche Archiv, das Weltruhm genoß. Aber natürlich kamen auch die Beziehungen zum weiblichen Geschlecht nicht zu kurz.

Da bot zum Beispiel die Kunstakademie ein großes Reservoir von netten, doch gescheiten Mädchen, mit denen wir einzeln, aber auch als Gruppe zusammenkamen, um etwas zu unternehmen. So veranstalteten wir jeden Monat im Hotel „Kaiserin Augusta“ einen festlichen Abend, an dem das Tanzbein fleißig geschwungen wurde, aber auch ernsthafte Gespräche nicht zu kurz kamen. Mit den reizenden Besitzern dieses Hotels freundeten sich einige von uns, zu denen auch ich gehörte, an, und diese Beziehung wurde auch nach dem Krieg fortgesetzt, als die Eigentümer sich aus dem SED-Staat, zu dem Thüringen gehörte, nach Westen abgesetzt hatten. Im übrigen hielten wir unsere kameradschaftliche Verbindung während der kommenden Jahre über meine Sekretärin aufrecht und setzten sie auch nach Ende des großen Schlachtens, soweit wir es überstanden hatten, fort. Über die Hälfte von uns kehrte nicht mehr zurück.

Am Ende meiner Ausbildungszeit wurde ich bei einem Unfall mit einer Zugmaschine so schwer verletzt, daß ich mich einer monatelangen Behandlung unterziehen mußte und keinen Dienst tun konnte. Zwei Kameraden, die rechts und links von mir gesessen hatten, waren auf der Stelle tot. Die Art der Behandlung dieser Sache durch das Regiment, bei der auch ich als Zeuge nach Ursachen gefragt wurde, war derart, daß ich darum bat, mich von der Liste der Reserve-Offiziersanwärter, auf die man mich ohne mein Zutun gesetzt hatte, zu streichen. Man machte mir keine Schwierigkeiten. Aber wenige Wochen später, einundzwanzig Tage vor unserer ursprünglich vorgesehenen Entlassung, wurde die Verlängerung der Dienstzeit um ein weiteres Jahr bekanntgegeben. Natürlich mußte ich das zweite, wie die meisten anderen, im Mannschaftsstand absolvieren. Ich habe es nicht bereut, dies meinem Verzicht auf die Offizierskarriere zu verdanken.

Um so überraschter war ich, als mich wenige Tage vor meinem Ausscheiden mein Regimentskommandeur zu sich kommen ließ, um mich zu fragen, ob ich nicht doch meine Entscheidung revidieren wolle. Ich erbat Bedenkzeit und besprach mich mit meinen Kameraden. Schließlich ging ich zu meinem von mir als Person und Vorgesetzten hochgeschätzten Batteriechef und bat ihn um Rat. Was er mir sagte, war dies: „Der Krieg ist unvermeidlich, er wird in naher Zukunft ausbrechen. Sie haben nur zu wählen, ob sie ihn als Offizier oder im Mannschaftsstand erleben und bestehen wollen.“ So hatte ich die Alternative bis dahin nicht gesehen. Dafür war meine Abscheu gegen alles Militärische zu groß. Aber jetzt erkannte ich eine Chance, meinen Vorsatz „unversehrt zu überleben“ zu verwirklichen. Ich überlegte nicht mehr lange und wählte den Weg, der mir dafür am günstigsten schien: Ich wurde Reserve-Offizier. Was sich daraus machen ließ, das wußte ich zwar noch nicht, aber ich war sicher, richtig gehanelt zu haben – und ich irrte mich nicht. Man beförderte mich schnell. Als der Krieg ausbrach, war ich bereit.

Während der zwei Jahre nach meiner Entlassung und fast bis zum Ausbruch des Kriegs konnte ich meiner Arbeit in unserer Firma an der Seite meines Vaters, im wesentlichen ungestört durch die Partei, nachgehen. Der inzwischen vollendete vertikale Aufbau der Produktion gab uns Argumente in die Hand, eine Umstellung auf Rüstungsgüter zu vermeiden. Zwar gab es Auflagen, welche Gewebe wir zu fertigen hatten, aber sie waren, wie Futter- und Kinderkleiderstoffe, ausschließlich für den zivilen Bedarf bestimmt. Auf der anderen Seite gab es freilich viele Probleme, die erforderlichen Rohstoffe, die notwendige Energie und Ersatzteile zu bekommen, weil sie aus Betrieben geliefert wurden, die ihrerseits weitgehend mit Rüstungsaufträgen belegt waren. Auch die Autarkiebestrebungen der NS-Regierung wirkten sich erschwerend aus. Viele Rohstoffe, die früher aus dem Ausland gekommen waren, wurden durch Ersatzstoffe abgelöst, die, etwa Plastik und Kunstfasern, noch viele Mängel aufwiesen. Diese Schwierigkeiten zu überwinden, war jedoch eine reizvolle und in mancher Hinsicht auch interessante Aufgabe, durch die ich mich in das Unternehmen gut einarbeiten konnte.

In jenen Friedensjahren setzten die NS-Behörden und Parteiorganisationen den Ausbau derjenigen Einrichtungen fort, mit denen sie ihre sozialpolitischen Auffassungen zu verwirklichen trachteten. Im Mittelpunkt stand die Überwindung des Klassendenkens durch Appelle und Maßnahmen, die das Gemeinsame herausstellten. Der Slogan „Gemeinnutz geht vor Eigennutz" war das Schlagwort, mit dem Aktionen durchgeführt wurden, die das ganze Volk zusammenschweißen sollten.

Im Bereich der Wirtschaft war es vor allem die „deutsche Arbeitsfront", die an die Stelle der 1933 aufgelösten Gewerkschaften trat und im Gegensatz zu jenen sowohl Arbeitgeber als auch Arbeitnehmer als Mitglieder in einer gemeinsamen Organisation „aller schaffenden Deutschen der Stirn und der Faust", wie die Parole lautete, vereinigte. Durch einen kombinierten Lohn- und Preis-Stop, mit dem die Regierung die schleichende Inflation in Grenzen zu halten suchte, gab es für Tarifauseinandersetzungen zwischen den Sozialpartnern kaum noch Spielraum, was zum „Frieden" zwischen ihnen wesentlich beitrug. Dennoch erforderlich werdende Lohnkorrekturen wurden einvernehmlich vorgenommen, mußten jedoch von einer Aufsichtsbehörde genehmigt werden. Ein anderes Gebiet der Arbeitsbeziehungen bekam statt dessen eine immer größer werdende Bedeutung.

Es war die Aktion „Schönheit der Arbeit". Sie hatte das Ziel, die Arbeitsbedingungen sowie die sozialen Einrichtungen und Leistungen in den Betrieben zu verbessern. Auf diesen Gebieten gab es nach den Jahren der Wirtschaftskrise und Arbeitslosigkeit einen erheblichen Nachholbedarf. Nun wurden die Unternehmen animiert, in solche Aufgaben zu investieren bzw. Mittel bereitzustellen. Dazu gehörte die Schaffung von

Kantinen, Pausen- und Sozialräumen, die Erneuerung alter Produktionshallen, die attraktive Gestaltung der Umgebung der Gebäude durch Anlagen und ähnliches mehr. Auch die Einrichtung von betrieblichen Pensionskassen, Fonds für Notfälle, Berufsausbildung etc. gehörte dazu. Einmal im Jahr wurden die getroffenen Maßnahmen überprüft und Betriebe, die Vorbildliches geleistet hatten, öffentlich belobigt und ausgezeichnet. Dazu gab es verschiedene Stufen, in denen das erfolgte.

Derartige gemeinsame Vorhaben führten die Arbeitgeber und ihre Mitarbeiter zusammen und bauten alte „Feindbilder" ab. Wie wirkungsvoll diese Bemühungen waren, die natürlich im Krieg noch forciert wurden, läßt sich daraus erkennen, daß es den freien Gewerkschaften in den ersten Nachkriegsjahren zunächst schwer war, die Klassenkampfideologie wieder zum Instrument der Auseinandersetzungen mit den Arbeitgebern zu machen. Sie mußten sich zuerst sogar mit diesen verbünden, um die Gefährdung der Arbeitsplätze durch die Demontagen von Maschinen und Betriebseinrichtungen, die die Siegermächte als Reparationsleistung von Deutschland verlangten, soweit als irgend möglich auf ein Minimum zu beschränken. Hätten die Unternehmer in den Folgejahren nicht so viele Ungeschicklichkeiten und Fehler begangen, zum Beispiel den Versuch, den alten Herr-im-Haus-Standpunkt wieder durchzusetzen (die Nazis hatten sie als „Betriebsführer" bezeichnet), was der Agitation neue Ansatzpunkte lieferte, so wäre es wahrscheinlich nicht möglich gewesen, die alten Fronten wieder aufzubauen. Aber davon wird noch zu reden sein.

Beunruhigend, in gewisser Weise aber auch hoffnungsvoll, stimmte mich der Anschluß Österreichs und der Sudetengebiete an das deutsche Reich, weil er, ohne daß ein Krieg, den ich vor allem fürchtete, darüber ausbrach, vollzogen wurde. Dagegen entsetzte und deprimierte mich das Judenpogrom im November des gleichen Jahres, im Volksmund später als

Reichskristallnacht bezeichnet, in tief beunruhigender Weise. In Hilden allein wurden in der Nacht vom 9. auf den 10. November sieben jüdische Mitbürger auf grauenvolle Weise ermordet. Als ein Arzt, alarmiert durch die Hilferufe aus dem Nachbarhaus, auf die Straße eilte, wurde er dort durch den Ortsgruppenleiter abgefangen und in sein Haus zurückgeschickt mit dem Bemerken, er solle sich nicht um eine Sache kümmern, die ihn nichts anginge. Von den Haupttätern konnte nur einer nach dem Krieg belangt werden. Er wurde zu lebenslanger Haft verurteilt. Alle anderen sind gefallen. Die überlebenden Juden jener Nacht, die nicht auswanderten, verschwanden später in Vernichtungslagern, aus denen keiner zurückkehrte.

Nach meiner Entlassung aus der Wehrmacht und der Rückkehr an den Schreibtisch kamen jedoch unvermeidlich politische Probleme auf mich zu. Als Soldat wurde man von der NS-Partei nicht behelligt. Sogar die Mitgliedschaft, sofern sie bestand, ruhte während der Dienstzeit. Das war für viele ein Grund, Berufssoldat zu werden. Allerdings traf dies nur für die Wehrmacht, nicht aber für die SS-Verbände zu. Letztere waren in viel stärkerem Umfang ideologisch und politisch ausgerichtet. Das wurde zwar nicht offen diskutiert, aber als am Ende des Kriegs der Rückzug der deutschen Truppen an allen Fronten einsetzte, begannen doch manche Parteifunktionäre die Frage aufzuwerfen, wie weit man der politischen Zuverlässigkeit der Wehrmacht trauen könne.

Das Attentat auf Hitler am 20. Juli 1944 verstärkte naturgemäß diese Skepsis. Soweit ich das beobachten konnte, war der Verdacht unbegründet, jedenfalls was die Kampfbereitschaft der Truppen betraf. Je länger das große Ringen andauerte, desto weniger spielten für die Masse der Soldaten die ideologischen Zielsetzungen eine Rolle. Sie setzten sich nicht für diese oder den NS-Staat ein, sondern für Deutschland als Heimat- und Vaterland, das man in Gefahr sah unterzugehen. Bei den

Alliierten geäußerte Absichten, wie man sich nach einem Sieg verhalten wolle, etwa der Morgenthauplan, veranlaßten auch Nichtnazis, mit Erbitterung zu kämpfen. Trotzdem konnte man in der Wehrmacht freier als außerhalb politische Themen mit Gleichgesinnten diskutieren, ohne Maßregelungen befürchten zu müssen. Beispielsweise unterließ es mein Kommandeur, mich nach dem Frankreichfeldzug auf die Liste der „Englandkenner“ zu setzen, als diese für die beabsichtigte Landung auf der Insel gesucht wurden. Er selbst befragte mich dazu, und ich bestätigte ihm, daß ich ungern meine im Frieden als Gast des Landes erworbenen Kenntnisse für den Krieg verwenden würde.

Meine Devise in jenen Jahren entsprach der vieler anderer, die der Partei gegenüber Abstand hielten. Sie lautete: möglichst wenig auffallen! Damit kamen die meisten gut über die Runden. Schwierig wurde es nur für diejenigen, die aus beruflichen oder anderen Gründen in irgendeiner Weise exponiert waren, zu denen natürlich auch die Unternehmensleiter gehörten. Schon ihre Bedeutung in der Sozialpolitik machte sie zum Objekt besonderen Interesses. Oft wurde die Frage, wie man es mit dem Nationalsozialismus halte, durch einen Zufall aufgeworfen. Das trat bei mir ein, als ich mich, ohne an etwas Politisches zu denken, um die Mitgliedschaft in der Deutsch-Englischen Gesellschaft bewarb. Derartige Vereinigungen gab es zur Pflege persönlicher Beziehungen mit mehreren Ländern. Für seinen Antrag mußte man ein paar Paten angeben und den Grund, weshalb man Mitglied werden wollte.

Ich war zunächst nicht sonderlich überrascht, als ich kurze Zeit darauf von einem Herrn, der sich „Gaubeauftragter für auswärtige Angelegenheiten“ nannte, angerufen wurde, der mir sagte, er würde sich gerne mit mir über meinen Antrag unterhalten. Er besuchte mich, entsprechend seinem ausdrücklichen Wunsch, in meiner Wohnung. Dort eröffnete er mir: Man habe sich bei dem zuständigen Ortsgruppenleiter nach meiner politischen Zuverlässigkeit erkundigt, wie das für eine Mitgliedschaft in einer Zweiländervereinigung erforderlich sei, und von diesem eine negative Stellungnahme erhalten. Er gab mir das Schreiben, damit ich es selbst lesen könne. Die Punkte, die darin zur Begründung aufgeführt waren, enthielten – neben kleineren „Vergehen" wie meine längeren Auslandsaufenthalte, das Abonnement ausländischer Zeitungen, absurderweise auch die Ehe meiner Schwester mit einem Chinesen – als Hauptpunkt: Ich hätte mich geweigert, Mitglied der NSDAP zu werden. Was das anging, so hatte mich nie jemand dazu aufgefordert, ich allerdings auch keine Veranlassung gesehen, meinerseits einen entsprechenden Antrag zu stellen. Dies ließ ich meinen Besucher wissen, der mir freimütig sagte, er habe den Eindruck, daß mit mir ein übles Spiel getrieben werden solle, was er nicht billige. Deshalb sei auch sein Besuch erfolgt. Ich möge die Sache aber nicht von der leichten Seite nehmen. Es könnten sich sonst sehr unangenehme Folgen für mich ergeben. Er wisse, wie so etwas verliefe. Ich war ihm für seine Warnung und Offenheit dankbar und habe ihm nach dem Krieg sein anständiges Verhalten gerne bestätigt, als er selbst Schwierigkeiten wegen seines Parteiamts bekam. Im Zivilberuf war er Direktor einer Oberschule.

Keine zwei Wochen nach diesem Besuch bat mich in sehr höflicher Form der zuständige Kreisleiter, ihn einmal aufzusuchen. Dieser Mann war ein junger, akademisch vorgebildeter Idealist, der mir noch einmal den mir schon bekannten Brief zu lesen gab, bevor er mich fragte, ob ich denn bereit sei, Mitglied der Partei zu werden. Menschen in meiner Position und in meinem Alter sollten doch auch in dieser Hinsicht Vorbild für andere sein. Auf diese Frage vorbereitet, erwiderte ich ihm, es schiene mir schwer möglich zu sein, meine Glaubwürdigkeit als politisch neutraler Chef einer großen Belegschaft gegenüber zu erhalten, wenn ich mich durch die Mitgliedschaft in der

Partei einseitig festlegte. Schließlich seien viele unserer Mitarbeiter anderer Auffassung, und mit ihnen wolle ich im offenen und freimütigen Gespräch bleiben. Meines Erachtens sei dies auch im Interesse des NS-Staats. Mein Gegenüber teilte freilich meine Gesichtspunkte nicht, jedoch wollte er mich nicht drängen. Er ließ mir Zeit, die Frage in Ruhe zu überdenken. Wenige Monate später brach der Krieg aus und enthob mich dieser heiklen Entscheidung. Ich weiß nicht, ob mir sonst noch ein Weg offengeblieben wäre, den Parteieintritt zu vermeiden. Der Kreisleiter selbst meldete sich freiwillig und fiel bei den Kämpfen in Rußland. Er starb für sein Ideal und seine Überzeugung. Dafür hat er meine Hochachtung.

Will meine Zeit mich bestreiten,
ich lasse es ruhig geschehen.
Ich komme aus anderen Zeiten
und hoffe, in andre zu gehen.

Franz Grillparzer

Das große Schlachten beginnt

Als ich am 31. August 1939 von meinem Urlaub in den Bergen zurückkehrte, lag der Einberufungsbefehl auf meinem Schreibtisch. Schon die Heimfahrt hatte gezeigt, was im Gange war. An den Tankstellen bekam man jeweils nur zehn Liter Sprit, auf den Autobahnen gab es bald gar nichts mehr. Wollte man weiterfahren, so mußte man auf die Dörfer ausweichen. War einem das zu umständlich und man verlud seinen Wagen auf die Bahn, sah man ihn nie wieder. Der Besitzer erhielt nach einer Weile per Post eine Beschlagnahmebescheinigung der Wehrmacht mit dem Schätzwert, der ihm erstattet würde.

Am 1. September erklärte Hitler im Rundfunk: „Seit heute morgen wird zurückgeschossen!“ Der Polenfeldzug begann mit einer Lüge! Schon einige Wochen vorher hatte eine Propagandawelle mit Meldungen über angebliche Grenzverletzungen und Drangsalierungen der deutschen Bevölkerung durch die Polen begonnen. In den letzten Tagen tauchte dann prompt auch wieder die „alte Frau“ auf, die über die Grenze gekommen sein soll und über Schlimmes, was sie durchgemacht, berichtet habe. Dieses Märchen, mit dem man die „kleinen Leute“ ansprechen und in Kriegsstimmung versetzen wollte, wurde immer dann aufgetischt, wenn es anfing, brenzlig zu werden. Das war so vor dem Anschluß Österreichs, des

Sudetenlands und vor der Tschechenkrise. In diesen Fällen war es dann schließlich doch noch gutgegangen, aber jetzt war der Ernstfall da.

Ich kam nach Hamm in Westfalen mit einem Sonderzug der Reservisten, die dort eingekleidet werden sollten. Die Artillerieeinheit, der ich zugeteilt wurde, gehörte einer späteren „Welle“ an und blieb zunächst einige Wochen dort. Inzwischen rückten die ersten neu aufgestellten Truppen an die Westgrenze aus. England und Frankreich waren den Polen beigesprungen und hatten Deutschland den Krieg erklärt. Nie wieder habe ich solche traurigen Soldatengestalten gesehen wie in jenen Tagen. In schlecht sitzenden Uniformen und noch rohgelbem Lederzeug hingen sie mehr als daß sie saßen auf ihren Pferden bzw. Fahrzeugen. So fuhren sie zum Bahnhof. Das war ein anderes Bild bei diesem Kriegsbeginn als dasjenige, das man vom Anfang des Ersten gesehen hatte: Damals Hurra-Begeisterung, 1939 tiefes Bekümmertsein. Statt des „Siegreich woll'n wir Frankreich schlagen“ wurde die melancholische „Lili-Marleen“ zum Soldatenlied der neuen Kriegsjahre, die nun begannen.

Hitler hatte diese Stimmung vorausgesehen, als er im November 1938 vor der deutschen Presse, bei der er sich für ihre Unterstützung seiner Politik bedankte, ausführte: „Eine jahrzehntelang betriebene Friedenspropaganda hat auch ihre bedenklichen Seiten, denn es kann nur zu leicht dahin führen, daß sich in den Gehirnen vieler Menschen die Auffassung festsetzt, daß das heutige Regime an sich identisch sei mit dem Entschluß und dem Willen, den Frieden unter allen Umständen zu bewahren. Das würde aber nicht nur zu einer falschen Beurteilung der Zielsetzung dieses Systems führen, sondern vor allem auch, daß die deutsche Nation, statt den Ereignissen gegenüber gewappnet zu sein, mit einem Geiste erfüllt wird, der auf die Dauer als Defätismus gerade die Erfolge des heutigen Regimes in Frage stellen würde. Der Zwang war die

Ursache, warum ich jahrelang nur vom Frieden redete." Deutlicher konnte das nicht ausgesprochen werden, aber niemand außer den Journalisten erfuhr davon. Hitler war überhaupt manchmal von einem erstaunlichen Freimut, wenn er, darin ganz der „kleine Mann", der er seinem Herkommen nach auch war, mit seiner Klugheit, besser Schläue, renommierte. So erklärte er während des Kriegs in einer Ansprache zum 1. Mai: „Ich hätte ja genauso wie die Bolschewisten alle Unternehmer umbringen können. Aber so dumm war ich nicht. Ich wußte, daß ich sie zur Verwirklichung meiner Ziele noch brauchen würde!"

Meine Bemühungen, wieder zu meinem Friedenstruppenteil in Weimar zu kommen, hatten schließlich Erfolg. Doch der Frankreichfeldzug fand ohne mich statt. Ich bildete in Thüringen Rekruten aus. Meine Division lag an der Loire in scheinbarer Ruhestellung. In Wirklichkeit bereitete sie sich auf eine Invasion Englands vor, um den schnellen Sieg über Frankreich auszunutzen. Dazu wurden in den Kasinos Planspiele und allerlei Manöver im Gelände durchgeführt; dazu gehörte bezeichnenderweise auch Schwimmen! Etwa in diesen Wochen wurde ich zum Regiment versetzt und nahm an den Übungen teil. Doch die Aktion „Seelöwe" wurde nach einigen Wochen abgebrochen. Wie ernst man die bevorstehende Aufgabe nahm, ist jedoch daraus zu ersehen, daß bereits englische Karten vorlagen, in die man die so wichtigen Höhenlinien in deutschen Meterangaben eingedruckt hatte.

Eines Tages kam ein Befehl von der Division, ihr seien alle Soldaten, die über gute englische Sprach- und Landeskenntnisse verfügten, zu melden. Das traf natürlich auch auf mich zu. Aber während ich in meinen Gedanken über die Konsequenzen, die sich daraus für mich im Ernstfall ergeben würden, noch nachsann, erhielt ich eine Order, am gleichen Tag zum Regimentskommandeur zu kommen. Dieser nahm mich beiseite und sprach mich auf den Befehl an. Er, der meine

Vorgeschichte kannte, meinte, er könne sich vorstellen, daß ich Hemmungen hätte, meine im Frieden und als Gast in England erworbenen Kenntnisse im Krieg zur Verfügung zu stellen und anzuwenden. Wenn dies der Fall sei, würde er davon absehen, mich der Division zu melden. Ich war überrascht und bewegt von so viel Verständnis eines in zwei Kriegen hochbewährten und dekorierten Offiziers. Selbstverständlich nahm ich sein Angebot an und blieb ihm in tiefer Dankbarkeit verbunden.

Da während des nächsten Winters im Kriegsgeschehen eine Pause eintrat, erhielt ich einen Arbeitsurlaub für drei Monate, damit ich mich in der Firma, wo sich vor allem die Versorgung mit Rohstoffen und Energie ständig verschlechterte, dieser Probleme annehmen konnte. Als sich mir danach die Möglichkeit bot, nach Berlin in die Rüstungsorganisation überzuwechseln, ergriff ich sofort diese Chance, von der Truppe wegzukommen. Die Aufgabe des Apparats, zu dem ich nun kam, war die Planung der Rüstungsproduktion und die Überwachung ihres Mengenausstoßes. Vorerst wurde ich in die Tätigkeit und Funktion dieser Einrichtung eingearbeitet. Das war in den ersten Wochen 1941. Zu meiner Überraschung wurde ich aber bereits während des ersten Monats zu einem Arbeitsstab „z.b.V. ‚Oldenburg'" abkommandiert, der in einem isoliert stehenden alten Haus auf einem Abbruchgelände untergebracht war. Was sich hinter dem Decknamen verbarg, sollte ich schnell erfahren.

Zunächst hatte ich mich bei einem älteren, weißhaarigen Luftwaffengeneral zu melden, der einen Ordonnanzoffizier suchte und mich mit seinen kleinen, blauen Äuglein vergnügt anlachte und fast jovial, freundschaftlich begrüßte. Nach einem wohl einstündigen Gespräch über meinen Lebenslauf, meine persönlichen Interessen und allerlei wirtschaftliche Fragen meinte er, es gäbe sicher eine wichtigere Aufgabe für mich, als sein „Klinkenputzer" zu sein, und übergab mich zwei

Offizieren, die mich in den Auftrag des Stabs einführen sollten.

Was sie mit einem Schmunzeln aus dem Panzerschrank holten, verschlug mir den Atem: Es war eine große Karte von Rußland bis zum Ural. Sie war bereits mit allerlei Linien und Zeichen versehen, die ich nur so deuten konnte, daß sie etwas mit einer militärischen Besetzung des Landes zu tun hatten. Ich war entsetzt. Napoleons gescheiterter Feldzug kam mir sofort in den Sinn. Zudem bestand zwischen Deutschland und Rußland seit August 1939 ein „Nichtangriffspakt". Nur wenn dieser gebrochen würde und es zum Krieg käme, hätte die Arbeit des Stabs, dem ich nun angehören sollte, einen Sinn. Seine Bestimmung war, eine Organisation zur Wiederingangsetzung der Wirtschaft in denjenigen Landesteilen aufzustellen und zu führen, die die Wehrmacht erobert und besetzt haben würde.

Der Stab hatte vor allem die Aufgabe, die russischen Ressourcen für die Führung des Kriegs, in erster Linie die Versorgung der kämpfenden Truppe, allerdings auch der Zivilbevölkerung, soweit man sie zur Arbeitsleistung benötigte, aus dem Land sicherzustellen. Bei den Politikern gab es freilich noch fantastischere Vorstellungen und Zielsetzungen, wie sie von Alexander Dallin in seinem Buch „Deutsche Herrschaft in Rußland 1941–1945" zutreffend geschildert worden sind. Mit diesen politischen Kräften, zu denen vor allem die Ideologen gehörten, zum Beispiel Alfred Rosenberg, und die SS, gab es während der folgenden Jahre ständige Konflikte, bei denen der „Wi-Stab" gänzlich andere Gesichtspunkte und Zielsetzungen als jene vertrat. Dies gehörte nicht zu meinen Aufgaben, die sich auf das Personalwesen beschränkten. Aber es war sehr aufregend, diese Auseinandersetzungen mitzuerleben, trugen sie doch wesentlich dazu bei, die ostpolitische Konzeption des NS-Regimes kennenzulernen.

Hitler hatte bereits in „Mein Kampf" geschrieben: „... wir

Nationalsozialisten müssen unverrückbar an unserem außenpolitischen Ziel festhalten, nämlich dem deutschen Volk den ihm gebührenden Grund und Boden auf dieser Erde zu sichern... wenn wir aber davon reden, können wir in erster Linie nur an Rußland und die ihm anvertrauten Randstaaten denken... Deutschland wird entweder Weltmacht oder überhaupt nicht sein..." In einem Brief an Mussolini vom 22. Juni 1941 (dem Tag des Überfalls auf Rußland) schrieb er: „Seitdem ich mich zu dieser Entscheidung durchgerungen habe, fühle ich mich innerlich frei." Die ihn bedrückenden zweiundzwanzig Monate des deutsch-sowjetischen Pakts seien vorüber. „Ich bin nun glücklich", fuhr er fort, „von dieser Qual befreit zu sein!" Ehe noch die Sonne an jenem Tag über der langen Grenze aufging, begannen mehr als drei Millionen deutsche Soldaten den Vormarsch nach Osten. Das Unternehmen „Barbarossa" lief. Die Welt hielt den Atem an!

Als ich den ersten Schock überwunden hatte, begann mich die neue Aufgabe, die vor mir lag, immer mehr zu fesseln. Wann hat man schon als Durchschnittsbürger die Möglichkeit, bei einem großen historischen Geschehen so direkt dabei zu sein, daß man es in allen Einzelheiten mitverfolgen und -erleben kann. In diesem Augenblick hatten meine Abscheu vor Krieg und NS-Regime oder moralische Bedenken kein Gewicht mehr. Ich sah nur noch für mich die Chance, unabhängig und außerhalb des Familienunternehmens etwas Besonderes leisten zu können, bei dem ich mich als Persönlichkeit voll entfalten, weiterentwickeln und bewähren konnte. Mit dieser Absicht übernahm ich die Vorbereitung der Bereitstellung und daran anschließend die Verwaltung und Betreuung des gesamten zivilen deutschen Personals des Wirtschaftsstabs Ost, wie die Organisation schließlich hieß, am Ende insgesamt sechsundzwanzigtausend Menschen, darunter allein sechzehntausend Landwirtschaftsführer. Als mich – lange nach Kriegsende – ein jüngerer Mann fragte, ob ich nie Skrupel gehabt hätte, mit meiner Tätigkeit dabei mitzuhelfen, daß Hitler den Krieg gewänne, bekannte ich offen, dieser Gedanke sei mir ebensowenig gekommen wie Millionen anderen Soldaten, die im Feld ihren Dienst taten.

Ich muß jedoch hier schon anfügen, daß ich später in einer besonderen Situation etwas unternahm, was mir, wenn es herausgekommen wäre, unweigerlich eine schwere Strafverfolgung eingebracht hätte. Als sich in einem fortgeschrittenen Stadium des Kriegs immer mehr zeigte, daß es an kampfeinsatzfähigem Personal fehlte, begann man die Stäbe nach jüngeren Männern auszukämmen, um sie an die Front zu schicken. Von dieser Aktion wurde natürlich auch unsere zahlenmäßig große Wirtschaftsorganisation betroffen. Glücklicherweise erfuhr ich rechtzeitig davon. Da ich die einzige vollständige Kartei aller Angehörigen unserer Einheiten besaß, sortierte ich gemeinsam mit meinen beiden Schreibern, auf die ich mich dabei absolut verlassen konnte, die Unterlagen mehrerer Hundert jüngerer Männer heraus und vernichtete sie. Auf diese Weise blieben sie unserer Arbeit erhalten und wurden dem Fronteinsatz entzogen. War das auch nur ein Tropfen auf dem heißen Stein, so schien mir mein Verhalten doch gerechtfertigt, weil wir sie dringend bei der Erfüllung unserer Aufgabe benötigten und ich außerdem damit einigen Menschen das Leben retten konnte.

Den Tag X, an dem der Rußlandkrieg begann, erfuhren wir bei unserem Stab nur wenige Tage vorher. Aber während der Monate, in denen wir den Aufbau und den Einsatz der Wirtschaftsorganisation für das zu besetzende Land vorbereiteten, standen wir dem gewaltigen Geschehen, das da in Gang gesetzt wurde, ziemlich unbewegt und nüchtern gegenüber. Das mag nachträglich ziemlich merkwürdig sein, aber das Wissen darum war uns so zur Gewohnheit geworden, daß wir nicht mehr darüber nachdachten oder uns ausmalten, wie furchtbar dieser Krieg sein würde.

So lud ich am Vorabend des Angriffs alle meine Berliner Freunde in meine Wohnung in der Roscherstraße zu einer unbeschwerten Party ein. Darunter befand sich auch ein Angehöriger der amerikanischen Botschaft, den ich bei früheren Gelegenheiten kennengelernt hatte. Ihm hatte ich, wie allen meinen anderen Bekannten, entsprechend den Weisungen meiner Dienststelle gesagt, ich sei in der Berliner Niederlassung unserer Firma tätig. Wir trugen auch aus Tarnungsgründen keine Uniform. Um so erschreckter war ich, als mir dieser Mann, mitten in der allgemeinen Fröhlichkeit mit Musik und Tanz, um Mitternacht seine Uhr unter die Nase hielt und mir dabei sagte: Nun könne er in etwa drei Stunden (Zeitpunkt des Angriffs) die Karte von Rußland mit den eingezeichneten Einsatzplätzen der Wirtschaftsorganisation aus seinem Panzerschrank an die Wand seines Büros hängen.

Woher wußte er, was ich in jenen Wochen wirklich tat, und woher hatte er den Plan unserer Organisation? Ich erkannte natürlich sofort, in welche Gefahr ich selbst geriet, wenn ich diesen Vorfall, wie es geboten war, meiner Dienststelle melden würde. Man würde mich sofort des Verrats verdächtigen, da ich den Amerikaner seit längerer Zeit kannte. Natürlich war mir der Abend gründlich verdorben, und ich war froh, als meine Gäste sich nach und nach verabschiedeten. Niemand hatte das kurze Gespräch mitbekommen. Ich meldete natürlich nichts, grübelte aber ohne Ergebnis darüber nach, wer von uns einundzwanzig Angehörigen des Stabs wohl die Information gegeben hatte. Bald gab es Wichtigeres, womit ich mich beschäftigen mußte: Der Krieg lief auf Hochtouren.

Die offiziellen Vollmachten für meine Arbeit waren nicht besonders groß. Es gab keine Stellenbeschreibungen, in denen sie festgelegt waren. So konnte ich meine Möglichkeiten voll nutzen. Meine Vorgesetzten, der General und der Chef des Stabs, ließen mir ein Höchstmaß an Freiheit in der Gestaltung und Erfüllung meiner Aufgabe, deren Grenzen weitgehend von mir selbst bestimmt wurden, und deckten sogar meine nicht seltenen Kompetenzüberschreitungen, wenn sie dem Ziel der Organisation dienten. Nie wieder habe ich eine von solchem Vertrauen getragene Tätigkeit in einer Sache ausgeübt, bei der es für mich keine privaten Privilegien und Bevorzugungen gab, wie sie etwa in unserer Firma bestanden.

Der große Apparat gliederte sich unterhalb des Führungsstabs in Inspektionen, je eine für die baltischen Staaten, den Mittelabschnitt und zwei für die Ukraine. Ihnen unterstellt waren zahlreiche örtliche Wirtschaftskommandos mit mehr oder weniger Außenstellen. Bei der kämpfenden Truppe, solange diese im Vormarsch war, befanden sich außerdem noch Erkunderstaffeln, die dafür sorgten, daß wichtige Betriebe möglichst unzerstört blieben, und deren Zustand feststellten und meldeten. Das dem jeweiligen Einsatzort entsprechende Personal wurde mir von den Ministerien bzw. den Fachverbänden im Reich genannt, von mir einberufen, als Sonderführer in Wehrmachtsuniform eingekleidet und an den Bestimmungsort geschickt.

Das lief im großen und ganzen ohne viel Pannen. Jedoch gab es auch fragwürdig Kurioses. So wurde mir eines Tages ein Delikateßhändler aus Berlin namhaft gemacht, der als Kaviarspezialist für Reichsmarschall Göring einberufen und zum Wirtschaftskommando in Marsch gesetzt werden sollte, das für Astrachan am Kaspischen Meer vorgesehen war, den Ort, der für den besten Kaviar bekannt ist. Als der Mann nach allerlei bürokratischen Schwierigkeiten dort ankam, war er der sechzehnte für diese Aufgabe! Bekanntlich wurde die Stadt am Unterlauf der Wolga nie erobert!

Eine besondere Würdigung verdienen die Landwirtschaftsführer, meistens deutsche Bauern, die die Aufgabe hatten, die Staatsgüter wieder zu bewirtschaften. Ihr Einsatz war vor allem in Partisanengebieten gefährlich. Dort mußten sie sich einen deutsch sprechenden Einheimischen als Dolmetscher suchen, von dem oft nicht sicher war, auf welcher Seite er stand. Vor allem änderte sich das im Lauf des Kriegs, als Rußland nach und nach von der Wehrmacht wieder aufgegeben werden mußte. Zwar hatten die Sonderführer eine Maschinenpistole mit dreitausend Schuß Munition, aber, auf sich gestellt, half ihnen das bei einem Überfall wenig. Hunderte von ihnen kamen ums Leben.

Ich lernte das ganze besetzte Gebiet auf mehreren Dienstreisen von Reval im Norden bis zur Krim im Süden kennen und war von Land und Leuten positiv beeindruckt. Die Weite und Großzügigkeit der Landschaft, die endlosen Felder von Horizont zu Horizont waren für mich ein großes Erlebnis. Welche ungeheuren Möglichkeiten bestanden damals, die Ukrainer und andere im Westen des Lands lebende Völkerschaften als Verbündete zu gewinnen. Hatten sie doch die deutschen Truppen in den ersten Monaten als Befreier willkommen geheißen.

Alles dies wurde durch Engstirnigkeit und ideologischen Fanatismus der Politiker vertan, die Ausbeutung im Sinn hatten, nicht Völkerpartnerschaft. Die Russen waren in ihren Augen Untermenschen und wurden entsprechend behandelt. Schon 1930 hatte Hitler einem Kampfgefährten gegenüber geäußert: „Die nordische Rasse hat ein Recht darauf, die Welt zu beherrschen, und wir müssen dieses Recht der Rasse zum Leitstern unserer Außenpolitik machen. Deshalb kann für uns nie irgendein Zusammengehen mit Rußland in Frage kommen, wo auf einem slawisch-tatarischen Leib ein jüdischer Kopf sitzt.“ Der Chef des Generalstabs, Halder, notierte in sein Tagebuch: „Der Führer ist fest entschlossen, Moskau und Leningrad niederzureißen und unbewohnbar zu machen, damit wir der Notwendigkeit enthoben sind, die Bevölkerung den Winter über ernähren zu müssen.“

Konsequent transportierte man Millionen arbeitsfähiger Einwohner in Viehwagen nach Deutschland und internierte sie dort in Lagern, um in Rüstungsbetrieben und in der Landwirtschaft die Arbeitsplätze zu besetzen, die durch die Einberufung der Deutschen zur Wehrmacht verwaist waren. Gauleiter Saukel von Thüringen besorgte dieses schmutzige Geschäft mit widerwärtigen Methoden. Kein Wunder, daß die Folge eine zunehmende Partisanentätigkeit war.

Glücklicherweise ließ mir mein Dienst, obwohl ich oft bis spät in die Nachtstunden Karten mit den Einsatzorten unserer Organisation zeichnen mußte – eine Aufgabe, die aus Geheimhaltungsgründen nur durch Offiziere ausgeführt werden durfte –, doch genug Zeit, ein gewisses Privatleben zu führen. Ich nutzte sie um so oft wie möglich die hervorragenden Aufführungen des Staatlichen Schauspielhauses zu besuchen, das damals unter der Intendanz von Gustav Gründgens stand. Vor allem sein „Mephisto“ war eine Sensation und blieb es noch viele Jahre nach dem Krieg bis zu seinem Tod. Aber auch alle anderen Stücke, die er inszenierte, waren von außerordentlicher Qualität. Dabei konnte er den Spielplan weitgehend von den damaligen politischen Einflüssen freihalten, und nicht selten gab es auf offener Szene demonstrativen Applaus bei Stellen, die die Meinung des Publikums besonders trafen.

So wurde die Aufforderung des Marquis Posa im „Don Carlos“: „Sire, geben Sie Gedankenfreiheit!“ jeden Abend – solange das Stück gegeben wurde – mit spontanem langanhaltendem Beifall bedacht. Schmunzeln verursachte Max Chr. Feilers „Sechste Frau“, eine Komödie um Catharina Parr, die einzig überlebende Gattin Heinrichs VIII. Sie enthielt zahlreiche zweideutige Bemerkungen, die offenkundig auf Hermann Göring zielten, der das Stück denn auch bald verbieten ließ.

Aber auch sonst gab es mancherlei geistige Anregung, vor allem in einem Freundeskreis, der sich gelegentlich bei Verlagsdirektor von Scherl traf und viele Stunden in heftigen Diskussionen miteinander verbrachte.

Im April 1942 heiratete ich Wiltrud Fischer, Tochter eines

Arztes und Chirurgen aus Rüdesheim, die ich in Weimar während meiner dortigen Dienstzeit kennengelernt hatte. Obwohl ich unter diesen Umständen lieber in Deutschland geblieben wäre, entschloß ich mich, den Wi-Stab, der nach einem Zwischenaufenthalt in Ostpreußen wieder in Berlin residierte, zu verlassen. Die Arbeit hatte Routinecharakter angenommen und für mich an Reiz verloren. Entscheidender war jedoch mein Gefühl, daß ich mich als junger, neuzeitlich ausgebildeter Offizier dort nicht mehr lange würde halten können. So meldete ich mich freiwillig auf den afrikanischen Kriegsschauplatz, wo die Engländer unsere Gegner waren, denen ich, wenn ich den Frontdienst schon nicht vermeiden konnte, gegenüber den Russen den Vorzug gab.

Bevor ich dorthin abgestellt wurde, mußte ich erneut Rekruten ausbilden. Es waren fast alles Familienväter älterer Jahrgänge, die sich Sorgen machten, was aus ihnen und ihren Familien werden würde. Das veranlaßte mich, ihnen in einer ersten Ansprache zu sagen: „Nehmen Sie im eigenen Interesse die nun beginnende Ausbildung ernst und eignen Sie sich soviel als möglich davon an. Der besttrainierte Soldat hat die größten Chancen, den Krieg lebend zu überstehen." Das leuchtete ein, kam an und war schon in jenem Jahr ein wirkungsvolleres Motiv als der Kampf fürs Vaterland. Aber kaum eine halbe Stunde später mußte ich mich deswegen bei meinem Kommandeur verantworten, der mir wegen meiner Argumentation heftige Vorhaltungen machte. Ich hätte statt dessen den Kampf für Deutschlands Sieg als große heroische Aufgabe herausstellen müssen. Aber das konnte ich nun wirklich nicht.

Im Hochsommer erhielt ich meine Versetzung zu einer Einheit, die als Teil der Rommel-Armee in der El-Alamein-Stellung in Nordafrika lag und kämpfte. Der Transport dorthin erfolgte mit einem Zug, in dem etwa zweitausendfünfhundert Soldaten von Döberitz bei Berlin nach Athen gebracht wurden. Da Partisanen die Strecke immer wieder unterbrachen, benötigten wir eine gute Woche. Ich war mit fünf weiteren Offizieren dafür verantwortlich, die Disziplin während der Fahrt aufrechtzuerhalten, was keine leichte Sache war. Immer wieder fraternisierten die Mannschaften mit der Zivilbevölkerung und ließen sich in allerlei Tauschgeschäfte verwickeln. Aber schließlich erreichten wir Athen, von wo aus der weitere Transport per Flugzeug nach Tobruk erfolgen sollte. Glücklicherweise hatten wir bis dahin drei Tage Aufenthalt, die wir zu einer Besichtigung der Akropolis nutzten.

Am gleichen Abend erlebten wir im Odeon des Herodes am Fuß des Burgbergs eine Aufführung der Neunten Symphonie von Beethoven mit großartigen griechischen Chören und Solostimmen der Berliner Staatsoper. Es war eine wundervolle Sommernacht. Über der Szene wölbte sich ein klarer Sternenhimmel, und der Widerschein der Lampen über dem Orchester tauchte die Säulenhalle des Parthenon über unseren Köpfen in ein mystisches Licht. Dieses Konzert war ein tief bewegendes Erlebnis, sozusagen der Abschied von Europa und seiner Kultur, bevor uns der Kampf in der Julihitze der Sahara in seinen Bann ziehen würde.

Dort erhielt ich meine Feuertaufe. Zwar war die Schlacht auf diesem Kriegsschauplatz dank eines fairen Gegners „sauber“, aber das ungewohnte Klima und die Anstrengung führten bei mir nach wenigen Wochen zu einem Kreislaufkollaps. Nach einem weiteren Verbleib im Lazarett von Marsa Matruk wurde ich in die Heimat zurückgeschickt. Damit war mein Kampfeinsatz im Krieg beendet, da ich nicht wieder „frontverwendungsfähig“ wurde, was ich freilich auch nicht sonderlich betrieb. Meine Blutdruckprobleme haben mir das Leben gerettet. Ich wurde zum Wi-Stab Ost zurückversetzt.

Inzwischen hatte sich die Kriegslage entscheidend zu Deutschlands Nachteil entwickelt. Am 23. November 1942 wurde in Stalingrad die vorgeschobene 6. Armee mit etwa zweihundertvierundachtzigtausend Mann eingeschlossen.

Hitler verbot den Ausbruch nach Westen und die Kapitulation. Ein fürchterlicher Kampf um Straßen, Häuser und Fabriken begann; die eisige Kälte tat ein übriges. Einhundertsechsundvierzigtausend Soldaten fielen auf deutscher Seite, neunzigtausend gerieten in russische Kriegsgefangenschaft, von denen nur sechstausend nach dem Krieg zurückkehrten. Der Rest blieb vermißt oder wurde verwundet ausgeflogen. Am 31. Januar 1943 gaben die letzten Gruppen auf. Theodor Plivier hat in seinem Buch „Stalingrad" das schreckliche Geschehen so realistisch geschildert, daß man noch heute zutiefst davon bewegt wird. Die Katastrophe war der Beginn des Niedergangs, der von Niederlage zu Niederlage schließlich zu der totalen Kapitulation des großdeutschen Reiches führte. Ich war empört über das nutzlose Opfer, das da gebracht worden war, und begann in meinen Äußerungen unvorsichtig zu werden.

Zwischen Weihnachten und Neujahr versammelten sich auf Einladung des Chefs des Stabs, eines Obersten, die Offiziere der Führungsgruppe zu einem kameradschaftlichen Abendessen. Die Gespräche verliefen der Situation entsprechend gedämpft. Plötzlich wandte sich der Oberst an mich und meinte, ich sei doch der Jüngste im Kreise und er könne mein Onkel sein, vielleicht hätte ich etwas auf dem Herzen, was mich bedrücke. Das könne ich jetzt bei ihm loswerden. Die übrigen Gespräche brachen ab, und eine gespannte Stille trat ein. Dahinein sagte ich laut und vernehmbar: „Herr Oberst, der Krieg ist verloren!" Das war keine übertriebene Feststellung. Der Oberst, ein Choleriker, tobte und meinte, nur Reserveoffiziere könnten so etwas sagen. Ich fühlte mich beleidigt, stand wortlos auf und verließ die Gesellschaft.

Erst am nächsten Morgen wurde mir voll bewußt, was ich da gesagt hatte und was das für mich bedeuten konnte. Tatsächlich kam, als ich in unserer Dienststelle erschien, der juristische Berater, ein liebenswürdiger Balte, zu mir, um mich darüber aufzuklären, mit welchen Folgen ich rechnen müsse. Ich verbrachte die nächsten Stunden und Tage in Sorge und banger Erwartung. Aber nichts geschah. Dann beantragte ich einen Arbeitsurlaub, um aus der Schußlinie zu kommen, und bekam ihn sogar. Es folgte danach noch eine dreimonatige Tätigkeit in der Wirtschaftsinspektion Süd unserer Organisation in Dnjepropetrowsk. Dann wurde ich am 7. August 1943 als nur „arbeitsverwendungsfähig" endgültig aus der Wehrmacht entlassen. Den Kampfeinsatz zu vermeiden war mir, von der kurzen Zeit in Afrika abgesehen, durch meinen Gesundheitszustand begünstigt, gelungen.

Nach dem Krieg schrieb mir der Oberst die Erklärung seines Verhaltens: „Ich kann Ihnen heute auch ganz offen sagen, daß ich damals genau wie Sie gewußt habe, daß der Krieg verloren wird und Sie letzten Endes recht behalten würden. Das konnte ich Ihnen aber mit dem besten Willen weder in meiner Stellung noch coram publico zugeben." Tatsächlich haben zahlreiche der anwesenden Offizierskameraden bei ihm meine Bestrafung verlangt. Jedoch waren wohl seine eigene Erkenntnis und die Wertschätzung, die ich bei ihm genoß, meine Rettung.

Faßt frischen Mut. So lang ist keine Nacht,
daß endlich nicht der helle Morgen lacht.

William Shakespeare

Die Überlebensformel geht auf

Meine Zeit im Wi-Stab war für mich nicht nur als große Aufgabe fesselnd und interessant. Ich lernte auch vieles über die russische beziehungsweise ukrainische sowie baltische Bevölkerung und ihre Geschichte kennen. Dazu trugen außer Gesprächen mit den deutschen Fachleuten, die im Rahmen unserer Organisation tätig waren, vor allem auch Kurse bei, die von Experten des Landes durchgeführt wurden. Einer fand im Ziethenschloß Wustrau am Neuruppiner See statt, das in den „Wanderungen durch die Mark Brandenburg" von Fontane so schön geschildert worden ist. In der Tat erlebte ich dort eine unvergeßliche Woche in einer von Fliederduft durchwehten Landschaft. Die Mahlzeiten im alten Speisesaal mit seinen wappengeschmückten hochlehnigen Stühlen, dessen Wände mit zahlreichen Gemälden der Offiziere des Ziethenregiments in prachtvollen roten Husarenuniformen geschmückt waren, fanden in einer Atmosphäre heroischer Vergangenheit statt. Sie ließ die harte Wirklichkeit fast vergessen, wären da nicht die Referate der Rußlandkenner gewesen, die uns Teilnehmern die oft unlösbar erscheinenden Probleme, mit denen unsere Organisation konfrontiert wurde, darlegten.

So manche Schwierigkeit bot sich auf meinen Dienstreisen, so viel Interessantes sie mir auch boten. So geriet ich im November während der Schlammperiode auf der Straße von Smolensk nach Brjansk in die steckengebliebenen Nachschubtransporte für die Front. Tausende von Fahrzeugen der verschiedensten Art lagen in metertiefem Dreck fest. Dabei hatten sie längst die zudem noch zerschossene Straße verlassen. Sie versuchten, auf den benachbarten Feldern weiterzukommen, wo sie gleichfalls versanken. Da ein Ende dieses Zustands nicht abzusehen war, richteten sich die Fahrer auf einen längeren Aufenthalt ein. Sie biwakierten neben ihren Wagen, machten sich ein Feuer und warteten. Nur einige, die mit besonders wichtigen Gütern beladen waren, wurden mit Zugmaschinen im Geleitzug weiterbefördert. Erstaunlich war nur, daß sich die Russen die ideale Situation für Luftangriffe entgehen ließen. Während der gesamten Tage kam keine Maschine in Sicht.

Mein Pkw, ein ziviler Mercedes 170 V, völlig ungeeignet für derartige Verhältnisse, wurde von den untätig herumsitzenden Soldaten mit großem Hallo durch den Schlamm geschoben. Aber auch damit erreichte ich mein Ziel nicht. Dabei betrug die Entfernung zwischen den beiden Städten kaum achtundzwanzig Kilometer. Dann kam plötzlich über Nacht die Wende: Es setzte starker Frost ein. Zwar war es nun manchmal schwierig, aus den gefrorenen Löchern, in denen die Fahrzeuge festsaßen, herauszukommen, aber nach einigen Stunden war der Stau beendet. Auch ich konnte meinen Weg fortsetzen, der mich noch tagelang über Knüppeldämme und unter Partisanenbeschuß schließlich wieder nach Ostpreußen zum Quartier des Stabs zurückführte.

Verschiedene deutsche Stellen mit oft gegensätzlichen politischen Zielen arbeiteten gegeneinander, und die einheimische Bevölkerung hatte durch eine über zwanzigjährige sowjetische Kommandowirtschaft jegliches selbständiges Denken und Handeln und jeden Unternehmungsgeist verloren. Daraus ergaben sich große Schwierigkeiten bei dem Bemühen, die landwirtschaftlichen und industriellen Betriebe im besetzten Gebiet wieder in Gang zu setzen und auf Leistung zu bringen.

Es ist zur Beurteilung der Auswirkungen des sozialistischen

Wirtschaftssystems auf die Initiativentfaltung der Menschen aufschlußreich, daß das gleiche Problem zu Anfang der neunziger Jahre wieder auftauchte, als versucht wurde, in der Ökonomie der früheren DDR das westliche Niveau zu erreichen. Es zeigte sich dabei, daß jahrzehntelange Entwöhnung eines ganzen Volkes zu einer Verkümmerung seiner schöpferischen Begabungen und Fähigkeiten führt, die erst in vielen Jahren der Hilfe und Ermutigung wieder aufgebaut werden können.

Anfang 1943 erklärten die Alliierten die bedingungslose Kapitulation Deutschlands als ihr Kriegsziel. Das war für Propagandaminister Goebbels das Stichwort zu einer großen Kundgebung im Berliner Sportpalast, auf der er den „totalen Krieg" proklamierte. Dabei entfaltete er noch einmal alle seine Möglichkeiten der Massenbeeinflussung. Auf dem Höhepunkt seiner Rede rief er den Tausenden die Frage zu: „Wollt Ihr den totalen Krieg?" Ein einstimmig gebrülltes „Ja" scholl ihm entgegen, und er fuhr fort: „Wollt Ihr ihn, wenn nötig, totaler und radikaler, als wir ihn uns heute überhaupt vorstellen können?" Und wieder schrien die Menschen „Ja!" Wußten sie nicht, was sie da bejubelten? Es war meines Erachtens der Schrei der Verzweiflung über den verlorengehenden Krieg, sie wollten den großen Irrtum nicht wahrhaben, dem viele so lange angehangen hatten.

Am 6. Juni des folgenden Jahres landeten die West-Alliierten in der Normandie und eröffneten die schon lange erwartete zweite Front. Meine Frau und ich hielten uns an diesem Tag in Straßburg auf, um Urlaub zu machen. Da erlebten wir abends eine große Überraschung, die für die Stimmung im deutsch-französischen Grenzland kennzeichnend war. Beim Essen meldeten die Rundfunknachrichten die Landung. Im gleichen Augenblick begannen alle Gäste um uns, die bis dahin Deutsch gesprochen hatten, ihre Unterhaltungen in Französisch fortzusetzen. Wir waren verblüfft über diese prompte Reaktion:

Die Befreiung schien den Elsässern nahe, obwohl es noch Monate dauerte, bis sie wirklich erfolgte.

Im Reich wurde weiter der Glaube an den Endsieg mit allen propagandistischen Mitteln gefördert. Mal waren es Berichte über die Kriegsziele der Gegner und die furchtbaren Folgen, die das deutsche Volk im Falle einer Niederlage zu tragen haben werde. Dann aber nährte man Hoffnungen auf „Wunderwaffen", die in Vorbereitung seien und dem Krieg eine neue positive Richtung geben sollten. Was glaubt sich nicht so leicht und so gerne, wenn überall an den Fronten ein unaufhaltsamer Rückzug begonnen hat. Tatsächlich schien dann auf einmal eine solche Waffe da zu sein. Anfang Juni 1944 wurde das erste unbemannte Flugzeug mit eintausend Kilogramm Sprengstoff, die V 1, auf England abgefeuert und durch eine Selbststeuerung ins Ziel geführt. Ihr folgte drei Monate später die V 2, eine Mittelstreckenrakete. Obwohl beide Waffen dem Kriegsverlauf keine entscheidende Wende mehr bringen konnten, galten sie doch vielen Menschen als Bestätigung der deutschen Propaganda, die nun wieder glaubwürdig erschien. Sie ließen auch weitere Gerüchte über geheimnisvolle Kampfmittel wahrscheinlich werden. Das stärkte die Bereitschaft der Bevölkerung, die nächtlichen Bombenangriffe und die schlechten Nachrichten von den Fronten zu ertragen.

Das war in der Tat erstaunlich. Ich hatte geglaubt, wenn die Heimat durch die Soldaten an der Front nicht mehr geschützt werden könnte, weil die Bomber über sie hinwegflogen und Frauen und Kinder töteten, Haus und Hof zerstörten, dann würde der Kampfwille schnell zusammenbrechen. Aber nichts dergleichen geschah. Es ist in Friedenszeiten unvorstellbar, was die Menschen in der Heimat, die Zivilpersonen, in diesen Jahren auf sich zu nehmen bereit waren. In vielen Städten gab es in jeder Nacht Alarm und Angriffe. Die Situation in den Luftschutzkellern mit überfüllten Räumen erzeugte zwar eine Schicksalssolidarität und Hilfsbereitschaft, aber erst nach der

„Entwarnung“ erfuhr jeder einzelne, wie er davongekommen war.

Man schätzt, daß fünfhunderttausend Menschen in den Bombennächten umgekommen sind. Zwischen fünfzig und achtzig Prozent der Gebäude wurden zerstört. Auch alle diese Opfer waren umsonst. Ja, schlimmer noch, sie waren die Folge eines großen Irrtums auf Seiten der alliierten Kriegsführung. Sie wollte die deutsche Waffenproduktion entscheidend treffen und vernichten. Dabei wurde diese, wie erst nach dem Krieg festgestellt wurde, in ihren wichtigsten Bereichen kaum geschwächt, im Gegenteil, bei Panzern und Flugzeugen nahm sie sogar noch zu.

John K. Galbraith, der nach dem Waffenstillstand eine Kommission der US-Air Force leitete, die die Wirkung des Bombenkriegs auf Deutschland untersuchte, zitiert in „Leben in entscheidender Zeit“ das Ergebnis aus dem „Summery-Report“ vom 30. September 1945: „1940 betrug die monatliche Durchschnittsproduktion an Panzerfahrzeugen 136 Stück, 1941 316, 1942 516 Stück, 1943 – nach Beginn der Großbombardierungen – monatlich 1005 und 1944 1543 Stück. Sie ging erst Anfang 1945 leicht zurück! In der letzten Februarwoche 1944 wurden sämtliche Flugzeugfabriken angegriffen. Bis dahin hatten die Deutschen 2077 Kampfflugzeuge hergestellt. Nach den Angriffen stieg sie auf 2243 Einheiten, überwiegend Jäger. Als die Produktion im September 1944 ihren Höhepunkt erreichte, lag sie fast doppelt so hoch als vor den Angriffen.“

In der Nacht, in der ich zum letztenmal mit dem Zug nach Berlin reiste, wurde die Strecke viermal bombardiert, und zwar die großen Verschiebebahnhöfe in Hagen, Hamm, Hannover und Braunschweig. Der Zug hielt außerhalb der Städte auf offener Strecke, bis der Angriff vorüber war. Aber schon jeweils eine halbe Stunde später konnten wir die zerstörten Bahnanlagen auf zwei Notgleisen, die man inzwischen verlegt hatte, wieder passieren, das schaurige Bild der brennenden Städte, durch die wir fuhren, vor Augen.

Die letzten Kriegswochen brachten aber auch für unser Unternehmen noch schwere Schäden und Verluste. Nastätten wurde von amerikanischen Truppen „erobert". Es war nicht verteidigt worden. Jedoch ließen die Armee-Einheiten, die es besetzten, zu, daß die in Lagern untergebrachten Ostarbeiter, also russische Zivilgefangene, die in der Landwirtschaft eingesetzt worden waren, unsere Fabrik plünderten. Vielleicht war das als Strafmaßnahme gedacht, weil der kleine Ort als erster Hitler zum Ehrenbürger gemacht und sich auch sonst als zuverlässige NS-Gemeinde erwiesen hatte. Jedenfalls gingen große Mengen dort eingelagerter Stoffe mit dieser Aktion verloren. Auch wertvolles persönliches Gut, das wir ebenfalls zum Schutz gegen Bombenverluste von Hilden dort hingebracht hatten, sahen wir niemals wieder. Zu allem Überfluß steckten die Plünderer die Fabrik an. Das Feuer konnte aber schnell gelöscht werden.

Schlimmer erging es unserer Weberei in Gummersbach. Sie schien uns besonders sicher, weil sie in einem sehr engen Tal lag. Aber wir hatten uns getäuscht. Kurz vor Weihnachten wurden wir eines Nachts zusammen mit allen Textilfabrikanten, die in der dortigen Gegend ihre Betriebe hatten, ins Landratsamt bestellt. Dort erschien ein Beauftragter des Rüstungsministeriums, der uns im Befehlston mitteilte, wir hätten unsere Fabrikräume binnen achtundvierzig Stunden freizumachen, um wichtige Rüstungsfertigungen unterzubringen, die auf der linken Rheinseite durch den Vormarsch der Alliierten nicht mehr produzieren könnten.

Natürlich war diese Maßnahme völlig unsinnig, weil die Verlagerung jener Betriebe viel zuviel Zeit in Anspruch nahm und am Kriegsausgang nichts mehr ändern konnte. Aber der Mann aus Berlin, der gleich am Anfang eine Maschinenpistole vor sich auf den Tisch gelegt hatte, ließ keinen Zweifel daran, daß es ihm ernst war. Alle unsere Argumente wischte er vom Tisch. So blieb uns keine andere Wahl, als seiner Weisung zu folgen. Das bedeutete: die Räumung vor allem der Websäle und die Auslagerung der Webstühle in die Fabrikhöfe und auf andere offene Flächen, wo sie ungeschützt vor der Witterung stehen mußten.

In die freigewordenen Gebäudeteile kamen tatsächlich während der nächsten Wochen leicht transportierbare Maschinen und Anlagen. Diese Aktion muß der alliierten Luftwaffe schnell bekannt geworden sein, denn sie begann noch während der Verlagerung mit der Bombardierung der zweckentfremdeten Textilbetriebe des Bezirks. Keine Fabrik blieb verschont. Unser Werk wurde durch zwei gezielte Angriffe weitgehend zerstört. Die darin untergebrachte Rüstungsproduktion kam dadurch vollständig zum Erliegen. Es dauerte mehrere Jahre, bis wir die Gebäude wieder aufgebaut und die Maschinen, soweit es überhaupt noch möglich war, wieder in Gang gesetzt hatten.

Hilden war nie Angriffsziel. Dazu war es zu unbedeutend. Aber manche Bombe wurde dort von Flugzeugen abgeworfen, die ihre Fracht über dem eigentlichen Zielgebiet nicht losgeworden waren. So wurde schon 1942 die Rayonspinnerei der Firma von Brandbomben getroffen und brannte zu einem Drittel ab. Sie konnte aber in den nächsten Monaten wieder aufgebaut werden. Als die Amerikaner das linke Rheinufer besetzt hatten, lag die Stadt jedoch bald, vor allem nachts, unter artilleristischem Störfeuer. Wir zogen, wie die meisten anderen Menschen unserer Stadt, in den Keller und richteten uns dort so gut es ging ein. Die Akku-Batterie eines Autos verschaffte uns genügend Licht, um lesen zu können, wenn der Strom ausfiel. Im übrigen wartete man, daß es zu Ende ging. Gab es Strom, konnte man am Radio die Nachrichten und vor allem die Ankündigungen von Bombenangriffen hören. Je nachdem, wo der Einflug stattfand, etwa „in der Scheldemündung“ oder „über Eindhoven“, wußte man, welche Großstadt in der betreffenden Nacht an der Reihe war.

Dann kam der 20. Juli 1944 und das Attentat auf Hitler in seinem Hauptquartier in Ostpreußen. Schon andere hatte es im Lauf der Jahre gegeben, und wie sie scheiterte auch dieses. Hitler sprach von der „Vorsehung“, die ihn gerettet habe, und erklärte am nächsten Tag im Rundfunk: „... Eine ganz kleine Clique ehrgeiziger, gewissenloser und zugleich unvernünftiger, verbrecherisch dummer Offiziere hat ein Komplott geschmiedet, um mich zu beseitigen... Welches Schicksal Deutschland getroffen hätte, wenn der Anschlag gelungen sein würde, das vermögen die wenigsten sich vielleicht auszudenken...“ Man fragte sich, wie viele hinter den Verschwörern standen? Die man ergriff und hinrichtete, waren nur die Spitze des Eisbergs. Ich kannte einige, die es nur der Deckung durch ihre Vorgesetzten verdankten, unerkannt zu bleiben.

Meine eigene Meinung war zwiespältig. Ich hatte zwar nicht das Problem vieler Berufsoffiziere, die den Eidbruch und die Tötungsabsicht verurteilten, oder das der Parteileute, für die der „Führer“ ein unantastbares Idol war und der Anschlag auf ihn Verrat an der großen nationalen Sache. Bei aller Hochachtung für die beteiligten Personen und ihr Ziel, schien es mir jedoch erforderlich, daß Deutschland eine totale Kapitulation durchmache, um von seinem Größenwahn und Machtrausch geheilt zu werden. Hätte der 20. Juli Erfolg gehabt und wäre der Krieg trotzdem verloren worden (was wahrscheinlich ist), so wäre das Aufkommen einer neuen Dolchstoßlegende, wie nach dem Ersten Weltkrieg, leicht möglich gewesen, und ein neuer Hitler hätte daran anknüpfen können. Erst als jeder Quadratmeter des Reichs von den Soldaten der Siegermächte besetzt wurde, hatte eine solche Darstellung keine Chance mehr.

Wenn man allerdings bedenkt, wie viele Menschen bis zum Waffenstillstand noch umgekommen sind, dann ist diese notwendige Lehre zu teuer bezahlt worden: Es sollen in den neun Monaten, die nach dem Attentat vergingen, bis die Waffen schwiegen, mehr gewesen sein als in den vorhergegangenen neunundfünfzig Monaten des Krieges.

Natürlich mußte man in der Folgezeit mit seinen Äußerungen noch vorsichtiger sein als bis dahin. Um so interessanter waren die Radionachrichten des englischen Senders BBC für Deutschland. Sinnigerweise verwendete man dort als Ankündigung dafür das Schicksalsmotiv der ersten Takte der Fünften Symphonie von Beethoven. Viele hörten die Station, obwohl es streng verboten war. Deshalb hatten sich die Menschen für die Weitergabe der Meldungen ein unverfängliches Verfahren ausgedacht: Man sprach davon, dieses und jenes in der Straßenbahn oder auf der Straße zufällig mitbekommen zu haben. Wer es erzählt hatte, wußte man natürlich nicht. So wurde bekannt, was vor sich ging und was man aus deutschen Quellen nicht erfahren konnte. Dazu gehörte die überraschende Tatsache, daß BBC schon einen Tag vor dem Erscheinen des Leitartikels von Dr. Goebbels, der an jedem Samstag in der seriösen Wochenzeitung „Das Reich" abgedruckt wurde, diesen verlesen ließ. Die Erklärung dafür kam erst nach Kriegsende heraus: Die Zeitung war im besetzten Norwegen gedruckt worden.

Mit meiner Entlassung aus der Wehrmacht am 7. August 1943 war ich auch wieder dem Zugriff der Partei ausgesetzt, und der Ortsgruppenleiter hatte ein gutes Gedächtnis. Mit dem sicheren Instinkt primitiver Leute fühlte er wohl, daß die nationale Sache bei mir keinen Widerhall fand. Er war ein grobschlächtiger, gewalttätiger, dummer Bauer von hünenhafter Gestalt, mit einem roten Schnauzbart und zupackenden Pranken. Er renommierte damit, daß er noch nie ein Buch gelesen habe. Auch schlug er gerne zu, wann immer es ihm paßte und traktierte Bürger der Stadt, die ihn störten, mit Ohrfeigen.

Dem konnte ich entgehen. Aber es war kein Wunder, daß er nach einer Gelegenheit suchte, mich für eine vaterländische Sache doch noch einzuspannen. Das gelang ihm beinahe, als der Westwall durch Schanzarbeiten, zu denen Zivilisten einberufen wurden, verstärkt werden sollte. Auch ich bekam eine solche Order. In der entscheidenden Sitzung der örtlichen Parteigrößen, die die Auswahl derjenigen, die für diese Aufgabe abgestellt werden sollten, zu treffen hatten, erklärte der Ortsgruppenleiter, daß, wenn ich nicht dabei sei, er dem Gauleiter melden würde, daß in Hilden keiner ginge. Ich hätte mich bisher allen Verpflichtungen des Krieges entzogen und sei deshalb nun an der Reihe.

Da wurde unsere Wohnung am 9. September 1944 bei einem Jagdbomberangriff weitgehend zerstört. Meine Frau und meine Mutter wurden schwer verletzt und sofort ins Krankenhaus gebracht. Meine Mutter hatte mit ihrem Körper unsere kleine Tochter vor unzähligen Glassplittern des nahen Fensters geschützt. Ich war gerade auf dem Heimweg von meinem Büro, als ich das Flugzeug herunterkommen hörte. Ein Sprung in den Flur rettete mich, als die Bombe einschlug. Mein geplanter Einsatz fand nicht mehr statt. Ich gab den Einberufungsbefehl ohne Beanstandung zurück. Als der erste Schock vorüber war, stellte ich mit Befriedigung fest, daß das Erlebnis keine Haßgefühle bei mir ausgelöst hatte, es sei denn auf die deutsche Führung, die die Schuld an diesem Krieg trug.

Über die letzten Monate bis zum Waffenstillstand geben meine Tagebuchaufzeichnungen, die mich den ganzen Krieg über begleiteten, eine beredte Auskunft. Hier einige Auszüge:

19. November 1944. Seit drei Tagen tobt die sogenannte dritte Schlacht bei Aachen mit ungeheurer Erbitterung. Wir hören den ganzen Tag und die Nacht über das Rollen des Kanonendonners. Die Bombenteppiche, die dort auf unsere Linien gelegt werden, lassen Fenster und Türen erzittern.

5. Dezember. Als ich heute von einem mehrtägigen Besuch

bei unserer Weberei N. zurückkam, fand ich die Einberufung zum Volkssturm vor. Waffen gibt es nicht und auch keine Uniformen. Angeblich sollen sie noch geliefert werden. Aber wer glaubt noch daran? Was soll also das Ganze? Niemand will seine Haut mehr zu Markte tragen.

20. Januar 1945. Die ganze Front von Ostpreußen bis zu den Karpaten befindet sich in Auflösung, und die Sowjetarmeen ergießen sich ins Reich. Daß unser Land zum Schlachtfeld wird, ist zunächst eine kaum vorstellbare Tatsache. Aber die Fehler und Verbrechen, die unsere Führung auf sich geladen hat, haben in ihrer Summe alle unsere großen Siege zunichte gemacht und das Blut unserer Männer, Frauen und Kinder umsonst fließen lassen.

2. Februar. Heute wurde bekanntgemacht, daß die Lebensmittelkarten eine Woche länger reichen müssen als bisher. Hinzu kommen grauenhafte Berichte über die Rückführung der Bevölkerung aus den bedrohten Gegenden im Osten bei 30° Kälte und Schnee. Ich bin mir klar, daß, wenn wir drei (unsere Tochter Claudia wurde bald ein Jahr alt) das Leben behalten, und wäre es nichts mehr als dieses, was wir am Ende des Krieges hätten, wir doch in eine, wenn auch schwere, aber immerhin lebenswerte Zukunft hineingehen könnten.

10. Februar. In der Nacht alarmierte Ortsgruppenleiter Th. die erste Kompanie des Volkssturms und auch mich. Wir sollten eine amerikanische Fallschirmjägereinheit, die bei Hitdorf den Rhein überquert und sich in den dortigen Häusern festgesetzt hatte, bekämpfen und zurücktreiben. Dazu standen uns 12 Panzerfäuste und 15 Gewehre zur Verfügung. Mit dieser unzulänglichen Bewaffnung war das ein Selbstmord-Vorhaben. So sahen es auch die politischen Leiter, die vor diesem Einsatz in der Schlußphase des Krieges aller Mut verließ. Sie baten mich dringend, ihn, koste es, was es wolle, zu verhindern. Das war leichter gesagt als getan, denn der Ortsgruppenleiter war grimmig entschlossen, „da die Wehrmacht

versagt habe", wie er sich ausdrückte. Glücklicherweise fiel mir ein Führerbefehl ein, nach dem der Volkssturm nur zusammen mit einer Wehrmachtseinheit zum Einsatz kommen durfte. In einem solchen Fall sollte diese die Befehlsgewalt haben. Dies war unsere Rettung. Die Lkw für den Transport standen einschließlich Verpflegung schon bereit. Da rasselten in der Ferne Ketten einer Panzereinheit, die auf dem Weg nach Hitdorf war. Der Spuk war zu Ende!

28. Februar. Durch die Stadt ziehen den ganzen Tag die Flüchtlinge aus dem Kampfgebiet im Westen. In Aachen hat der „Werwolf" den Oberbürgermeister der Stadt, Oppermann, erschossen, weil er sie kampflos übergab und weiße Fahnen hissen ließ. Der Fanatismus nimmt also immer noch kein Ende. Ich glaube, weshalb unsere Bevölkerung so lange ausgehalten hat, ist daraus zu erklären, daß die Menschen Angst vor dem „Nachher" einer bedingungslosen Kapitulation gehabt haben. Man ist in diesem Strom nur noch ein kleines Körnchen, das mitgerissen wird.

3. März. Der Tag begann mit der Sprengung der Düsseldorfer Rheinbrücken. Das ganze linksrheinische Gebiet ist in der Hand der Alliierten. Die Partei versucht, ihr Schäfchen ins trockene zu bringen, vernichtet Listen und Parteibücher.

12. März. Heute verteilten wir die gesamten Kohlenbestände der Firma an unsere Mitarbeiter, damit sie wenigstens besser über die nächsten Wochen kommen.

22. März. Besprechung mit zwei anderen Fabrikanten aus Hilden, um zu überlegen, auf welche Weise wir sicherstellen können, daß die Eisen- und Autobahnbrücken, die rund um den Stadtkern liegen und zur Sprengung vorbereitet sind, erhalten werden. Wir wollen den Soldaten, die dort Dienst tun, Zivilkleidung und Ausweispapiere besorgen, wenn sie die Sprengung unterlassen.

30. März. Es blühen die Aprikosenbäume in den Gärten, und alles grünt in voller Pracht. Der Frühling läßt sich nicht

aufhalten, durch nichts und niemanden. Das sagte meine Mutter schon während des ganzen Krieges als Trost in schwierigen Situationen. Die Amerikaner haben den riesigen „Ruhrkessel" im Sauerland zugemacht. Vom übrigen Deutschland sind wir nun abgeschnitten.

15. April. Remscheid ist heute gefallen. Im Hildener Stadtwald, wo er sein letztes Stabsquartier eingerichtet hatte, erschoß sich, angesichts der bevorstehenden Kapitulation seiner Armee bzw. ihrer Reste, der Feldmarschall Model. Ein alter Freund aus Wi-Stabszeiten, der bei ihm Dienst tut, bringt mir seine Privatsachen zur Aufbewahrung. Wir verabschieden uns sehr herzlich.

16. April. Die Sprengung der Brücken in Hilden ist verhindert. Um 13.06 Uhr rollten die ersten vier amerikanischen Panzer durch unsere Straße. Gegen 17.00 Uhr kam die motorisierte Infanterie, dazu Panzer und andere Fahrzeuge in unabsehbarer Menge. Das ist das Material, das auch mit dem fanatischen Glauben der Nazis nicht zu besiegen war. Später am Tag kamen Lastwagen mit gefangenen deutschen Soldaten. Aus allen Häusern eilten zahlreiche Menschen und brachten ihnen Brot, obwohl sie nicht wußten, wann sie selbst dafür Ersatz bekommen würden. Aber in dieser Stunde wollte jeder den Soldaten helfen und damit seinen Dank zum Ausdruck bringen.

Für Hilden und die weitere Umgebung waren die Kampfhandlungen damit zu Ende. Kapitulation und Waffenstillstand wurden am 8. Mai in Berlin von den Vertretern der drei Wehrmachtteile und den Beauftragten der westlichen Alliierten unterzeichnet und traten am 9. in Kraft. Es war das schönste Geburtstagsgeschenk, das ich je erhalten habe.

Jahre vorher lief bei den Soldaten der makabre Satz um: „Kameraden, genießt den Krieg, der Frieden wird furchtbar!" Nun war er da, aber das schreckliche Wort erwies sich in den kommenden Jahren als nicht zutreffend. Die Freude, überlebt zu haben, beherrschte alles andere für eine geraume Weile.

Selbst die siebeneinhalb Millionen Vertriebenen aus den verlorenen Ostgebieten, die in den nächsten Monaten ins Restreich strömten, waren bei allen Nöten, die sie durchstehen mußten, bis sie wieder festen Boden unter den Füßen hatten, froh, daß das Schlimmste überstanden war. Viele waren auf dem langen Marsch bei winterlicher Eiseskälte und in Schneestürmen umgekommen. Wer sein Ziel erreichte, trug meist nur einen Rucksack bei sich. Trotzdem waren ihr Mut und ihre Zuversicht ungebrochen und bewundernswert. Einer schrieb: „Zwar häuften sich hinter Hamm, Dortmund und Bochum die Bilder der Zerstörungen des Krieges, doch sie konnten nicht das Gefühl wachsender Hoffnung beeinträchtigen, das wohl fast alle Heimkehrer beseelte. Wir waren noch einmal mit heiler Haut davongekommen. Irgendwie würde das Leben weitergehen, und man malte sich schon den Aufbau einer neuen Existenz aus." Die Vertriebenen trugen die Hauptlast des verlorenen Krieges. Das Materielle ließ sich wieder ersetzen, die Heimat nie.

Schwer taten sich jene, die bis zum Schluß an die Führung und den Nationalsozialismus geglaubt hatten und an das große Reich der Zukunft, das man ihnen versprochen hatte. Viele sind nie mit der Enttäuschung fertiggeworden.

Eine Frage bleibt noch zu beantworten: Wie kam es, daß ich während der sechs Jahre meines militärischen Dienstes in Frieden und Krieg in den entscheidenden Augenblicken und Situationen, vor allem wenn sie heikel waren, bis auf eine Ausnahme immer Vorgesetzte hatte, die mir wohlwollten und mich förderten, wo sie nur konnten, und sogar meine Handlungen deckten, wenn sie „etwas außerhalb der Legalität" lagen? Das war für den Militärbetrieb, wie er sich im allgemeinen abspielte, ungewöhnlich. Ich habe bis jetzt nie darüber nachgedacht, obwohl ich dies Verhalten keineswegs als etwas

Selbstverständliches hingenommen hatte. Aber nun am Ende der Schilderung dieser Jahre kommt mir die Frage in den Sinn.

Ich muß die Antwort schuldig bleiben, denn ich weiß sie nicht. In einigen Fällen war es wohl die Anerkennung einer Leistung, die ich in meiner Arbeit erbracht hatte. Aber das erklärt nur einige der Entscheidungen zu meinen Gunsten. Im übrigen spielten vielleicht Sympathie und Achtung vor meiner Verläßlichkeit, Aufrichtigkeit und konsequenten Haltung eine Rolle. Ich werde jedenfalls die Namen derjenigen, die so die Hand über mich hielten, und die Augenblicke nie vergessen, an denen das geschah.

Für mich waren das Kriegsende und die durch die Niederlage gewonnene Freiheit wie ein großes Erwachen nach einem schrecklichen Alptraum; ein Bewußtwerden der Vielzahl von Möglichkeiten, die sich nun ergaben, selbstgestaltend tätig zu sein, Neues zu denken und zu planen, ohne befürchten zu müssen, daß eine Obrigkeit einem hineinreden würde. Die in dieser Hinsicht so fruchtbare und wundervolle Zeit, die man später die Stunde Null nannte, hatte begonnen.

Was werden könnte, blieb in diesem Augenblick noch unklar. Aber, da war wieder Hoffnung, und mich beflügelte ein Tatendrang wie nie zuvor. Dabei wirkte vor allem auch das Glück mit, das ich in der kleinen Familie fand, die ich im Krieg gegründet hatte. Inzwischen hatte meine Frau eine Tochter, die wir Claudia nannten, geboren. Ihr folgte 1946 unser Sohn Frank. Die vielfachen Freuden und Erlebnisse, die diese drei Menschen in mein Leben brachten, die Liebe und Geborgenheit, die sie mir in Stunden der Sorge und bei schwierigen Entscheidungen gaben, begleiteten von nun an mein Dasein und machten es lebenswert.

Sich zu befreien, mag schwer sein.
Noch schwerer ist, in der Freiheit zu leben.

André Gide

Null plus

Kaum hatte ich die Euphorie des Augenblicks genossen, da kam schon die Ernüchterung durch die ersten Maßnahmen einer neuen Obrigkeit: der Besatzung! Wenige Stunden nach dem Einmarsch der Amerikaner klopfte es an unsere Haustür (elektrischen Strom gab es schon seit Wochen nicht mehr). Draußen stand ein amerikanischer Leutnant, der die Wohnungen besichtigen wollte, um Quartier für seine Soldaten zu machen. Ich begrüßte ihn in englischer Sprache und zeigte ihm das Haus. Als er mir erklärte, er müsse es für einige Tage beschlagnahmen, sagte ich ihm, als ehemaliger deutscher Offizier hätte ich dafür Verständnis, sei ich doch selbst während des Krieges mehrfach in solcher Lage gewesen. Ich tat noch ein übriges und ließ aus der Firma Matratzen bringen, auf denen die fremden Soldaten sich ausstrecken und auch schlafen konnten. Bald kamen sie und zogen in die Räume der beiden Wohnungen ein. (Der Hausbesitzer mit seiner Familie war schon seit Wochen abwesend). Sie blieben drei Tage und verhielten sich vorbildlich. Wir konnten sogar im Keller wohnen bleiben, ein Vorzug, den es in Hilden nicht ein zweites Mal gab.

Als die Soldaten wieder abzogen, fragte mich der Offizier, ob ich noch eine Waffe hätte. Er würde sie gerne als Erinnerung behalten. Ich gab ihm bereitwillig meine Pistole, die ich ohnehin abliefern mußte. Ich vermutete wohl nicht zu Unrecht, daß wir unsere rücksichtsvolle Behandlung, die sich so deutlich von der unterschied, die andere Deutsche in diesen Tagen erfuhren, dem Umstand verdankten, daß ich ihm gleich zu Anfang offen meine Offiziersvergangenheit bekannt und seinen Soldaten ein besseres Lager besorgt hatte. Diese positive Erfahrung mit den neuen „Herren" setzte sich in den nächsten Tagen in einer anderen Angelegenheit fort, die allerdings zunächst einen wenig erfreulichen Verlauf nahm.

Auf den großen Fabrikhof der Färberei rückte eine Pioniertruppe ein und parkte dort ihre Fahrzeuge und Pontons. Bald rief mich mein Betriebsleiter an und berichtete, daß die Soldaten die Türen der Werksräume aufbrächen und alles herausholten, was nicht niet- und nagelfest sei. Ich fuhr sofort hin und ließ mich zum Kommandanten, einem Captain, führen. Unter Hinweis auf die überall angeschlagenen Plakate, nach denen Plündern verboten sei, machte ich ihn auf das Tun seiner Männer aufmerksam. Er ging mit mir durch das Gelände, wobei wir gerade zurechtkamen, als zwei Soldaten eine weitere Tür erbrachen. Er entschuldigte sich und versprach, dieses Treiben zu beenden. Leider ging es weiter. Neue Proteste meinerseits blieben ohne Wirkung, ja der Offizier wurde von Mal zu Mal unfreundlicher.

Daraufhin versuchte ich mein Glück bei der Kommandantur. Dort saßen ein paar Leutnants, betont lässig und uninteressiert, als ich ihnen den Fall vortrug. Ja, sie würden sich darum kümmern, meinten sie schließlich. Ich war wenig überzeugt, daß etwas geschehen würde. Aber als ich den Raum verließ, kam ein englischer Major, der im Hintergrund gesessen hatte, holte mich ein und erbat von mir eine Liste aller gestohlenen Gegenstände.

Es dauerte am nächsten Tag nicht lange, da standen zwei amerikanische Militärpolizisten an der Etagentür mit meiner Liste in der Hand und forderten mich auf, mit ihnen zum Ort des Geschehens zu fahren. Als wir dort ankamen, war der

Fabrikhof leer. Die beiden fuhren los, die Einheit zu suchen. Ein paar Stunden später kehrten sie mit zwei Lkw und den entwendeten Sachen zurück. Es fehlte kein Stück. Mein Erstaunen und meine Anerkennung waren groß. Stolz berichteten die Polizisten, sie hätten die Einheit in einer anderen Fabrik gefunden und alle Fahrzeuge vollständig entleeren lassen, bis alles wieder zusammen war.

Vermutlich verdankten wir dem gerade stattfindenden Wechsel in der Besatzungsmacht (die Amerikaner übergaben an die Engländer) die Rückerstattung unseres Eigentums. Das Haus meiner Eltern mit seinem schönen, gepflegten Park wurde aber beschlagnahmt. Der englische Major, den ich umherführte, meinte: „So wie ich meine Landsleute kenne, wird dies das letzte Haus sein, das in Hilden wieder frei wird." Er sollte recht behalten. Es wurde erst 1957 geräumt. Solche Vorgänge hielten mich während der ersten Tage und Wochen nach Kriegsende in Atem.

Aber in dieser Zeit machte unsere Familie noch eine weitere Erfahrung mit einem Angehörigen der englischen Besatzung, die uns wie ein Wunder erschien und Hoffnung auf eine bessere Zukunft gab. Im Oktober nach Kriegsende erkrankte unsere zweieinhalbjährige Tochter an einer Meningitis, die der Chefarzt einer Kinderklinik als unheilbar erklärte, wenn nicht das in England neu erfundene Mittel Penicillin zu bekommen sei. Nur die Besatzungstruppe könnte es haben. Da fiel mir ein, daß in der Hildener Kaserne eine Einheit stationiert war, die sicherlich einen Arzt haben würde. Es gelang mir, zu ihm vorzudringen und ihm die Gefahr aufzuzeigen, in der unser Kind schwebte. Seine erste Antwort war niederschmetternd: Das Mittel, das noch knapp sei, dürfe nur für Truppenangehörige verwendet werden. Auch englische Kinder könnten es noch nicht bekommen. Dann aber, als ich ihm nochmals meine väterliche Not vorgebracht hatte, schickte er mich aus dem Zimmer: Er wollte telefonieren.

Man prüfte zuerst, ob die Hergabe des Medikaments überhaupt noch einen Sinn habe. Nach einigen Stunden ungeduldigen Wartens rief die Klinik an und teilte mit: Die Engländer seien dagewesen und würden das Penicillin bringen. Erleichterung! Unsere Tochter befand sich bereits in einem Zustand völliger Apathie, in dem sie uns nicht mehr erkannte. Fast vierzehn Tage lang änderte sich das nicht, obwohl das Mittel täglich neu gegeben wurde. Dann kam der Durchbruch, als die Dosis auf das Zehnfache erhöht worden war. Unser Kind erholte sich schnell und vollständig. Später stellten wir fest, daß es der Arzt, den ich gesprochen hatte, selbst war, der das Medikament aus seinen Truppenbeständen nahm, um das Leben unserer Tochter zu retten. Dies vollzog sich, als das Fraternisierungsverbot für die Besatzungssoldaten noch galt.

Wie konnten wir unseren Dank abstatten? Als ich etwas für englische Kinder tun wollte, zeigte sich, daß das zu jenem Zeitpunkt noch nicht möglich war. Das brachte mich auf den Gedanken, in Zeitungen Anzeigen aufzugeben, mit denen ich nach ähnlichen Vorgängen zwischen den ehemaligen Kriegsgegnern suchte. Es kamen viele Beiträge, von denen ich vierundzwanzig unter dem Titel „Die menschenwürdige Tat" veröffentlichte. Wenig später wurden sie mit anderen, die Victor Gollanz in England und der Verlag Harper & Brothers in New York gesammelt hatten, in einem Buch zusammengefaßt. „Above all nations" war der Titel. Mit dem Arzt blieben unsere Tochter und wir lebenslang in Dankbarkeit und Freundschaft verbunden.

Es wäre falsch zu sagen: Langsam normalisierte sich das Leben. Zu groß waren die Zerstörungen der Städte und der Verkehrswege; zu groß auch die psychologische Wirkung der Niederlage. Die Geschäftigkeit, mit der man daranging, die größten materiellen Schäden zu beseitigen, täuschte über den inneren Zustand der Menschen hinweg. Dazu trugen vor allem die Nachrichten über die furchtbaren Verbrechen des

NS-Regimes, in erster Linie die Massenermordung der Juden und anderer in den Konzentrationslagern, bei. Für jeden Nachdenklichen drängte sich unabweisbar die Frage auf: Was für einem Volk gehörst du an? Ist das, was da geschehen ist, in deinem Namen, mit deinem Einverständnis oder auch nur deiner Duldung erfolgt? Bist du mitschuldig geworden?

Die Siegermächte sahen das so. Von den Vorgängen in den Lagern wußten zwar auch sie – bis sie die KZs selbst zu Gesicht bekamen – nicht mehr als die deutsche Bevölkerung. Die Politiker der Alliierten hatten die Informationen, die sie während des Krieges davon erhalten hatten, als zu unglaublich, ja unmöglich abgetan. Erst die Wirklichkeit belehrte sie. Noch nachträglich fühlten sie sich dadurch in ihrer Kriegsparole bestätigt, die General Eisenhower als Titel seines Buchs formuliert hatte: „Kreuzzug in Europa". War es da verwunderlich, daß sie den Angehörigen ihrer Streitkräfte zunächst ein Umgangsverbot mit Deutschen erteilten? Ich glaube, nur wenige von meinen Landsleuten haben das als Zeichen des Abscheus vor den Verbrechen, die ihr „Führer" und seine Mittäter begangen hatten, erkannt und entsprechend akzeptiert.

Je mehr man von den entsetzlichen Vorgängen erfuhr, desto mehr fragte man sich: Wie konnte das geschehen? Die ersten Zeitungen berichteten über Einzelheiten. Zahlen wurden bekannt, Bilder zeigten das schreckliche Ergebnis: Leichenberge, entstellte maskenhafte Gesichter von Männern, Frauen, Kindern, Greisen. Heute weiß man vieles über diejenigen, die in den Lagern Dienst taten und die schmutzige Arbeit machten. Was waren das für Menschen?! Familienväter befanden sich darunter, auch in christlichen Elternhäusern Aufgewachsene, die später, solange man sie nicht gefaßt und bestraft hatte, als friedfertige und geachtete Bürger in der Gemeinschaft mit anderen lebten und dort einen normalen Beruf ausübten. Sie wurden von niemandem der Untaten, die sie begangen hatten, für fähig gehalten. Wie konnten sie Menschen umbringen, sogar Kinder, die ihnen nichts getan hatten? Manchen wurde – auch das ist jetzt bekannt – übel dabei, und sie ließen sich versetzen. Aber was war mit jenen, die weitermachten? Was dachten und was empfanden sie? Wir werden es wohl nie erfahren, denn sie schweigen darüber.

Am ehesten möglich erscheint die Erklärung, daß sie von der Richtigkeit der Propaganda so überzeugt waren wie ein Kammerjäger von der Schädlichkeit des Ungeziefers. Wie diese sahen sie sich als Vollstrecker einer notwendigen, sozusagen hygienischen Maßnahme. Ein solch abseitiger, ja geradezu teuflischer Gedanke erscheint dem normalen Durchschnittsbürger heute unbegreiflich. Aber waren jene „normal" in unserem Sinne? Und waren es die Verhältnisse, in denen sie taten, was sie taten? Sicher ist, daß niemand in unserer jetzigen Welt es nachvollziehen und damit verstehen kann.

Sind deshalb die Menschen, die uns in der Gegenwart umgeben, gegen eine Wiederholung gefeit? Ich bin skeptisch, daß das der Fall ist. Zu viel Haß, zu viel Brutalität, Grausamkeit, Terror und Folter werden nach wie vor an vielen Orten auf diesem Erdball ausgeübt. Der einzige Unterschied scheint darin zu bestehen, daß das Morden Wehrloser dort meistens nicht auf Befehl geschieht und einer bestimmten Rasse gilt. Soweit die Triebkraft zum Beispiel aus religiösem Fanatismus kommt, der sich von Gott berufen fühlt, Andersgläubige zu töten und zu quälen, sind die Motive denen der Naziideologie sehr ähnlich. Es ist furchtbar, das als spezifisch menschlich erkennen zu müssen, aber alle Anzeichen deuten darauf hin.

Jahre nach dem furchtbaren Geschehen werden in Deutschland Stimmen laut, die behaupten, die Zahlen der bei den Aktionen Umgekommenen seien übertrieben hoch und gefälscht. Will man damit das Schuldgefühl beruhigen? Die Zahlen sind doch gar kein Maßstab zur Beurteilung der Vorgänge. Für mich gilt gleich verwerflich, ob es sich um einen einzelnen oder um eine Millionenzahl handelt, die wegen ihres Glaubens, ihrer Rasse, ihrer Hautfarbe oder irgendeines „Anders-Seins“ verfolgt, gefoltert, isoliert oder bekämpft werden. Diejenigen, die sie in diese Situation gebracht haben oder bringen oder sie nicht verhinderten, sind für mich Verbrecher gegen die Menschlichkeit und müssen deshalb schwer bestraft werden, gleichgültig, ob es sich um eine oder um mehrere Personen handelt. Gnade und Verjährung darf es dabei nicht geben.

Soweit es überhaupt möglich ist, durch materielle „Wiedergutmachung“ an den Überlebenden einen Teil der Sühne abzutragen, muß das ohne Wenn und Aber geschehen. Auch haben wir uns zu schämen, was Menschen unseres Volks in jener Zeit getan haben. Im übrigen müssen wir aber vor allem durch Vorbild, Erziehung und Bewußtmachung dazu beitragen, daß sich ähnliches nie wieder ereignet. In der offiziellen Politik unserer Demokratie hat jedoch ein Schuldbewußtsein der Vergangenheit gegenüber nichts zu suchen. Es darf nicht dazu mißbraucht werden, die Verhandlungsposition derjenigen, die sich persönlich nichts vorzuwerfen haben, zu schwächen. Das galt meiner Meinung nach auch schon für die erste Nachkriegszeit.

Begreiflicherweise erschien es vor allem den westlichen Siegermächten nach dem Kriegsende vordringlich, dieses Mal in Deutschland eine Demokratie zu etablieren, die krisenfester war als die Weimarer Republik. Dabei verstellten in mancher Hinsicht der Ablauf und die Methode der Naziherrschaft ihren Blick auf das Machbare und Zweckmäßige. So kam es zur sogenannten „Entnazifizierung“. Damit wollte man die Schafe von den Böcken unterscheiden und trennen.

Während die Alliierten sich in dieser Absicht grundsätzlich einig waren, sah die Praxis in den vier Besatzungszonen, in die sie das Reichsgebiet aufgeteilt hatten, sehr unterschiedlich aus. Die Russen eliminierten alle, die verdächtig waren,

„Faschisten“ gewesen zu sein, eine Bezeichnung, die sie auch heute noch für alle Nationalsozialisten verwenden. In den „Westzonen“ waren die Amerikaner besonders konsequent in der Verfolgung ehemaliger Parteigenossen. Sie wurden sofort aus ihren Ämtern entfernt und durften nur im Stundenlohn beschäftigt werden. Das galt auch für alle höheren Offiziere der Wehrmacht. In einigen Großstädten konnten fast keine Ärzte mehr Dienst tun, weil die meisten Mitglied in der Partei gewesen waren. Schnell wurden die ersten Ausnahmen erforderlich.

Alle, die ein gehobenes Amt oder sonst eine führende Stellung während des Dritten Reichs innehatten, bekamen einen Fragebogen, der einhunderteinunddreißig zu beantwortende Punkte enthielt. Sie betrafen neben beruflichen Daten vor allem politische Aktivitäten in der NS-Partei und ihrer Gliederungen, jedoch auch in Oppositionsgruppen. Wenn man seit 1933 Texte veröffentlicht oder Reden und Vorträge gehalten hatte, so waren sie mit Titel, Datum, Verbreitung und Zuhörerschaft anzugeben. Gefragt wurde auch nach dem Einkommen in allen Jahren von 1933 bis 1944. Am abwegigsten waren die Fragen 108 und 109, bei denen man angeben sollte, welche Partei man bei den Reichstagswahlen 1932 und im März 1933 gewählt hatte. Damals war die Stimmabgabe noch korrekt geheim, die Fragen also undemokratisch und die Antworten nicht kontrollierbar!

Aufgrund derartiger Aussagen und eines mündlichen Verhörs, das zuerst durch eine Besatzungsstelle erfolgte, später vor einem deutschen Ausschuß stattfand, erging dann das „Urteil“. Ich erhielt am 23. April 1946 den Bescheid: „Es werden keine Einwendungen zu der Weiterführung Ihrer jetzigen Beschäftigung erhoben.“ Das war die sogenannte Entlastung nach Kategorie 5. Insgesamt gab es fünf solcher Einstufungen. Die erste lautete auf „Hauptschuldiger“, eine andere „Mitläufer“. Für mich war amüsant, daß von den vier

Parteivertretern, die dem Ausschuß angehörten, der mich vernahm, drei – nämlich die von CDU, FDP und SPD – mich in den folgenden Tagen anriefen, um mich zu fragen, ob ich nicht Mitglied bei ihnen und Abgeordneter für sie werden wolle. Ich winkte ab, da ich andere politische Vorstellungen für die Zukunft hatte.

Zunächst ernannte mich die englische Besatzungsbehörde zum parteilosen Stadtverordneten für die erste lokale Bürgervertretung, die noch nicht gewählt werden konnte. Sie widerrief allerdings diese Berufung zweimal aufgrund von Denunziationen, die ich jedoch schnell zu entkräften vermochte. Solche Vorgänge waren in der ersten Nachkriegszeit an der Tagesordnung. Später kam ich über eine Liste von „Unabhängigen" in den Rat der Stadt. In beiden Legislaturperioden befaßte ich mich vor allem mit der Wohnungsvergabe für die Heimatvertriebenen und der Aufstellung eines Leitplans für die zukünftige Entwicklung der Stadt. Beides waren interessante Aufgaben, die ich gerne wahrnahm und bei denen ich viele wertvolle Erfahrungen machte, bis mich die Firma wieder so in Anspruch nahm, daß ich mein Mandat niederlegen mußte.

Weniger gut kam mein Vater bei der Entnazifizierung wegen seiner Schenkung des Kolksbruch an die Regierung weg. Ihm wurde verboten, unsere Firma weiter zu leiten, ja sogar ihre Räume zu betreten. Das traf ihn tief, und er fühlte sich ungerecht behandelt. Sein Selbstgefühl und sein Stolz hinderten ihn daran, irgend etwas zu seiner Entlastung zu tun. Gemeinsam mit einem Rechtsanwalt habe ich das dann unternommen. Nicht nur unser Betriebsrat stellte ihm ein Zeugnis seiner generell politisch neutralen und gerechten Unternehmensführung aus, sondern vor allem unsere rechtzeitig emigrierten jüdischen Vertreter bescheinigten ihm seine großzügige Hilfe bei ihrer Auswanderung. (Im Volksmund hießen derartige Erklärungen „Persilscheine", weil sie dazu beitrugen, Beschuldigte zu rehabilitieren, also zu „reinigen“). So wurde mein Vater schließlich nach drei Jahren wieder zur Führung der Firma zugelassen.

Ich hatte ihn zwar während des Berufsverbots laufend über alles informiert, was dort vorging und zu tun war, und ihn natürlich auch um Rat gefragt. Aber als er dann zum ersten Mal wieder die Geschäftsräume betrat, sah er dort so viele neue Gesichter von Mitarbeitern, die inzwischen eingestellt worden waren, daß er sich vollkommen fremd fühlte. Das traf ihn, der die Firma von klein an aufgebaut und bis ins Detail genau gekannt hatte, schwer. Schon wenige Monate später erlag er auf einer Erholungsreise im Kurpark von Wiesbaden einem Herzschlag. Die Betriebsangehörigen verloren in ihm ihren „Onkel Paul“, wie sie ihn vertrauens- und fast liebevoll nannten. Sie begleiteten ihn auf seinem letzten Weg in einem schier endlosen Trauerzug.

Die Entnazifizierung führte sich bald selbst ad absurdum. Groteske Fälle wurden bekannt. So stufte der Ausschuß eines kleinen süddeutschen Orts einen Einwohner, der in Ostpreußen Kreisleiter der NSDAP gewesen war, in Gruppe 5 ein, weil er es „so weit von seiner Heimat entfernt zu etwas gebracht hatte“. Professor Kikuth von den Bayer-Werken in Wuppertal wurde von einem englischen Major entlastet, weil er das Atebrin gegen Malaria erfunden hatte, und jener während des Krieges in Singapur damit gerettet worden war.

Die Aktion erwies sich nach und nach als ein untaugliches Mittel zur Gewissenserforschung. Wie sollte man feststellen, wie die überprüfte Person wirklich dachte beziehungsweise gedacht hatte? Die deutschen Parteien erklärten denn auch alsbald ein „Recht auf politischen Irrtum“ und brachen die Aktion ab. So wurde kein Richter, der unter dem NS-Regime als solcher tätig gewesen war, überprüft und gegebenenfalls seines Postens enthoben. Trotz dieser trüben Erfahrungen versuchte man in den siebziger Jahren mit ähnlichen

Untersuchungsmethoden die sogenannten „Extremisten“ aus dem öffentlichen Dienst herauszuhalten.

Für die Aburteilung der Hauptschuldigen am letzten Krieg wurden in Deutschland und Japan internationale Militärtribunale konstituiert; für die Deutschen im August 1945 in Nürnberg. Es fanden mehrere Prozesse statt. Der erste galt den verantwortlichen Politikern des Dritten Reichs. Am 1. Oktober 1946 wurde nach zehnmonatigen Verhandlungen das Urteil gesprochen: Von den dreiundzwanzig Angeklagten wurden zwölf zum Tode verurteilt und hingerichtet, soweit sie sich nicht durch Selbstmord ihrer Bestrafung entzogen. Andere erhielten mehrjährige Haftstrafen, nur drei kamen frei. Die rechtliche Grundlage blieb bis heute zweifelhaft. Der englische Feldmarschall General Montgomery jedenfalls kommentierte das Ergebnis des Prozesses mit der Bemerkung: Um eine solche Verurteilung zu vermeiden, müsse man in Zukunft vor allem zu den Siegern gehören! Der amerikanische Hauptankläger Jackson hatte schon darauf hingewiesen: „Dieses Gesetz hier wird zwar zunächst auf deutsche Angreifer angewandt. Es schließt aber ein und muß, wenn es von Nutzen sein soll, den Angriff jeder anderen Nation verdammen, nicht ausgenommen die, die hier zu Gericht sitzen.“

Die Absicht, mit den Prozessen neues internationales Recht zu etablieren, um in Zukunft von Kriegsvorbereitungen abzuschrecken, konnte jedenfalls nicht verwirklicht werden. Die UNO-Generalversammlung hat zwar in ihrer Resolution 95 das Nürnberger Urteil als geltendes Völkerrecht anerkannt, aber kein Staat war bereit, es in eigene Gesetze aufzunehmen und zu ratifizieren.

In Deutschland wurden in den folgenden Jahren durch die Siegermächte weitere Verfahren dieser Art gegen verschiedene Berufsgruppen, aber auch gegen bedeutende Wirtschaftsunternehmen wie Krupp, Flick und IG-Farben durchgeführt. Die Bevölkerung nahm vor allem am ersten Prozeß gegen die

„Prominenz", die für jedermann ein Begriff war, lebhaften Anteil. Aber schon damals wurden Stimmen laut, die es lieber gesehen hätten, wenn die Beschuldigten von deutschen Gerichten angeklagt und gegebenenfalls verurteilt worden wären. Jedoch ließ die Auffassung bei den Alliierten keinen Platz für die Stimme des „anderen Deutschland" zu. Erst sehr viel später änderte sich das. Das Interesse an den folgenden Prozessen nahm denn auch spürbar ab.

Man kann nicht sagen, ob es besser wird,
wenn es anders wird.
Aber so viel kann man sagen:
Es muß anders werden, wenn es gut werden
soll.

Georg Christoph Lichtenberg

„Statt Karten“

Die Masse der Menschen wurde in jenen Jahren von anderen Sorgen als denen der Vergangenheitsbewältigung bewegt. Für viele ging es zunächst darum, wieder ein Dach über dem Kopf zu haben, sich zu bekleiden und den Hunger zu stillen. In den meisten stark zerstörten Großstädten war der Wohnraum außerordentlich knapp geworden, nicht alle konnten in ihre früheren Wohnungen zurück. So wurden die Klein- und Mittelstädte von Ausgebombten und Flüchtlingen überflutet. Häufig mußten mehrere Familien in einer Wohnung hausen, was oft nicht ohne Spannungen abging. Es brauchte Jahre, bis diese Verhältnisse überwunden werden konnten.

Das akute Thema jedes einzelnen war die Beschaffung der wichtigsten Nahrungsmittel und der Bekleidung. Sie gab es, wie im Krieg, nur auf Bezugschein und Markenabschnitte. Aber diese reichten bei weitem nicht aus, um auch nur das Notwendigste zu bekommen. 1947 wurde auf einer Pressekonferenz in der britischen Zone angekündigt, die normale Tagesration pro Person sei auf eintausendzweihundertfünfzig Kalorien festgesetzt. Nach amtlichen Schätzungen wurde sie jedoch nicht einmal in den Großstädten erreicht. Eine Ausstellung im britischen Hauptquartier machte augenfällig, was eintausend Kalorien bedeuteten: drei Brotschnitten, davon eine mit etwas Butter, eine mit Marmelade bestrichen, eine Kartoffel, ein siebenter Teil eines Herings, eine Wurstscheibe von der Größe eines Zwei-Mark-Stückes und eine Tasse Suppe. Selbstverständlich konnte man davon nicht leben. Die Folge war ein zunehmender, schließlich nicht mehr zu kontrollierender Tauschhandel, bei dem alle nur möglichen Waren gegen Nahrungsmittel in Zahlung gegeben wurden. „Leitwährung" war die „Ami"-Zigarette; bis zu zwanzig Reichsmark war eine Zigarette wert.

Diese Situation wirkte sich natürlich auch in unserer Firma aus. Schließlich verwendeten wir Zellwollgarne, aus denen man sich Unterwäsche stricken konnte, und fertige Stoffe, die als Tauschmaterial sehr gefragt waren. Bald zahlten wir deshalb einen wesentlichen Teil der Löhne und Gehälter mit solchen Artikeln statt mit Geld. Jedoch nicht nur im privaten Bereich blühte das Geschäft Ware gegen Ware. Auch die Beschaffung wichtiger Rohstoffe und anderer für den Betrieb erforderlicher Güter ließ sich nur durch Kompensationsgeschäfte bewerkstelligen. Als unser Einkäufer bei einer Flachglashütte im Ruhrgebiet die dringend zur Reparatur unserer Sheddächter benötigten Scheiben kaufen wollte, wurde ihm bedeutet, daß die gesamte Produktion von der Besatzungsmacht beschlagnahmt sei. Man könne deshalb leider unsere Wünsche nicht erfüllen. Auch das Angebot, dafür Hemdenstoff zu liefern, änderte nichts an der ablehnenden Haltung. Als unser Mann jedoch wieder beim Pförtner vorbeikam, fragte ihn dieser, ob er zurechtgekommen sei; und als der Pförtner das negative Ergebnis erfuhr, schickte er unseren Einkäufer zum Betriebsrat des Werks. Dieser erklärte sich sofort bereit, das „Geschäft" gegen eine Stofflieferung zu machen. Man würde dafür Überstunden einlegen. So blieb die Geschäftsleitung der Besatzung gegenüber korrekt, und diese hütete sich, eine Arbeitnehmervertretung zu maßregeln!

Ein besonderes Problem war unsere Weberei Nastätten, die in der französischen Zone lag. Sie war vollkommen auf die Zulieferung von halbfertigem Material aus dem Hauptbetrieb in der englischen Zone angewiesen. Was tun? Die einzelnen Besatzungsgebiete schlossen sich wirtschaftlich weitgehend gegeneinander ab und ließen einen Warenverkehr untereinander über die Grenzen nur bei entsprechender Gegenlieferung zu. Nach einigen Verhandlungen kam folgendes Verfahren zur Anwendung: Ein Zellstoffwerk in der französischen Zone lieferte uns den Rohstoff für unsere Rayonspinnerei in Hilden. Das Garn, das daraus hergestellt wurde, wurde in Nastätten zu Geweben verarbeitet und zum Färben nach Hilden gebracht. Dafür erhielten Bekleidungsfabriken in der französischen Zone den gewünschten Futterstoff. Der Kreislauf war damit für alle Beteiligten zufriedenstellend geschlossen.

Alle derartigen Vorgehensweisen waren etwas außerhalb der Legalität. Aber das Gewissen fühlte sich entlastet, als der Kölner Kardinal Frings in einer Neujahrsansprache erklärte: „Man kann es dem einzelnen nicht verwehren, das dringendste zur Erhaltung von Leben und Gesundheit zu nehmen, wenn er es durch Arbeit und Bitten nicht erhält." „Der Gesetzgeber", soweit es ihn schon gab – etwa in Form der Besatzungsverwaltung – war ziemlich machtlos.

Eines Tages erschienen in unserer Firma zwei junge Leute, die Stoff für einen Vorhang suchten, denn sie beabsichtigten, in Düsseldorf ein politisches Kabarett zu gründen. Natürlich hatten sie keinen Bezugsschein. Ich sprach deshalb selbst mit ihnen, um zu erfahren, wie sie ihren Gedanken verwirklichen wollten. Was sie dann dazu sagten, erschien mir recht vernünftig und unterstützungswürdig. Glücklich zogen sie mit den erforderlichen Metragen ab. Es waren Kay und Lore Lorentz, und ihr literarisch-politisches „Kommödchen" haben sie auf hohem Niveau bis auf den heutigen Tag erfolgreich und voller

Anerkennung geführt. Eine herzliche Freundschaft verbindet uns seit damals.

Fast jedem war klar, daß der turbulente Zustand beendet werden mußte, sollte ein solider Wiederaufstieg möglich sein. Die Lösung hieß: Währungsreform; hartes Geld, mit dem man wieder etwas kaufen konnte, mußte her. Die Vorbereitung dazu erfolgte geheimnisvoll und dramatisch. Am 20. April 1948 hielt ein Militärbus mit undurchsichtig gemachten Scheiben vor der von den Westalliierten eingerichteten „Sonderstelle Geld und Kredit" in Bad Homburg. Er beförderte zehn Währungsexperten in eine unweit von Kassel gelegene – mit Stacheldrahtverhau eingefriedete – Kaserne. Niemand sollte wissen, wohin es ging. Die Aufgabe, die den Männern gestellt wurde, war überdimensional: Ein riesiger Überhang von Bargeld bis zu Spareinlagen mußte beseitigt, das zusammengebrochene Kreditsystem wiederbelebt werden. Es galt für jedermann, Produzenten, Konsumenten, feste finanzielle Grundlagen zu schaffen, um wieder sinnvolle Dispositionen möglich zu machen.

Zwei Monate später – am 21. Juni – wurde die Reichsmark durch die Deutsche Mark abgelöst. Das geschah an einem Wochenende. Schon Monate vorher wurde überall spekuliert, wie die Reform wohl aussehen und wann die Umstellung erfolgen würde. Vor allem die Schwarzhändler sorgten sich, was aus ihren gehorteten Reichsmarkbeständen werden würde. Der offizielle Umtauschkurs betrug 1:1. Aber zunächst bekam jeder nur ein „Kopfgeld" von vierzig Deutschen Mark, zu denen etwas später noch zwanzig hinzukamen. Inhabern von Altgeldguthaben wurde für zehn Reichsmark eine Deutsche Mark gutgeschrieben, davon die Hälfte auf einem Festgeldkonto, das in einer Nachreform nochmals um siebzig Prozent gekürzt wurde, so daß sich ein Umstellungsverhältnis von 100:6,5 ergab.

Das größte Wunder aber war, daß am Montag plötzlich die

Auslagen der Geschäfte wieder voll der lang entbehrten Lebensmittel und Güter waren! Auch in unserer Firma standen die Telefone nicht still. Lieferanten boten Erzeugnisse gegen gute neue Mark an, die sie Monate vorher angeblich nicht vorrätig gehabt hatten. Das eigentliche Wunder aber war wohl, daß es keine verbitterten Konsumenten gab, die die Ladenfenster zertrümmerten. Zu groß war die Freude, daß man wieder richtig einkaufen konnte, wenn es auch noch eine ganze Weile dauerte, bis es wieder alles gab, was man sich nur wünschte.

Nicht wenige Politiker auf deutscher und alliierter Seite warnten davor, Hand in Hand mit der Reform auch die Marktwirtschaft einzuführen. Es war Ludwig Erhard, der Direktor der Verwaltung für Wirtschaft der britisch-amerikanischen Besatzungszone, der sich über alle Bedenken hinwegsetzte und auf eigene Faust – ohne die Alliierten zu fragen – von einem Tag auf den anderen die Wirtschaft von ihren Fesseln befreite. General Lucius D. Clay – damals Hauptsprecher der Westalliierten – protestierte heftig und warf Erhard vor, in Besatzungsrechte eingegriffen und bindende Vorschriften einfach abgeändert zu haben. Die Antwort, die Erhard darauf gab, soll gewesen sein: „Abgeändert habe ich sie nicht. Ich habe sie aufgehoben." Der General, selbst ein Mann der Marktwirtschaft, gab sich damit zufrieden. Der Start zu dem, was in den folgenden Jahren als das deutsche Wirtschaftswunder überall auf der Welt Staunen und Bewunderung, allerdings auch Neid erregte, war damit frei.

Die Geldknappheit in den ersten Wochen nach der Reform verschaffte mir die Möglichkeit, einen langgehegten Wunsch zu verwirklichen: den Erwerb moderner Kunst aus den zwanziger Jahren, unter Hitler als „entartet" gebrandmarkt. Manche, vor allem diejenigen, die auswandern wollten, trennten sich von schönen Stücken, um an harte DM zu kommen. Die geforderten Preise waren so günstig wie nie wieder. An Spekulationsüberlegungen nicht gewöhnt, versäumte ich manche mir gebotene Gelegenheit, wertvolle Kunstwerke auf Verdacht zu kaufen, auch wenn mir dafür damals der notwendige Platz fehlte, um sie aufzustellen oder zu -hängen. Leider wurde die Währungsreform aber auch zum Schlußstein einer Entwicklung, die einundvierzig Jahre lang eine ungetrübte Freude am Wiederaufstieg Westdeutschlands aufs schwerste beeinträchtigte: die Teilung der Nation. Sie wurde durch den Bau der Berliner Mauer am 13. August 1961 auch optisch sichtbar gemacht.

Das war ein Höhepunkt dessen, was man den kalten Krieg nannte. Ein Wettrüsten in Ost und West, wie es noch nie eines gegeben hatte, löste diese Spannungen aus. Die bange Frage, die besonders wir Deutschen uns stellten, war, wann er in einen „heißen" übergehen würde. Es konnte kein Zweifel daran bestehen, daß in diesem Fall Deutschland als Schlachtfeld die Hauptlast zu tragen hätte. Kein Wunder deshalb, daß sich nicht wenige ernsthaft überlegten, ob sie nicht auswandern sollten. Auch ich ventilierte diesen Gedanken für meine Familie und mich.

Wie die Machtverhältnisse in jenen Jahren lagen – Deutschland entwaffnet, die anderen europäischen Staaten kriegsmüde und die USA ferne –, würde die Sowjetunion, deren Drang nach Westen außer Frage zu stehen schien, ein leichtes Spiel haben, bis zum Ärmelkanal vorzudringen. Selbst wenn sie am Ende wieder zurückgeschlagen werden könnte, so wäre die Zerstörung, die der Kampf zurückließe, so gründlich, daß eine lebenswerte Existenz auf Jahrzehnte kaum mehr möglich sein würde, von meiner besonderen Gefährdung als Unternehmer durch die Kommunisten einmal ganz abgesehen.

Ich überprüfte also unsere Möglichkeiten, Deutschland zu verlassen. Durch die Erfahrungen der Emigranten gewarnt, die unserem Land auf der Flucht vor den Nazis den Rücken gekehrt hatten, schien es mir erforderlich zu sein, in einem außereuropäischen Staat eine mögliche Existenz vorzubereiten, um auf sie zurückgreifen zu können, wenn die Kriegsgefahr noch weiter zunahm. Gewisse Beziehungen, die sich für meine Absichten nutzen ließen, gab es in Chile und in Südafrika. Meine Sondierungen führten sogar in Kapstadt zu der Beteiligung an einer schwimmenden Fischfabrik, in die ich als Geschäftsführer eintreten konnte, falls unsere Auswanderung aus Deutschland erforderlich werden sollte. Aber trotz meiner ernsthaften Pläne fühlte ich mich nicht wohl dabei.

Während mir auf der einen Seite die Zukunft meiner Familie und meine eigene im Vordergrund stand, hatte ich doch ein ungutes Empfinden, wenn ich daran dachte, daß ich durch die Verwirklichung meiner Absicht alle jene Menschen gerade dann im Stich ließ, falls meine Befürchtungen eintrafen. Während der Naziherrschaft hatte ich oft genug Gelegenheit gehabt zu beobachten und zu erfahren, wie wichtig in solchen Zeiten das Vorhandensein von Personen ist, die durch ihre Intelligenz und auch Beziehungen besser mit den gegebenen Verhältnissen fertig werden als andere und dadurch in mannigfacher Weise helfen können. Der Schuster von nebenan, der mir meine Schuhe reparierte, war eine der Personen, an die ich dabei dachte. Hatte ich nicht auch das Dritte Reich und seine Gefährdungen gut überstanden? So begann ich nach Alternativen zu einer Auswanderung zu suchen.

Die stärksten Bedenken hegte ich bezüglich zu erwartender Kriegszerstörungen in Hilden. War die Stadt im letzten Krieg mit einem blauen Auge davongekommen, so schien mir ihre geographische Lage bei einem neuen Waffengang ungleich bedrohter. Nicht nur das inzwischen geschaffene Autobahnkreuz würde ein lohnendes Ziel für einen Bombenangriff sein, sondern auch die neu angesiedelte Industrie. Für erforderlich hielt ich deshalb die Schaffung eines Ausweichdomizils an einem Ort, der militärisch uninteressant war und auch unter

Kriegsbedingungen leicht erreichbar sein würde. Ein Auto dürfte dazu nicht erforderlich sein, denn ob man dafür Benzin bekäme, schien mir nach den Erfahrungen, die ich während des letzten Krieges gemacht hatte, mehr als fraglich.

Nach einigem Suchen fand ich einen in jeder Hinsicht geeigneten Platz in einem bergigen Waldgebiet in der Nähe des Altenberger Doms, knapp zwanzig Kilometer südlich von Hilden. Dort ließ ich 1948 auf einer Lichtung ein massives Wochenendhaus bauen, in dem unser Vier-Personen-Haushalt für längere Zeit untergebracht werden und leben konnte. Die umgebenden landwirtschaftlichen Betriebe sicherten zudem die Versorgung mit den dringenden Grundnahrungsmitteln. Auch würde ich dort meiner Liebe zur Natur ungestört nachgehen können. Je konkreter die Absicht wurde, uns dies Refugium zu schaffen, desto mehr verblaßten in meinem Denken die Überlegungen und Pläne, im Falle eines neuen Krieges aus Deutschland zu flüchten.

Ungeachtet der sich verschärfenden Gegensätze zwischen den Siegermächten in Ost und West, betrieben beide Seiten mehrere Jahre lang ein Beutemachen auf materielle und geistige wirtschaftliche Güter. Zwar vermieden sie den Fehler des Versailler Friedensvertrages nach dem Ersten Weltkrieg, mit dem sie Deutschland unbezahlbare Tributleistungen auferlegt hatten, die nie erfüllt worden waren. Aber an ihre Stelle traten Demontagen, Warenzeichen- und Produktionsverbote. Ging es bei ersteren darum, moderne Produktionsmittel als Ersatz für im Kampf zerstörte und veraltete eigene zu bekommen, so sollten die Verbote die gefährliche und gefürchtete Konkurrenz von den Weltmärkten fernhalten.

Allen voran setzte sich der US-Finanzminister Morgenthau dafür ein, daß Deutschland in ein Land zu verwandeln sei, „das in seinen wesentlichen Zügen als Ackerbau- und Weideland anzusehen ist“. Schon 1944 hatte er geäußert: „Das einzige, für das ich meinen Namen hergebe, ist die völlige Stillegung der

Ruhr. Ich bin dafür, daß das alles erst einmal vernichtet wird. Dann können wir uns über die Bevölkerung den Kopf zerbrechen!" So unvernünftig und irreal diese Äußerungen auch waren, so kann man sie meines Erachtens einem Menschen nicht verdenken, wenn man sich vor Augen hält, was im Dritten Reich mit Millionen seiner jüdischen Glaubensgenossen geschehen ist. Glücklicherweise wurde diese Einstellung nur von einer kleinen Minderheit geteilt und spielte bei der weiteren politischen Entwicklung keine Rolle mehr.

Als der kriegsbedingte Haß zu verebben begann, wuchs bei den Westalliierten die Erkenntnis, daß es nicht in ihrem Interesse liegen könne, das Land zwischen Rhein und Elbe seinem Schicksal zu überlassen. Es war nicht schwer, vorherzusehen, daß ein solches Gebiet im Herzen Europas ein gefährlicher Unruheherd sein würde und militärisch ein Vakuum, das aggressive Mächte magisch anziehen könnte. Als eine solche betrachtete man, je weiter das Zerwürfnis mit der Sowjetunion fortschritt, diese selbst. Winston Churchill stellte fest, die Alliierten hätten das „falsche Schwein" geschlachtet, womit er Deutschland meinte.

Zuerst setzten sich die USA für eine Revision des Demontageverfahrens ein, der sich nach und nach auch England und Frankreich anschlossen. Mit dem Petersberger Abkommen vom 22. November 1949 wurde es beendet. Nachzutragen bleibt, daß der Kampf um dieses Ziel bei den betroffenen Unternehmen gemeinsam von Geschäftsführung und Belegschaft geführt wurde. Leider ist die Erfahrung, daß wir letztendlich alle in einem Boot sitzen und deshalb gemeinsam handeln müssen, in den späteren Jahren oft nicht mehr beachtet worden.

Im übrigen lag bei der Demontage auf Seiten der Siegermächte ein bemerkenswerter Irrtum vor, denn die Maschinen und Anlagen, die man abtransportierte, waren zwar modern, jedoch durch die Überbeanspruchung während des Krieges weitgehend verschlissen. Ihr Ersatz durch neue begründete in manchen Fällen erst die hohe Leistungsfähigkeit deutscher Unternehmen, die in den folgenden Jahren sichtbar wurde.

Unsere Firma war von dieser Aktion nicht betroffen. Schon im Sommer 1945 brachte mir der englische Offizier, der für die Textilindustrie zuständig war, die heißersehnten Dokumente mit der Produktionserlaubnis für alle unsere Werke. Als ich sie durchlas und dabei den Hinweis fand, daß diese Permits die Versorgung mit Energie und Kohle nicht beinhalteten, gab ich sie dem Offizier mit der Bemerkung zurück, sie seien deshalb für uns wertlos und nur „a sheet of paper". Ich würde allerdings die Produktion trotzdem anlaufen lassen und uns die erforderliche Energie im Tausch gegen unsere Produkte beschaffen. Ich hatte mit der englischen Fairneß richtig gerechnet. Der Offizier ging auf meine Bemerkung nicht ein und fing an, vom Wetter zu sprechen. Ich wußte Bescheid. Man vermochte sich zu jener Zeit schwer vorzustellen, daß dies alles eines Tages einmal vorbei sein und man wieder normale Verhältnisse haben würde.

Dazu gehörte auch die Frage, wie die ungerechte Verteilung der Lasten, die der Krieg und die Kriegsfolgen mit sich gebracht hatten, korrigiert werden könnte. Die aus den Gebieten östlich der sogenannten Oder-Neiße-Linie Vertriebenen hatten alles verloren. Demgegenüber waren viele im übrigen Reichsgebiet ungeschoren davongekommen. Dazwischen gab es natürlich noch zahlreiche Personengruppen, die nur Teilverluste zu verzeichnen hatten. Die Antwort, die schließlich gefunden wurde, war der Lastenausgleich. Zwar dauerte es vier Jahre vom ersten „Soforthilfegesetz" bis zur endgültigen Regelung 1952. Aber im großen und ganzen haben diese Maßnahmen ihr Ziel erreicht.

Ich habe mich von Anfang an für ein solches Vorgehen mit meiner Wochenzeitung „Der Fortschritt" aktiv eingesetzt, obwohl unsere Firma zu denjenigen gehörte, die durch den Ausgleich in hohem Maße belastet wurden. Die Gesellschafter und ich haben viele Jahre lang, wie alle anderen Personen, die in der gleichen Situation waren, erhebliche Mittel, die dem Unternehmen für Investitionen verlorengingen, dafür bezahlen müssen. Sie teilten jedoch meine Auffassung, daß die materiellen Folgen des gemeinsam verlorenen Kriegs von allen zu tragen seien. Insgesamt wurden in der Bundesrepublik bis Ende 1968 fast sechsundsechzig Milliarden Mark für den Lastenausgleich aufgebracht.

Die DDR, die sich inzwischen vom übrigen Deutschland losgesagt und einen eigenen Staat gebildet hatte, nahm an der Aktion mit der politisch begründeten Ausrede nicht teil, die Großgrundbesitzer seien die Hauptschuldigen am Krieg. Sie würden damit in erster Linie begünstigt, was im übrigen nicht stimmte. Jeder, der in den Gebieten östlich der Oder/Neiße gelebt und dort Vermögen – gleichgültig wie groß – besessen hatte, erhielt einen bestimmten Prozentsatz davon erstattet. In der DDR wurden die Landwirte im Zug einer Bodenreform, die man „Liquidierung der Herrschaft der Junker und Großgrundbesitzer" nannte, enteignet.

Auch an der „Wiedergutmachung" des den Juden angetanen Unrechts hat sich das SED-Regime nicht beteiligt mit der Begründung, der „erste sozialistische Staat auf deutschem Boden" habe mit den Verbrechen der Naziherrschaft nichts zu tun und trage deshalb für die Folgen keine Verantwortung. Die Bundesrepublik schloß 1952 mit dem Staat Israel ein entsprechendes Wiedergutmachungsabkommen.

Doch materielle Mittel konnten weder den einen den Verlust ihrer Heimat ersetzen noch die anderen für die Verfolgung und Tötung ihrer Glaubensschwestern und -brüder entschädigen.

Wenn ich mich heute rückblickend frage, weshalb ich in der ersten Nachkriegszeit vor allem auch mit der Besatzungsmacht so gut über die Runden gekommen bin, dann glaube ich wohl in erster Linie, weil ich sie nie als meine Besieger und Feinde betrachtet habe, sondern mehr als meine Befreier, fast wie meine „Verbündeten". Ich fühlte mich ihnen gegenüber völlig ebenbürtig und gleichberechtigt. An den Verbrechen, die das NS-Regime begangen hatte, war ich nicht beteiligt gewesen. So konnte ich mich für das, was geschehen war, weder mitverantwortlich noch mitschuldig fühlen. Ich nahm mir jedoch vor, wo immer mir das möglich sei, das Meinige zu tun, damit sich ähnliches nie wieder ereignen würde.

Mein Blick ging nach vorwärts und richtete sich auf eine Zukunft, in der aus der Vergangenheit in vieler Hinsicht gelernt werden mußte. Ich glaubte auch an die liberale Demokratie als eine Staatsform, in der das zu verwirklichen sei. Die Situation Deutschlands erforderte aktives Handeln, und ich war entschlossen, meinen Beitrag dazu zu leisten. Weimar, der Nationalsozialismus, der Krieg und die erste Zeit danach hatten mich davon überzeugt, daß ein Abseitsstehen und Abwarten für einen Menschen meiner Herkunft und Erziehung sowie entsprechender wirtschaftlicher und intellektueller Möglichkeiten unverantwortlich sei. Das bestimmte mich dazu, meine Erfahrungen und Kenntnisse in den Wiederaufbau einzubringen.

Im Februar 1949 schrieb ich an meinen Vater: „Wir haben viel zu lange vom Materiellen her uns zu sehen angewöhnt und darüber vergessen, daß der Mensch und das Menschliche das Wesentliche und in seiner Differenziertheit der Ausgangspunkt für alles Tun und Handeln, auch Denken ist. Anders ist es gar nicht zu verstehen, daß wir in solch einen gesellschaftlichen, politischen und sozialen Wirrwarr geraten sind. Wir müssen zuerst aus diesem heraus, bevor wir einer ruhigen Zukunftsentwicklung entgegensehen können. Wenn uns jungen Menschen überall in der Welt das über alles Maß wichtig ist, sehe ich es als Zeichen wirklicher Gesundung an. Unsere heutige Nüchternheit ist dem Idealismus gegenüber, mit dem so lange Schindluder getrieben wurde, überaus skeptisch. Skeptizismus ist die Grundlage jeder Neuformung". Diesen Skeptizismus gedachte ich zur Basis meines Tuns zu machen.

Die größte Strafe für diejenigen,
die sich nicht für Politik interessieren, ist,
daß sie von denjenigen regiert werden,
die sich für Politik interessieren.

Arnold Toynbee

Der „Fortschritt"

Die zunehmende Entfremdung zwischen den vier kriegsalliierten Staaten, also der drei Westmächte und Sowjetrußland, hatte ihre Hauptursache in ihren unterschiedlichen politischen und wirtschaftlichen Auffassungen und gesellschaftlichen Systemen. Die daraus entstehenden Spannungen spielten sich besonders intensiv auf deutschem Boden ab, weil das Land bereits als Folge dieser Diskrepanz geteilt war. Jede Seite bemühte sich, das von ihr besetzte Gebiet nach den eigenen ideologischen Vorstellungen politisch zu organisieren und aufzubauen. Dabei hatten die Mächte nicht nur das Wohlergehen der jeweils von ihnen beherrschten Bevölkerung im Auge, sondern auch das Gewinnen eines Bundesgenossen für ihre weltpolitischen Interessen in den neu entstehenden Staaten West- beziehungsweise Ostdeutschlands. Wie tief durch die vierzigjährige Dauer der Teilung das Denken und Handeln der Menschen diesseits und jenseits der innerdeutschen Grenze beeinflußt, ja oft bestimmt wurde, zeigte sich erst 1990, als das Land wiedervereinigt werden konnte.

Der Prozeß, der 1945 den Westdeutschen eine Demokratie bescherte, vollzog sich – so merkwürdig das gerade dabei erscheint – praktisch ohne das Volk. Die meisten Menschen waren in den entscheidenden Jahren so sehr mit dem Aufbau einer neuen lebenswerten Existenz für sich und ihre Familien in Anspruch genommen, daß sie sich um die Entwicklung und Verfassung des neuen Staates wenig kümmerten, zumal sie bis 1949 gar kein von ihnen legitimiertes und gewähltes Parlament besaßen, das ihre Auffassung zentral vertreten konnte.

Eifrig drängten sich jene Politiker der Weimarer Republik in dieses Vakuum, um dort – allerdings bereichert um die Erfahrungen mit dem Dritten Reich – wieder anzufangen, wo sie 1933 zwangsweise hatten aufhören müssen. Aber die zwölf Jahre seither hatten nicht nur Diktatur, Krieg und Verbrechen beinhaltet, sondern auch eine Generation von Menschen heranwachsen lassen, die sich jahrelang in mörderischem Kampf und entbehrungsreicher Gefangenschaft bewährt hatten. Die Erlebnisse, die dabei gewonnenen Erfahrungen und Erkenntnisse waren der Inhalt unzähliger Gespräche, die überall in den Kampfpausen und an den langen Abenden in den Lagern geführt wurden oder in Briefen ihren Niederschlag fanden. Vieles davon ist in zwei Büchern festgehalten worden: In „Kriegsbriefe gefallener Studenten 1939 bis 1945" und „Die Stimme des Menschen. Briefe und Aufzeichnungen aus der ganzen Welt 1939 bis 1945".

Erst im Mai 1949 verkündeten die Westalliierten das Grundgesetz der Bundesrepublik, das vom Parlamentarischen Rat ausgearbeitet worden war. Dieser bestand aus fünfundsechzig Abgeordneten, die von den bereits bestehenden elf Landtagen gewählt worden waren. Während der Verfassungsberatungen wirkten die Militärgouverneure durch inoffizielle Anregungen und offizielle Empfehlungen und die Außenminister der drei Westmächte intensiv auf die Gestaltung des Grundgesetzes ein. Dazu gehörte auch die Förderung einer starken Föderalisierung der Bundesrepublik. Dabei war das erklärte Ziel, durch Schaffung einer zweiten parlamentarischen Einrichtung (Bundesrat) ein Gegengewicht zu einer Zentralmacht (Bundesregierung und Bundestag) zu schaffen, um einem neuen Hitler den Weg zu einer Diktatur zu erschweren. Nicht nur diese Verfassungskonstruktion wurde durch die Erfahrungen in der Weimarer Republik bestimmt. Auch viele andere Regelungen des Grundgesetzes sind darauf zurückzuführen.

So verständlich diese Bemühungen waren, so ist doch sehr zu bezweifeln, daß sie im „Ernstfall“ eine „Machtübernahme“ durch einen Usurpator verhindern können. Schließlich war Hitler legal an die Macht gekommen. Das Ermächtigungsgesetz, das der Reichstag am 23. März 1933 mit vierhunderteinundvierzig Stimmen gegen vierundneunzig der SPD (die Kommunisten waren schon aus dem Parlament ausgeschaltet) annahm, schuf die Voraussetzung zu seiner Diktatur. Es war die Kapitulation der Abgeordneten vor der Meinung des Volkes, das angesichts der wirtschaftlichen Not nach einem starken Mann rief.

Die Landtage von zehn Ländern stimmten dem Grundgesetz alsbald zu, das am 24. Mai 1949 in Kraft trat. Eine Befragung und Stellungnahme durch das Volk fand nie statt. Seine Vertreter, die das Gesetz akzeptierten, waren von ihnen für diese wichtige Aufgabe nicht bevollmächtigt worden. Weder die damaligen deutschen Politiker noch die Alliierten trauten dem Volk ein Urteil in dieser entscheidenden Frage zu. Deshalb enthielt auch die neue Verfassung keine Möglichkeit mehr, durch Urabstimmung der Wähler wichtige Entscheidungen treffen zu lassen. Trotzdem ist anzuerkennen, daß sich das Grundgesetz im großen und ganzen bewährt hat und jedenfalls unvergleichlich besser ist als die Weimarer Verfassung.

Zwischen den Kriegsheimkehrern und den Weimarer Senioren gab es außer dem generellen Wunsch nach Freiheit und Demokratie kaum eine gemeinsame Grundauffassung und Sprache. Man mißtraute einander. Die Älteren argwöhnten, die Jungen hätten vielleicht noch zuviel von Nazi-Gedankengut in sich. Für die Jungen wiederum waren die Politiker der ersten Demokratie die Versager, ohne die Hitler nie an die Macht gekommen wäre.

Viele aus der Kriegsgeneration bewegte dabei die Frage, was die Älteren unternommen hatten, um den NS-Staat zu verhindern. Die Antwort darauf bestand meistens aus Achselzucken, oder man verwies auf die desolate Lage Deutschlands in den dreißiger Jahren, aus der nur Hitler einen Ausweg zu haben schien. Vielfach konnte man wohl selbst nicht mehr verstehen, daß man ihm vertraut und auf ihn hereingefallen war. Nur wenige von den Jungen befriedigten diese Ausreden und Erklärungen. Mich auch nicht.

So beschloß ich, aktiv in der Politik tätig zu werden, nicht aus besonderer Neigung, sondern weil ich es für erforderlich hielt. Die zu dieser Zeit bereits bestehenden Parteien, die alle schon in der Weimarer Republik vorhanden gewesen waren (wenn teilweise auch unter anderem Namen), sah ich als vorbelastet an und verwarf sie deshalb als geeignete Ansatzpunkte für eigene Aktivitäten. Deshalb entschloß ich mich zunächst zu einem Alleingang. Wenn man mich damals nach meinen Motiven befragte, und das geschah, als mein Bekanntheitsgrad zunahm, immer häufiger, dann begründete ich meinen Schritt mit dem Verhalten der älteren Generation den Nazis gegenüber. Wenn mich meine Kinder und Enkel eines Tages fragen würden, was ich denn getan hätte, um bestimmte politische Entwicklungen, die ich nicht billigte, zu verhindern, wolle ich nicht sagen müssen: nichts.

Die Voraussetzung zur Verwirklichung meiner Absicht hatte ich in dem Familienunternehmen, das ich verantwortlich leitete. Ohne dieses im Rücken hätte ich sie nicht in Angriff nehmen können. Das war nicht nur eine Frage wirtschaftlicher, also finanzieller Möglichkeiten, sondern betraf auch meine mit der Firma verbundene herausgehobene Stellung im öffentlichen Leben. Nicht zuletzt war aber, was ich mir vorgenommen hatte, auch eine neue unternehmerische Aufgabe, und unternehmerisch tätig zu sein, war schon damals mein Lebenselixier. Begünstigend für mein Vorhaben war außerdem, daß der Koreakrieg (1950–53) auch in Europa zu einem Wirtschaftsboom führte, der mir Zeit ließ, mich neben der Unternehmensführung dem neuen Vorhaben anzunehmen.

Ich erkannte bald die Bedeutung der Publizistik für die politischen Auseinandersetzungen, die mir bevorstanden. So entschloß ich mich im Frühjahr 1949, eine Zeitung zu gründen, mit der ich meine Vorstellungen in der Öffentlichkeit vertreten konnte. Das war leichter gesagt als getan. Zwar beschränkten keine Besatzungsvorschriften (Lizenzierung) die Verwirklichung einer solchen Absicht mehr, aber mir fehlte jede Erfahrung und Kenntnis, die für eine Zeitung erforderlich sind. Ich kannte die Zeitungen nur als Leser. Daher wußte ich immerhin, daß ein Chefredakteur eine wichtige Schlüsselfigur ist, und begann zunächst, nach ihm zu suchen. Auf meine Anzeigen in einigen Zeitungen erhielt ich eine Waschkörbe füllende Masse von Zuschriften und Bewerbungen. Das war nicht verwunderlich, denn bis dahin waren seit Kriegsende nur wenige Zeitungen von den Besatzungsmächten zugelassen worden. Es gab also ein Heer von vielfach auch noch politisch aus der NS-Zeit belasteten Journalisten, die arbeitslos herumsaßen. Da mir jedoch durch mein vieles Zeitunglesen vor und während des Krieges die Namen und der Ruf der seriösen bürgerlichen Presse geläufig waren, glaubte ich, aus den Bewerbungen solche heraussortieren zu können, deren Verfasser als Chefredakteure geeignet erschienen. Zwölf von ihnen ließ ich kommen.

Bei den Gesprächen mit diesen Journalisten bat ich sie, mir in großen Zügen zu sagen, wie sie die Aufgabe, die ich zu vergeben hatte, anpacken würden. Dabei kamen mir meine Erfahrungen bei der Auswahl und Anstellung leitender Mitarbeiter für unser Unternehmen sehr zustatten. Von den mir am geeignetsten erscheinenden Bewerbern ließ ich schriftliche Ausarbeitungen über Aufbau, Arbeitsweise, personelle Besetzung und Kosten einer Zeitung anfertigen und mir zuschicken. Aus diesen erfuhr ich das Wichtigste, was ich zur Gründung und Herausgabe eines solchen Publikationsorgans wissen mußte, und konnte mit diesen Kenntnissen die nächsten Schritte tun. So wurden bald in Essen-Werden Räume in einer Behelfsbaracke angemietet und mit den Vorarbeiten für die erste Ausgabe begonnen. Inzwischen hatte ich mich – nicht zuletzt aus Kostengründen – für eine Wochenzeitung entschieden. Sie sollte „Der Fortschritt – parteifreie Wochenzeitung für neue Ordnung" heißen.

Frohgemut und mit Spannung erwartete ich die erste Ausgabe der Zeitung, eine Nullnummer, mit der ich die Werbung für das neue Objekt beginnen wollte. Als sie dann auf meinem Schreibtisch lag, war ich über das miese Niveau, das sie aufwies, so entsetzt, daß ich die gesamte Auflage sofort wieder einstampfen ließ. Sie durfte auf keinen Fall unter meinem Namen als Herausgeber erscheinen. Zugleich wurde mir klar, daß ich dem falschen Mann die Chefredaktion anvertraut hatte. Als er einige Wochen später unter Mitnahme der Kasse nach Südamerika entschwand, weil Gläubiger aus der DDR, der er entstammte, ihn wegen Betrugs verfolgten, hatte ich meine erste Erfahrung im Zeitungmachen hinter mir. Glücklicherweise sollte sich, solange ich das Organ herausgab, nichts mehr ereignen, was meine Freude daran geschmälert hätte.

Als Nachfolger des Flüchtigen bekam ich in Erich Schneyder einen hochqualifizierten Fachmann, der die Zeitung bis zu ihrem Verkauf 1954 als Chef leitete. Er war vor und im Krieg Leiter der Nachrichtenagentur Transocean gewesen. Aus dieser Zeit stammte seine schnelle Entschlußfähigkeit und eine zupackende Art, mit der er auf plötzlich eintretende Ereignisse reagierte, was mir sehr lag. Wir waren dadurch auch als

Wochenblatt immer aktuell. Eine lebenslange Freundschaft erwuchs aus unserer Zusammenarbeit.

Der „Fortschritt" hatte in seiner besten Zeit rund sechzigtausend Abonnenten – für jene endvierziger Jahre eine gute Abnahme. Ich hatte damit nun ein Instrument, um in die politische Auseinandersetzung einzutreten. Wir behandelten darin vor allem die dringenden Probleme der Nachkriegszeit, wie die der Heimkehrer, Vertriebenen, Kriegsgefangenen, politisch Entrechteten, aber auch Fragen des Sozialismus, des Radikalismus, der Wiederbewaffnung und der betrieblichen Partnerschaft. Wir nahmen uns aber mehr und mehr auch anderer politischer Fragen an, die nach meiner Meinung nicht so behandelt wurden, wie ich das für richtig und erforderlich hielt. Dazu gehörte insbesondere die Außenpolitik der Bundesrepublik, wie sie durch die erste Bundesregierung seit ihrer Gründung am 20. September 1949 betrieben wurde. Wir strebten statt dessen eine Neutralisierung Gesamtdeutschlands an, die wir als den einzigen Weg ansahen, die Wiedervereinigung der getrennten Teile Deutschlands zu verwirklichen. Dieses Ziel hatte bei uns Vorrang vor allen anderen und brachte uns damit in schroffen Gegensatz zu einer einseitigen Westintegration der Bundesrepublik, wie sie von den westlichen Siegermächten gewünscht und von Bundeskanzler Adenauer politisch unterstützt wurde. Wir standen auch einer Wiederbewaffnung Teildeutschlands mit großer Reserviertheit gegenüber, weil sie die Westbindung zementierte.

In der Folgezeit bewegte viele politisch interessierte Leute in unserem Land die Frage, ob in jenen Jahren tatsächlich die Möglichkeit bestanden hat, die Wiedervereinigung mit Zustimmung der vier Siegermächte zu erreichen. Dabei spielt die Note Stalins vom März 1952 eine besondere Rolle. Darin hatte er ein wiedervereinigtes, neutralisiertes Deutschland vorgeschlagen, das aus den großen Machtblöcken ausgeklammert sein sollte. Dieses hochinteressante Angebot wurde von der damaligen Bundesregierung auf seine Substanz niemals auch nur geprüft. Man war bereits so sehr von der Ideologie des kalten Krieges befangen, daß man es nicht einmal für erforderlich hielt, festzustellen, ob der Vorschlag seriös gemeint war. Heute steht fest, daß Adenauer bei seiner Haltung in dieser Sache der vollen Unterstützung durch die Westmächte sicher sein konnte. So fragte der damalige britische Außenminister Eden: „Falls Deutschland neutralisiert und bewaffnet werden sollte, wer wird dafür sorgen, daß es neutral bleibt? Falls es neutral und unbewaffnet bleiben soll, wer wird dafür sorgen, daß es unbewaffnet bleibt?"

Hinter den meisten Bedenken der Westmächte stand aber ihre Furcht vor einem neuen „Rapallo", dem Vertrag, in dem nach dem Ersten Weltkrieg 1922 Rußland und Deutschland ihre Beziehungen neu und freundschaftlich geregelt hatten und der zu einer politischen Annäherung der beiden Staaten geführt hatte. Leider nutzte die Bundesregierung die Möglichkeiten, die ehemaligen Kriegsgegner gegeneinander auszuspielen, nicht, um auf diese Weise die Wiedervereinigung und auch sonst optimale Friedensbedingungen zu erreichen. Offenbar fühlte sie sich einer dazu erforderlichen Schaukelpolitik nicht gewachsen. Das Zerwürfnis zwischen den Siegermächten verhinderte auf Jahrzehnte das Zustandekommen eines Friedensvertrags und damit eine gesicherte Grundlage für die weitere Zukunftsentwicklung Gesamtdeutschlands. Zwar wurden im Lauf der Jahre – vor allem mit den Westmächten – nach und nach im Zusammenhang mit den Bündnisverträgen viele Besatzungsvorbehalte aufgehoben, aber die volle Souveränität erhielt Deutschland erst im Jahre 1991 durch das Zwei-plus-vier-Abkommen.

Nach den Ereignissen in den Jahren 1989/90 und der Auflösung des Ostblocks ist natürlich erneut danach zu fragen, ob 1952 eine echte Chance für eine Wiedervereinigung verpaßt worden ist, wie etwa der damalige Mitherausgeber der „Frankfurter Allgemeinen Zeitung", Paul Sethe, der Innenminister Heinemann sowie weitere aktive Politiker und auch wir beim „Fortschritt" meinten. Die Befürworter der Westintegration werden heute behaupten, nur durch diese sei Sowjetrußland davon abgehalten worden, seinen Vormarsch nach Westen nach der Gleichschaltung von Polen, der Tschechoslowakei, Ungarns und der DDR fortzusetzen.

Für die Richtigkeit dieser Auffassung gibt es jedoch ebensowenig Beweise wie dafür, daß die Wiedervereinigung 1952 durch eine Änderung der deutschen Außenpolitik und ein Eingehen auf die Stalinnote möglich gewesen wäre. Das ist insbesondere deshalb eine gerade heute überaus heikle Frage, weil – wenn man die letztgenannte Alternative als realistisch ansieht – den Ostdeutschen das vierzigjährige Martyrium unter der SED-Herrschaft hätte erspart werden können, einschließlich der Probleme und der Kosten, die die Vereinigung mit sich gebracht hat. Vermutlich wird es in dieser Sache erst Klarheit geben, wenn die sowjetischen Archive über die Vorgänge des Jahres 1952 auch dem Ausland zur Einsicht freigegeben werden.

Natürlich wurden die Auffassungen, die wir im „Fortschritt" vertraten, von den Besatzungsmächten mit Mißtrauen betrachtet. Noch ein Jahr, nachdem ich die Zeitung bereits verkauft hatte, bekam ich Schwierigkeiten, als ich zum erstenmal in die USA zu reisen beabsichtigte und dazu ein Visum benötigte. Erst als ich die politischen Vorbehalte in einem Gespräch im amerikanischen Konsulat ausräumen konnte, erhielt ich die Einreiseerlaubnis.

Schwieriger war es, als ich in Großbritannien an einer Tagung der dortigen Copartner-Ship Association teilnehmen wollte. Wieder wurde mir das Visum, diesmal vom englischen Konsulat, versagt. Bei einer Rückfrage dort gab man mir zu verstehen, die Weisung käme „von ganz oben", ich stünde auf einer entsprechenden Liste. Ich informierte den mit meiner

Mutter verwandten damaligen Bundesinnenminister Lehr von diesem Vorgang, der mir versprach, sich bei den Engländern zu erkundigen.

Nach zwei Tagen ließ er mich zu sich nach Bonn kommen und erklärte mir: Er habe den britischen Hochkommissar Sir Irone Kirkpatrick auf meine Sache angesprochen und diesem erklärt, er kenne mich von Kindesbeinen an. Ich sei in jeder Hinsicht vertrauenswürdig, und das Versagen des Visums müsse ein Irrtum sein. Der Engländer sei erstaunt gewesen und hätte ihn, Lehr, gefragt, ob er wisse, für wen er sich da verwende? Bei einer Hausdurchsuchung des früheren Staatssekretärs Naumann, des engsten Mitarbeiters Goebbels, habe man Aufzeichnungen sichergestellt, aus denen hervorgehe, daß es Beziehungen zwischen diesem und mir gegeben habe. Das habe den Verdacht gefördert, daß ich einer rechtsradikalen „Verschwörung“ angehöre.

Ich muß sagen, daß mich dieser Bescheid zunächst amüsierte. Aber dann erkannte ich die Gefahr, die darin lag, daß sich dieser Verdacht bei den Besatzungsmächten festsetzte. Glücklicherweise konnte ich den Vermutungen mit Zeugen entgegentreten. In der Tat hatte sich Naumann mehrfach durch Mittelsmänner darum bemüht, ein Gespräch mit mir zustande zu bringen und entsprechende Eintragungen in sein Tagebuch gemacht. Aber aus wohlüberlegten Gründen hatte ich seine Einladungen ausgeschlagen. Ich wußte natürlich, wer er war und sah keine Veranlassung, mit ihm Kontakt aufzunehmen. Eine Woche nach meiner Unterredung mit Dr. Lehr erhielt ich auch für England das Visum. Diese beiden Vorgänge zeigen jedoch, wie wenig man einem Deutschen traute, der in der Politik aktiv zu werden begann, aber nicht zu denen gehörte, die bereits in der Weimarer Zeit als Demokraten bekannt geworden waren.

Wie groß das Interesse an meinen politischen Aktivitäten war, zeigte mir wenige Wochen, nachdem die ersten Ausgaben der Zeitung herausgekommen waren, ein für mich in besonderer Weise denkwürdiger Besuch. An einem Tag im August teilte mir meine Sekretärin mit, ein Oberst Lindbergh wünsche mich zu sprechen. Mir fiel bei dem Namen natürlich sofort der Ozeanflieger ein, aber ich sah da keinen Zusammenhang. Mein Zimmer betrat ein hochgewachsener Mann in Zivil, der sich als Beauftragter der US-Regierung vorstellte. Er habe die Aufgabe, in Europa – besonders aber in Deutschland – Feststellungen zu treffen, was außerhalb der offiziell anerkannten Parteien an politischen Strömungen und Gruppen existiere und welche Ziele sie verfolgten. So sei er auch auf mich hingewiesen worden.

Wir hatten dann ein fast zweistündiges, sehr anregendes Gespräch, bei dem ich meinem Besucher einen umfassenden Überblick über meine Auffassungen und Absichten gab, die er mit offensichtlichem Interesse zur Kenntnis nahm. Seine besondere Aufmerksamkeit galt meinen Vorstellungen über die Rolle Deutschlands zwischen Ost und West und damit der Frage einer Wiedervereinigung. Dabei schien er mir weniger einseitig festgelegt zu sein als die offizielle Politik seines Landes. Später erfuhr ich, daß er sich 1941 gegen den Kriegseintritt der USA ausgesprochen hatte und deshalb, von Präsident Roosevelt als Defätist diffamiert, von seinem militärischen Posten zurückgetreten sei. Erst nach dem Krieg wurde er rehabilitiert.

Bevor der sympathische Mann mich wieder verließ, konnte ich meine Neugier nicht mehr zurückhalten und fragte ihn, ob er mit dem ersten Ozeanüberquerer identisch sei. Als er es bejahte, erzählte ich ihm, wie ich als Dreizehnjähriger mit klopfendem Herzen an meinem selbstgebauten kleinen Radiogerät seinen Flug verfolgt hätte, durch den er zum Helden meiner Jugendzeit geworden wäre. Drei Wochen später kam er noch ein zweitesmal, um das Gespräch mit mir fortzusetzen.

In den viereinhalb Jahren, in denen ich den Fortschritt

herausgab, schrieb ich selbst rund zweihundert Leitartikel, in denen ich zu den jeweils aktuellen politischen, wirtschaftlichen und sozialen Tagesfragen Stellung bezog. Diese Ausführungen waren gleichzeitig das Gerüst für die redaktionelle Arbeit und bestimmten das Meinungsprofil der Zeitung. Das trug mir nicht nur Freunde ein, sondern mehr noch heftige Gegner, die – soweit sie im linken Spektrum der Parteienlandschaft angesiedelt waren, also vor allem in der SPD und in den Gewerkschaften – in der Kombination „Großunternehmer" (Kapitalist) mit politischen Ambitionen eine Gefahr für die junge Demokratie witterten.

Auch in der Weimarer Zeit hatte es solche Zusammenhänge gegeben, deren Akteure dann teilweise zu Steigbügelhaltern der Nazis geworden waren. So stufte man auch meine Zeitung als „rechts" ein. Dazu trug auch die Tatsache bei, daß sie von den Ostvertriebenen, als Folge unseres Eintretens für einen Lastenausgleich, als „ihr" Publikationsorgan angesehen wurde. Ehemalige Berufssoldaten, vor allem Offiziere, die man ihrer Dienstränge enthoben, oder Beamte, die man ihrer Parteizugehörigkeit halber (ohne an Verbrechen beteiligt gewesen zu sein) aus ihren Stellungen entfernt hatte, sahen gleichfalls im „Fortschritt" ein Organ, das sich ihrer Probleme in einer Weise annahm, von der sie erwarteten, daß es zu ihrer Rehabilitierung beitragen würde.

Ich bemühte mich zwar, dem „Rechtsdrall" – wie man das damals nannte – entgegenzuwirken, denn was man damit meinte, entsprach nicht meinen Vorstellungen von einer humanen, liberalen Gesellschaft, und Nationalismus ist nie meine Sache gewesen. Aber meine Abwehr der irrigen Unterstellungen traf auf taube Ohren, nachdem in der Öffentlichkeit die simplifizierende Abstempelung erfolgt war, und wurde nicht mehr zur Kenntnis genommen. Natürlich mußten wir allerdings auch vermeiden, daß „unsere" Leser absprangen, was Konzessionen an ihre Wünsche und Anliegen bedeutete.

Dazu gehörte, daß ich mich zwischen Oktober 1950 und November 1951 sowohl mit politisch interessierten Leuten als auch mit Offizieren der früheren deutschen Wehrmacht in meinem Wochenendhaus bei Altenberg traf.

Zusammenkünfte mit ersteren dienten der Vervollständigung meiner Kenntnisse über die damals aktuellen politischen Fragen aus der Sicht der Kriegsgeneration. Es nahmen daran solche Personen teil, die mir von verschiedenen Seiten als mögliche Interessenten genannt worden waren. Ihre politische Vergangenheit erfuhr ich erst später aus Veröffentlichungen im „SPIEGEL“. Ich hatte keine Veranlassung, sie nach ihrer NS-Vergangenheit zu fragen. Das schien mir unwichtig, da es sich nicht um Personen handelte, die wegen ihrer hervorragenden Stellung in der allgemeinen Öffentlichkeit bekannt geworden waren. Ich legte vor allem Wert darauf, politisch interessierte und anregende Persönlichkeiten als Gesprächspartner zu haben. Berührungsängste hatte ich nur gegenüber so bekannten Leuten wie General Remer und Staatssekretär Naumann aus dem Ministerium Goebbels.

Bei den Treffen mit den Offizieren ging es in erster Linie um die Frage, ob sich diese bei einer Neuaufstellung einer deutschen Wehrmacht wieder zur Verfügung stellen sollten. Mir ging es dabei vor allem darum, ihre Bedenken, die Uniform wieder anzuziehen, zu unterstützen und zu verstärken, um sie von einem Wieder-Mitmachen abzuhalten. Ich vertrat – wie viele meiner Altersgenossen – den sogenannten „Ohne-mich-Standpunkt“, was eine Remilitarisierung betraf. Aber nur bei den Älteren hatte das einen gewissen Erfolg. Da es unvermeidlich war, daß diese Zusammenkünfte bekannt wurden, sahen meine politischen Gegner sie als Bestätigung ihrer Befürchtungen an, was ich sogar verstehen kann.

Zwei Menschen, denen ich bei all diesen Zusammenkünften besonders nahekam und die zu deren Gelingen wesentlich beitrugen, muß ich hier noch nennen. Der eine war Matthias

Schmitt, ein Mann von bemerkenswertem Format und bestechend klarer Rhetorik und Formulierungskraft, dem u. a. die „Tatgemeinschaft“ ihr umfangreiches Grundsatzprogramm verdankt. Seine spätere Karriere, zuerst mit Sonderaufgaben im Bundeswirtschaftsministerium betraut, dann Mitglied in den Vorständen der Berliner Bank und der AEG sowie seine vielen publizistischen Arbeiten in führenden Zeitungen über Wirtschafts- und Währungsfragen, bestätigte meine hohe Wertschätzung.

Nicht anders erging es mir mit Albrecht Krause, der, ein ungewöhnlich begabter Beamter, schließlich Ministerialdirigent im Bundesinnenministerium war. Er stellte den Bundesgrenzschutz auf und nahm neben der Verwaltung der Stiftung „Preußischer Kulturbesitz“ einige Jahre die Aufgaben des Generalsekretärs des Deutsch-Französischen Jugendwerks wahr. Seine hohe Intelligenz ist gepaart mit einer großen spontanen Mitmenschlichkeit, durch die er einer meiner wichtigsten und anregendsten Gesprächspartner ist. Mit beiden verbindet mich seit Kriegsende eine jahrzehntelange herzliche Freundschaft.

Die Redaktion hielt ich am kurzen Zügel. Jede Woche einmal traf ich mich mit den wichtigsten Redakteuren, um gemeinsam mit dem Verlagsleiter das Programm für die nächste Aufgabe zu besprechen und festzulegen. Dabei wurden alle Gesichtspunkte von Redaktion und Vertrieb behandelt. Da wir nicht nur berichteten, sondern auch kritisch Stellung nahmen, veröffentlichten wir häufig interessante Einzelheiten aus Sitzungen von offiziellen Ausschüssen und Entscheidungsgremien, die wir von Informanten erhielten, die uns politisch nahestanden.

Bald war der „Fortschritt“ ein Blatt, das sich die meisten Ministerien und andere Behörden in Bonn und in den Ländern am Kiosk besorgten, um zu sehen, ob wir etwas über sie gebracht hätten. Sie wählten diesen Weg, um sich nicht durch ein Abonnement dem Verdacht einer Sympathie mit uns auszusetzen. Wir hatten nie Probleme, an Material zu kommen, das wir danach auswählten, ob es unseren politischen Zielen diente oder nicht.

Was unsere Informanten betraf, so ließ mich Erich Schneyder weitgehend in Unklarheit. Er meinte, es sei besser, daß ich nichts davon wisse, weil sich dabei doch einige zwielichtige Gestalten befänden, die aber für uns von Nutzen seien. Das ging eine Weile gut. Dann passierte folgendes: Schneyder kam eines Abends von einem Spaziergang zurück und sah ein Fenster der Redaktion hell erleuchtet. Er dachte, jemand habe vergessen, das Licht auszumachen und schaute in das ebenerdige Zimmer. Was er dabei erblickte, veranlaßte ihn zu sofortigem Eingreifen. Seine Sekretärin lichtete gerade einige Schriftstücke für einen Mann ab, der Schneyder wohl vertraut war: Er hieß Zech-Nentwich und war unser Informant für geheimes Material aus der Behörde der britischen Besatzungsmacht. Offenbar spionierte er aber für mehrere Seiten, denn die Dokumente, die da für ihn kopiert wurden, waren für die Engländer von Interesse. Selbstverständlich machte Schneyder dem Treiben unverzüglich ein Ende und entließ auch die Sekretärin. Aber wir waren gewarnt und bewahrten von da an wichtiges Informationsmaterial so auf, daß es für die Angestellten nicht mehr erreichbar war. Die redaktionelle Arbeit machte aber doch häufig die Benutzung von Informanten erforderlich, die nicht immer die sauberste Weste hatten.

Mich fesselte bei der redaktionellen Arbeit vor allem die Reaktion der Leser und der Öffentlichkeit sowie der Politiker auf unsere Publikationen. Dabei habe ich sehr viel über die sogenannte „Mündigkeit“ der Bürger erfahren, was meine Meinung zu dieser Frage für mein ganzes späteres Leben bestimmt hat. Auch lernte ich durch meinen Chefredakteur, der mir darin ein willkommener Lehrmeister war, wie ich die Auffassungen, die ich vertrat, auf die wirkungsvollste Weise formulieren und anbringen konnte. Zurückblickend waren die Jahre, in denen ich den „Fortschritt“ herausgab, für meine eigene Entwicklung ebenso, wenn auch in anderer Weise, prägend wie die Tätigkeit in Wi-Stab Ost während des Krieges. Meine Freude an journalistischer Arbeit, schon seit Jahren ein heimliches Hobby, bekam während dieser Zeit großen Auftrieb und wurde in meinem „zweiten Beruf“ als Kommunikationsberater ab 1969 ein wesentliches Element meiner Aufgaben.

Seit den siebziger und achtziger Jahren zeigte sich mehr und mehr, daß die Einfügung eines Grundrechts erforderlich ist, das den Bürger vor dem Mißbrauch der Medienmacht schützt. Wie diese heute praktiziert wird, ist sie die Folge der uneingeschränkten Presse-, Funk- und Fernsehfreiheit. Die Kontrolle durch die Selbstverwaltungseinrichtungen der elektronischen Medien reicht – wie an vielen Beispielen nachzuweisen ist – nicht aus und müßte durch Gremien ergänzt werden, die von Bürgervertretungen besetzt sind. Ihnen wäre auch die Aufgabe zu übertragen, die Manipulation der Urteilsbildung der Bürger durch einseitige und unvollständige Darstellung politischer, wirtschaftlicher und sonstiger Vorgänge zu überwachen und zu verhindern.

Möchten Sie durch die Intelligenz
oder durch die Zahl geleitet werden?
Das ist das einzige Problem.

Antoine de Saint-Exupéry

Tatgemeinschaft

Die Erkenntnis, daß es sehr schwer sein würde, die im „Fortschritt" vertretenen Auffassungen allein mit der Zeitung wirkungsvoll in die allgemeine Politik einzubringen, veranlaßte mich bereits im Frühjahr 1949, nach Partnern Ausschau zu halten, die über ein gewisses Wählerpotential verfügten, mit denen man eigene Kandidaten in den am 14. August zu wählenden ersten Bundestag schicken konnte. Dabei ging es mir vor allem um eine Änderung der Außenpolitik im Sinne der Neutralisierung Gesamtdeutschlands, um die Überwindung der sozialen Nachkriegsfolgen (Lastenausgleich und Rehabilitierung von Beamten und Berufssoldaten) und insbesondere um die von mir für erforderlich gehaltene Neugestaltung der innerbetrieblichen Zusammenarbeit in Form einer Partnerschaft („Mitunternehmertum"). In die Verhandlungen mit den Flüchtlingsverbänden und dem Verband der Bombengeschädigten brachte ich außer der in Vorbereitung befindlichen Zeitung das inzwischen von mir in Düsseldorf installierte politische Büro ein, das während des Wahlkampfes die Funktion des Propagandazentrums übernehmen konnte (was später auch geschah).

Aus den Gesprächen mit den verschiedenen Gruppen und Einzelpersonen über ein Zusammengehen bei der bevorstehenden Bundestagswahl ergab sich schnell, daß viele von ihnen

Ziele anstrebten, die entweder unrealistisch oder mit meinen Intentionen nicht in Einklang zu bringen waren. Immer wieder fielen dabei Äußerungen wie: „Wir wollen doch alle dasselbe." Aber wenn man dann fragte, was die Betreffenden denn beabsichtigten, wurde bald offenbar, wie teilweise verworren, widersprüchlich und unausgegoren die Vorstellungen waren, die die Gesprächspartner hegten.

Den besten Eindruck machte mir die „Deutsche Union", in der sich eine größere Anzahl konstruktiv denkender Angehöriger der Kriegsgeneration zusammengefunden hatte. Sie beabsichtigten, eine Art politischen Orden zu bilden, mit dem sie sozusagen als Sauerteig das bestehende Establishment unterwandern und beeinflussen wollten. Während der achtundsechziger Studentenrevolte tauchte diese Idee in ähnlicher Form wieder auf, als die Studenten um Rudi Dutschke zum „Marsch durch die Institutionen" aufriefen.

So reizvoll ich den Gedanken an sich fand, so schien mir dieser Weg im Jahr 1949 nicht sehr wirkungsvoll und aussichtsreich. Schon zeichnete sich die Macht der Massenorganisationen bei der politischen Meinungsbildung innerhalb und außerhalb der öffentlichen Einrichtungen ab. Deshalb glaubte ich, die zahlenmäßig starken Verbände der Ostvertriebenen seien die geeigneten Partner für mich.

So kam es am 10. Juli 1949 zur Gründung der „Tatgemeinschaft freier Deutscher". Zwar erfolgte der Zusammenschluß, der auch die Fliegergeschädigten umfaßte, im Hinblick auf den Termin der Bundestagswahl reichlich spät. Aber die Mitglieder der genannten Vereinigungen waren politisch außerordentlich interessiert und agil, so daß ich mir eine gute Chance für die Entsendung einiger parteifreier Abgeordneter in den ersten Bundestag ausrechnete. Sie sollten sich von den anderen – durch Parteien aufgestellten – dadurch unterscheiden, daß es für sie keinen Fraktionszwang geben würde und sie nur ihrem Gewissen und ihrer persönlichen Meinung zu folgen hätten. Tatsächlich wurden meine Erwartungen in die Aktivität und das Engagement, vor allem der Vertriebenen, voll erfüllt.

Wenn uns trotzdem der Erfolg versagt blieb, im Bundestag mit eigenen Beauftragten vertreten zu sein, so hatte das einen anderen Grund: Die Besatzungsmächte versagten der „Tatgemeinschaft“ die Anerkennung als Partei. Das hatte schwerwiegende Auswirkungen.

Das Wahlgesetz zum ersten Bundestag vom 15. Juni 1949 unterschied zwischen „Unabhängigen“ und den nicht im Landesmaßstab zugelassenen Parteien einerseits sowie den übrigen Parteien andererseits. Die Differenzierung bestand drin, daß allein letztere das Recht hatten, Landesergänzungsvorschläge einzureichen. Das hatte zur Folge, daß nur diese Parteien eine Stimmenverrechnung auf einer Landesliste vornehmen konnten. Diese Regelung verstieß gegen Artikel 3 des soeben in Kraft gesetzten Grundgesetzes, da sie diejenigen benachteiligte, die aufgrund ihrer politischen Auffassung bei einer Wahl „unabhängigen Kandidaten“ den Vorzug vor denen einer „politischen Partei“ gaben.

Es war deshalb für die „Tatgemeinschaft“ von entscheidender Bedeutung, als „Partei“ der „Unabhängigen“ lizenziert zu werden. Dies aber hatten sich die Besatzungsmächte vorbehalten, die ihre Beschlüsse nach Anhörung der bereits genehmigten Parteien faßten. Da letztere das Stimmenpotential der Vertriebenen mit Recht hoch einschätzten, rieten sie dringend davon ab, unsere Organisation zu der Wahl zuzulassen, da sie mit Sicherheit viele Stimmen erhalten würde, die den anderen verlorengingen. Das Tauziehen um diese Frage hielt den ganzen Sommer über an und wurde schließlich doch negativ entschieden.

Der endgültige Bescheid des Generalmajors W. H. A. Bishop vom 19. Juli, der in der englischen Besatzungszone für diese Frage zuständig war, an den Geistlichen Rat Georg

Goebel als Vertreter der Vertriebenen im Vorstand der „Tatgemeinschaft“ hatte folgenden Wortlaut:

„Unter Bezugnahme auf unser gestriges Gespräch habe ich die Frage der Lizenzierung Ihrer Partei mit General Sir Brian Robertson (zu jener Zeit britischer Hochkommissar) besprochen. General Robertson hat mich gebeten, Ihnen mitzuteilen, daß er bedauert, nicht in der Lage zu sein, Ihrer Partei eine Lizenzierung zu geben. General Robertson hat das Programm und die Parteistatuten studiert und ist der Meinung, daß die Ziele der Partei nicht wesentlich von denen anderer fortschrittlicher Parteien, die bereits lizenziert sind, abweichen. Entsprechend dieser Umstände muß die Partei als Flüchtlingspartei angesehen werden, was nicht akzeptiert werden kann. General Robertson bedauert, daß er Ihren Wunsch nicht erfüllen kann und hofft, daß die gerechtfertigten Anliegen und Sorgen der Flüchtlinge von (einzelnen) unabhängigen Kandidaten oder den existierenden Parteien wahrgenommen werden.“

Dadurch wurde die vom Grundgesetz generell geforderte Chancengleichheit für Wähler der Kandidaten der „Tatgemeinschaft“ außer Kraft gesetzt. Sie mußten den nun folgenden Wahlkampf mit diesem Handikap führen. Wir beschlossen aber schon zu diesem Zeitpunkt, die Gültigkeit der Wahl vor dem noch zu konstituierenden Bundesverfassungsgericht anzufechten.

Das Minimalprogramm der „Tatgemeinschaft“, mit dem diese im Wahlkampf aktiv wurde, lautete:

„Unser politisches, gesellschaftliches, moralisches und wirtschaftliches Leben ist in seinen Grundlagen erschüttert. Eine wirksame Ordnung herzustellen, ist nur möglich,

wenn die Grundsätze der vom Christentum geformten abendländischen Kultur zur Tat werden,

wenn die Menschenwürde uneingeschränkt anerkannt und das Recht des einzelnen gegenüber jeder Obrigkeit geschützt wird,

wenn sich jeder Deutsche in allen seinen Handlungen von seiner Verpflichtung gegenüber der Gemeinschaft bestimmen läßt,
wenn das deutsche Volk als gleichwertiges Glied der europäischen Völkerfamilie für Frieden und Wohlfahrt mitarbeitet.

I. Wir fordern deshalb:
   1. Zur Überwindung des Parteienmonopols volles Mitbestimmungsrecht berufsständischer Vertretungen bei der Gesetzgebung.
   2. Das Verbot hauptamtlicher Tätigkeit in politischen Parteien oder Berufsvertretungen für die Abgeordneten aller Parlamente.
   3. Abbau der Funktionen der Behörden, soweit sie nicht zur Aufrechterhaltung eines geordneten Gemeinschaftslebens allein durch staatliche oder kommunale Organe wahrgenommen werden müssen, und Überleitung auf Organe berufsständischer Selbstverwaltung.
   4. Unabhängige Berufsbeamte in Staats- und Kommunalverwaltungen, denen parteipolitische Betätigung und Zugehörigkeit untersagt sind.
   5. Einen Richterstand, unbeeinflußbar durch wirtschaftliche oder parteipolitische Interessen.
   6. Hochschulen, frei von weltanschaulichen und politischen Einflüssen.

II. Die sozialen Spannungen im deutschen Volk zu beseitigen, sehen wir als die entscheidende Aufgabe an. Hierfür soll ein wesentlicher Beitrag die Beteiligung des Arbeitnehmers in der Industrie am Betriebsertrag sein.
Als vordringlich fordern wir:
   1. Gleichstellung der Vertriebenen, nicht nur nach den Buchstaben des Gesetzes, sondern auch in der praktischen Durchführung.

2. Gerechte Lösung des gesamten Kriegsschadenproblems unter Anerkennung eines Rechtsanspruches für die Geschädigten.
3. Schaffung ausreichender Lebensgrundlagen für alle durch den Krieg und seine Folgen vernichteten Existenzen.
4. Schärfste Drosselung der öffentlichen Ausgaben und stärkste Besteuerung des privaten Luxus zugunsten einer wirksamen Soforthilfe.
5. Unbedingten Vorrang des Wohnungsbaues vor Verwaltungsbauten.

III. Wir bekennen uns rückhaltlos zu den anerkannten Grundsätzen des Völker- und Menschlichkeitsrechts.
Wir fordern für ein ungeteiltes Deutschland das Recht der Selbstbestimmung und die Anwendung der Atlantik-Charta.
Wir erstreben die gleichberechtigte Zusammenarbeit aller freien demokratischen Völker im Dienste ihrer Wohlfahrt, die Einigung Europas und die Sicherung des Weltfriedens.
den 10. Juli 1949"

Es folgten weit über zehntausend Unterschriften aus allen Schichten der Bevölkerung.

Dieses, auf die aktuelle Situation abgestellte Kurzprogramm wurde am 8. Januar des folgenden Jahres durch ein Grundsatz- und Effektivprogramm erweitert und ersetzt, das aber im Wahlkampf noch nicht zur Verfügung stand.

Wie zu erwarten, hatte die „Tatgemeinschaft" während des Wahlkampfs einen ungewöhnlich schweren Stand. Die „Lizenzparteien", wie sie von uns zu ihrer Charakterisierung genannt wurden, argumentierten auf ihren Versammlungen, daß jede Stimme, die für uns abgegeben werde, mit großer Wahrscheinlichkeit unter den Tisch falle, weil wir keine Landesliste hatten, auf der sie, gesammelt, doch noch zum Zuge kommen könnte. Chancen auf einen Direktkandidaten seien bei uns gleich Null. Wie viele unserer potentiellen Wähler sich dadurch abschrecken ließen und ihre Stimme einer anderen Partei gaben, ließ sich damals noch nicht feststellen (demoskopische Untersuchungen und Hochrechnungen gab es zu jener Zeit noch nicht). Aber das Wahlergebnis zeigte doch, wie groß die Zahl unserer Anhänger war. Es erhielten „Unabhängige" (die „Tatgemeinschaft" trat unter ihrem Namen nur in der britischen Besatzungszone auf): in Schleswig-Holstein 7,6 Prozent, in Niedersachsen 8,1, in Bremen 9,0, in Hessen 11,5, in Württemberg 18,1 der abgegebenen Stimmen. Nordrhein-Westfalen lag mit 2,4 am unteren Ende. Insgesamt wurden eine Million einhundertvierunddreißigtausend Stimmen für die „Unabhängigen" abgegeben. Das waren zweihunderttausend mehr als für die kleine „Deutsche Partei", die mit siebzehn Abgeordneten im Bundestag vertreten war und zwei Minister stellen konnte. Während des Wahlkampfs sprach ich gemeinsam mit dem Geistlichen Rat Goebel als offiziellem Vertreter der Vertriebenen auf vielen Versammlungen in überbesetzten Sälen, zum Schluß in Warburg auf einem großen Platz unter freiem Himmel.

Als ich in diesen Wochen mit verschiedenen Freunden einen Jahrmarkt besuchte, auf dem sich eine fröhliche Volksmenge durch die Gassen zwischen den Buden schob, bemerkte einer meiner Freunde zu mir gewandt: „...und das sind deine Wähler!" In diesem Augenblick wurde mir schlagartig bewußt, daß die Arbeit in einer Partei oder sonstigen Großorganisation – wie sie in einer modernen Massendemokratie üblich und notwendig ist – niemals meine Sache sein könnte. Die Tatsache, daß ich dabei unvermeidlich auf das Wohlwollen einer nicht urteilsfähigen und weitgehend von Gefühlen bestimmten Masse von Menschen angewiesen wäre und um ihre Gunst und Zustimmung buhlen müßte, um Einfluß zu gewinnen, schreckte mich ab, den Weg der „Tatgemeinschaft" weiterzugehen oder mich in anderen ähnlichen Vereinigungen zu engagieren.

Es kam hinzu, daß den meisten Vertriebenen und anderen während der ersten Nachkriegszeit Entrechteten in erster Linie an einem Lastenausgleich beziehungsweise ihrer Rehabilitierung lag und sie vorher für das breite Spektrum weiterer politisch wichtiger Fragen und Aufgaben wenig Interesse aufbrachten. Das war schon während des Wahlkampfs deutlich geworden. So machten sich bald nach dem enttäuschenden Ergebnis in der „Tatgemeinschaft" die ersten Zerfallserscheinungen bemerkbar, die zunächst in Schleswig-Holstein zur Gründung einer reinen Flüchtlingspartei, dem BHE (Block der Heimatvertriebenen und Entrechteten) führte, der sich dann auch auf das übrige Bundesgebiet ausdehnte. Ihm gelang es, bei der zweiten Bundestagswahl von 1953 die Fünf-Prozent-Hürde zu überspringen und mit siebenundzwanzig Abgeordneten in das Parlament einzuziehen. Nach der Verabschiedung des Gesetzes über den Lastenausgleich verschwand die Partei wegen politischer Schmalbrüstig- und Einseitigkeit schnell wieder von der Bildfläche.

Goebel zog sich nach der ersten Bundestagswahl aus der Politik zurück und übernahm eine katholische Pfarre in Kierspe. Später veröffentlichte er in der „Stimme der Vertriebenen" (dem Verbandsorgan) die folgende Stellungnahme: „Das Bündnis mit der Tatgemeinschaft ist viel diskutiert worden, ich bin es eingegangen, weil ich hier einen neuen Weg der sozialen Neugestaltung, eine Möglichkeit des Zusammengehens mit verständnisvollen Westdeutschen und eine wirkliche Chance für die gleichberechtigte Mitwirkung der vertriebenen Ostdeutschen gesehen habe. Ich brauche hier nicht die Umstände und Schwierigkeiten aufzuführen, die damals einen Erfolg verhinderten. Jedenfalls ist dieser Warnschuß den Parteien mächtig in die Glieder gefahren. Wer sagt, daß durch die Tatgemeinschaft weniger heimatvertriebene Abgeordnete in den Bundestag eingezogen sind, dem beweise ich das Gegenteil. Erst durch das Aufstellen unabhängiger Kandidaten sahen sich die Parteien gezwungen, mehr heimatvertriebene Kandidaten in ihre Landeslisten aufzunehmen."

Nach der Wahl verlegte ich mein politisches Büro nach Hilden, um damit die Arbeit der „Fortschritt"-Redaktion zu unterstützen und durch Sonderpublikationen Einfluß auf die mir wichtig erscheinenden politischen Diskussionen und Entscheidungen zu nehmen und die Wahlanfechtung durchzuführen. Leiter des Büros war Klaus von der Groeben – früher Landrat in Ostpreußen (später Staatssekretär im Innenministerium von Schleswig-Holstein). Dr. Emil Guilleaume, früher Oberregierungsrat im Reichsinnenministerium, war als Staatsrechtler im Büro tätig und arbeitete in meinem Auftrag eine Denkschrift zur „Bildung einer dem Volke gemäßen Reichsverfassung" aus.

Gemeinsam mit ihm verfaßte ich eine „Denkschrift an die Gesetzgeber zur Frage der Bildung eines Bundeswirtschaftsrates". Er sollte eine zweite Kammer neben dem Bundestag sein, eine Art Ständeparlament, dessen Abgeordnete von den Berufsorganisationen zu wählen waren. Mit diesem Entwurf, der eine Weiterentwicklung der von mir in meiner Schrift „Der Leistungsstaat" entwickelten Gedanken war, boten wir eine Alternative zu entsprechenden Vorschlägen der SPD vom 25. Juli 1950 und der Bundesregierung vom 10. November 1951. Damit wollten wir eine „Mitbestimmung der Betriebe" durch eine Selbstverwaltungskörperschaft bei den politischen Entscheidungen erreichen und damit wenigstens – soweit sie die Wirtschaft betrafen – fachlich versachlichen.

Radikal wollte ich auch den Status der Beamten ändern. Mir schwebte dabei vor, ihn dem der Angestellten in der Wirtschaft anzugleichen. Das sollte durch Leistungsgehalt und Kündbarkeit ohne Pensionsberechtigung erfolgen, wenn einer seinen Aufgaben nicht gerecht würde oder sich etwas zuschulden kommen ließe. Aber diese Absicht scheiterte am energischen Einspruch der Mitarbeiter meines Büros, die ehemals preußische Beamte gewesen waren und mir die Vorzüge dieser Art der Besoldungs- und Kündigungsregelung vor Augen führten, so daß ich dem schließlich nachgab. Mehrere Mitglieder des Büros befaßten sich mit den gesellschafts- und steuerrechtlichen Fragen, die mit der Einführung des Mitunternehmertums in den Spindler-Betrieben zusammenhingen.

Im Herbst 1953 gab ich das inzwischen stark verkleinerte politische Büro auf und verkaufte im folgenden Frühjahr den „Fortschritt" an die FDP, die ihn noch eine Weile weiterlaufen ließ, nachdem sie ihn mit einer anderen Wochenzeitung vereinigt hatte. Diese Entscheidungen stellten das Ende meines Exkurses in die Politik dar. Ich konnte mich nun wieder voll und ganz meinem Beruf als Unternehmer widmen, was um so notwendiger war, weil die wirtschaftliche Nachkriegsphase mit ihrem bequemen Verkäufermarkt zu Ende ging und mehr und mehr von einem abgelöst wurde, bei dem die Kunden wieder das Sagen hatten. Im übrigen gab der Ausgang der Wahlen zum zweiten Bundestag im September 1953, bei dem die von uns in erster Linie bekämpfte CDU/CSU ihren Anteil an den abgegebenen Stimmen von einunddreißig auf fünfundvierzig Prozent erhöhen konnte, nur noch den letzten Anstoß zu meiner Bereitschaft, von einer weiteren Aktivität im politischen Feld abzusehen.

Das Wahlergebnis schlug sich in Hunderten von Abbestellungen der Zeitung durch unsere Abonnenten nieder, die sie teilweise damit begründeten, die Machtverhältnisse in der Bundesrepublik seien nun so konsolidiert, daß für eine Zeitung unserer Richtung kein Bedarf mehr bestünde. Ich nahm das als Zeichen der Zustimmung der Wähler für die Adenauersche Westintegrationspolitik und war deshalb nicht mehr bereit, weitere finanzielle Mittel für die Auseinandersetzung mit ihr zur Verfügung zu stellen. Seither sehe ich mich im politischen

Raum als „Ein-Mann-Partei“, wie der Schriftsteller Siegfried Lenz diese Position einmal genannt hat, beziehungsweise als kooperativer Einzelgänger und bringe meine Auffassungen überall dort zur Geltung, wo ich Möglichkeiten und Wege sehe, Einfluß zu nehmen. Was die Wiedervereinigung angeht, so bin ich auch in den neunziger Jahren unverändert der Meinung, daß eine Neutralisierung Deutschlands in den fünfziger Jahren richtig und erreichbar gewesen wäre und schneller zu dem gewünschten Ziel geführt hätte als die von Adenauer verfolgte Politik.

In einem Brief vom 6. Mai 1954 an Klaus von der Groeben habe ich die Gründe geschildert, die mich veranlaßt hatten, mich aus der tagespolitischen Arena zurückzuziehen: „Auf dem Wege, wie wir damals versuchten, eine neue Basis (für das politische Leben) zu finden, geht es heutzutage offensichtlich nicht. Zumindest bedarf es erheblicher Zeit, bis sich solche neuen Gedanken, wie wir sie vertraten, durchsetzen. Wir haben es ja damals immer wieder erlebt, daß die Ungeduld der von uns angesprochenen Menschen der störendste Faktor in unserer Arbeit war.

Bestürzender, meine ich, ist die Feststellung, daß die wirtschaftliche Entwicklung die Aktivität weiter Kreise erlahmen ließ. Mir scheint, daß das Wesentlichste die Trägheit ist, die sich in den letzten Jahren in so starkem Maße bemerkbar macht. Die aktive Schicht, die sich um neue Grundlagen des menschlichen Zusammenlebens bemüht, wird von Tag zu Tag schmäler, und wir hätten diese Entwicklung meines Erachtens durch noch so gute Gedanken allein nicht aufhalten können. Irgendwie hat Bert Brecht doch recht gehabt, als er die krasse Formulierung fand ‚Erst kommt das Fressen und dann kommt die Moral‘. Nachdem in Westdeutschland die zu Taten und Gedanken befähigte Schicht in wirtschaftlich gesicherten Positionen tätig ist und auch die äußeren Lebensumstände sich geordnet haben, vergißt sie die Bedeutung und Notwendigkeit, das wirtschaftliche Leben zu reformieren und hält das, was sie in den vollen Schaufenstern sieht, für den Beweis der Richtigkeit des Wirkens der heutigen politischen Kräfte. Diese Beobachtung ist sicherlich für mich keine Veranlassung, in meinen Bemühungen müde zu werden oder darin einzuhalten, aber ich mache mir auch keine Illusionen mehr über das Tempo, in dem sich etwas Neues bilden kann. Der Boden ist dafür heute ungünstig. Ob Sie nun die Entwicklung auf dem studentischen Gebiet nehmen, um das Sie sich bemüht haben, oder den betrieblichen Bereich, vom staatlichen und politischen ganz zu schweigen, Sie sehen überall das gleiche Bild.

Ich war in den Jahren 1949, 50 und 51 zweifellos auf den in Angriff genommenen Gebieten unerfahrener als mancher andere, aber es gab doch auch viele Anzeichen, die lange bei mir den Glauben erweckt hatten, daß es mit der entsprechenden Aktivität doch möglich sein müßte, eine so breite Basis zu bilden, die notwendig ist, um unsere Absichten in die Praxis umzusetzen. Aber der Himmel, der voller Geigen hing, hat sich inzwischen durch die vorher geschilderten Umstände verändert, so daß die Geigen nicht mehr klingen und das harmonische Konzert, das gespielt werden sollte, durch äußere Umstände jäh in einer Dissonanz enden konnte. Das Verkleistern der real existierenden Gegensätze, gegen das wir uns damals wendeten, ist inzwischen Tatsache geworden, ohne daß wir es aufhalten könnten. Ich glaube aber, daß sich diese Entwicklung auch mit noch mehr Einsatzbereitschaft und Arbeitsaufwand nicht hätte verhindern lassen. Jener von mir schon häufiger zitierte Zahnarzt aus Celle, der am Tag des Ausbruchs des Koreakriegs den ‚Fortschritt' mit der Begründung abbestellte, er sei ihm zu aufregend und er wolle seine Ruhe, scheint mir der Typus zu sein, der heute den Tag regiert und der sich mit dem zufrieden gibt, was ihm im Augenblick sonnig erscheint, ohne an das Morgen und Übermorgen zu denken."

Eine besonders pikante Angelegenheit war der Ablauf der Wahlanfechtung. Am 6. September 1949 legte der von mir mit meiner Vertretung in dieser Angelegenheit beauftragte Verwaltungsrechtsrat Otto von Werder beim Bundestag Beschwerde ein und beantragte, die Bundestagswahlen für ungültig zu erklären. Dieser Antrag wurde unterstützt durch ein Rechtsgutachten über „die Verfassungsmäßigkeit der §§ 13 und 14 des Wahlgesetzes zum ersten Bundestag der Bundesrepublik Deutschland", das ich bei Prof. Dr. jur. Herbert Kraus an der Universität Göttingen in Auftrag gegeben hatte.

In der Folgezeit fand zwischen verschiedenen Behörden ein längerer Schriftwechsel, vor allem mit dem Bundesinnenministerium, über die Frage statt, ob der Bundestag überhaupt zuständig sei, zu meinem Antrag Stellung zu nehmen oder ihn zu behandeln. Ich trat aus Kostengründen als Einzelkläger auf, unter Beifügung einer namentlichen Liste von Unterschriften derjenigen, die die Klage unterstützten. Inzwischen wurde im März 1951 das Bundesverfassungsgericht konstituiert, das zunächst die Verfassungsmäßigkeit der KPD (Kommunistische Partei Deutschlands) zu prüfen hatte.

Das Gericht nahm sich „wegen Arbeitsüberlastung" nur zögerlich meines Antrags an. Anfang Januar 1952 reichten wir eine Neufassung der Beschwerde ein, die durch ein weiteres Rechtsgutachten – diesmal von Prof. Ernst Forsthoff von der Universität Heidelberg – ergänzt und unterstützt wurde.

Wiederum vergingen Monate der Bearbeitung durch das Gericht, zu der auch die Einholung von rechtlichen Stellungnahmen der Bundesländer gehörte. Dies erfolgte im Sommer 1953. Auf mehrfache Anmahnungen unsererseits erhielten wir Anfang November 1954 die Mitteilung des Ersten Senats, der mit der Sache befaßt war: „Bei der bekannten Überlastung des Senats und im Hinblick auf das anstehende Verfahren über die Feststellung der Verfassungswidrigkeit der KPD läßt sich nicht absehen, wann in dem oben erwähnten Verfahren eine

Entscheidung ergehen wird..." Unter dem 12. August 1955 wurde dann meinem Anwalt mitgeteilt: „Bedauerlicherweise sei es dem Senat nicht mehr möglich gewesen, noch vor Abschluß der Wahlperiode des ersten Bundestages in der Sache zu befinden". Zu diesem Zeitpunkt war das zweite Bundesparlament bereits fast zwei Jahre konstituiert und tätig. Die praktizierte Methode der Verzögerung erwies sich also als erfolgreich. Auf diese Weise konnte das Gericht der Entscheidung in einer Angelegenheit aus dem Weg gehen, die – wenn sie zur Verhandlung gekommen und zu unseren Gunsten ausgegangen wäre, wofür einiges sprach – die Frage akut gemacht hätte, was mit den Gesetzen geschehen solle, die der erste Bundestag beschlossen und in Kraft gesetzt hatte. Die Lösung wäre in keinem Fall leicht gewesen, der Verwaltungsaufwand dafür um so erheblicher.

Diese Verfahrensweise wie auch die einseitige Benachteiligung der „Tatgemeinschaft" bei der Wahl haben mich daran zweifeln lassen, daß die zuständigen Besatzungsmächte und die neugeschaffenen Einrichtungen der Bundesrepublik wirklich an einer uneingeschränkt funktionierenden Demokratie interessiert waren und sind. Sie haben deren Ansehen jedenfalls durch ihr Verhalten nicht gefördert.

Die Sklaverei wird erst aufhören, wenn die Webstühle von selbst weben.

Aristoteles

Das Unternehmen

Ursprünglich nannte man Personen, die ein Fabrikationsgeschäft betrieben, „Fabrikbesitzer". Das Eigentum an den Produktionsmitteln sah man als das eigentliche Charakteristikum ihrer Tätigkeit an. Diese Tatsache war es bekanntlich, die Karl Marx zu seinen gesellschaftspolitischen Theorien veranlaßte. Später, oft noch bis in die zwanziger Jahre, sprach man von „Fabrikanten". Der Schwerpunkt ihres Tuns lag also auf dem Herstellen, dem Fabrizieren von Gütern. Zu jener Zeit spielten die sogenannten Dienstleistungen noch eine so untergeordnete Rolle im Wirtschaftsgeschehen, daß man für ihre leitenden Leute noch keine eigene Bezeichnung hatte. Meist wurden sie Direktoren genannt, aber die gab es auch beim Zirkus, worauf mein Vater immer zu verweisen pflegte, wenn er von Hotelportiers und Kellnern in dieser Weise angesprochen wurde, und stellte fest: Er sei Fabrikant.

Nach dem Ersten Weltkrieg wurde der Begriff des „Arbeitgebers" populär, wenn man im sozialen Raum die verantwortlichen Unternehmenschefs bezeichnen wollte. Die Bereitstellung und Hergabe von Arbeitsplätzen stellte man damit in den Mittelpunkt ihrer Aufgaben. Nach 1945 setzte sich dann mehr und mehr die Bezeichnung „Unternehmer" durch. Man hatte inzwischen erkannt, daß sich seine Leistung nicht nur im Besitz der Produktionsmittel und in der Herstellung von Gütern erschöpfen dürfe, sondern er sich darüber hinaus auch auf vielen anderen Gebieten wie Marketing, Menschenführung, Lösung sozialer Fragen, Verantwortung der Gesellschaft und der Umwelt gegenüber beweisen müsse. Die aus dem Angelsächsischen in Mode gekommene Bezeichnung „Manager“ ist in gleicher Weise umfassend. Nur zeitweise wurde sie vorwiegend für beauftragte Unternehmensleiter gebraucht, um einen Unterschied zu den Selbständigen deutlich zu machen. Aber diese spezielle Verwendung ist inzwischen überholt und wird so kaum mehr gebraucht.

Wenn man heute vom Unternehmer spricht, dann verbindet man damit außer seinen ökonomischen Aufgaben auch die Ethik, von der er sich in seinem Verhalten auf allen Gebieten leiten läßt. Nicht zufällig ist die Forderung nach einer „Unternehmenskultur“ überall dort, wo eine wirtschaftliche Institution wirksam ist, in den Vordergrund ihrer Beurteilung gelangt. Aus der Entstehung und Entwicklung dieser Begriffe sind die Wandlungen zu erkennen, die die Definition des Unternehmerberufs genommen hat. Er ist in eine neue, viel breitere und tiefere Dimension gewachsen, als man früher damit verband. Als ich 1943 die Mitgeschäftsführung des Familienunternehmens übernahm, hatte mein Vater die letzte Phase dieser Auslegungen bereits vorweggenommen, und ich bemühte mich, meine Aufgabe von Anfang an bewußt entsprechend den Erwartungen wahrzunehmen. Zwischen meinem Vater und mir gab es in dieser Hinsicht keine Meinungsverschiedenheit.

Nach seinem Ableben trat meine Mutter, entsprechend den Bestimmungen unseres Geschäftsvertrags, als Mitgeschäftsführerin in die Firma ein. Sie war mir mit ihrem klugen, stets abgewogenen Urteil und Rat wie auch ihrer großen Menschenkenntnis eine bedeutende Hilfe, bis auch sie mich 1957 verließ. Wir hatten uns immer gut verstanden. Ich besprach mit ihr alle das Unternehmen betreffenden wichtigen Angelegenheiten. Dabei wollte sie immer genau wissen, was an einem bestimmten Vorhaben, etwa einem Neubau, von mir oder von meinem Vater stammte. Er hatte ihr sein Leben lang von seinen Plänen und Absichten erzählt, und sie interessierte es nun, ob und was ich weshalb anders zu machen beabsichtigte beziehungsweise warum ich seine Meinung teilte.

Die Beziehung zu meiner Mutter wird besonders aus einem Brief deutlich, den ich ihr im November 1952 nach Lugano schrieb, wo sie zur Erholung weilte. Sie hatte damals allerlei Schwierigkeiten und Depressionen und meinte, sie sei zu nichts mehr nütze. Das reduzierte ihren Gesundheitszustand erheblich. Um ihr zu helfen, mit dieser Situation fertig zu werden, schrieb ich ihr: „Ich meine also, Du solltest Dich nicht in eine Untergangsstimmung versetzen lassen. So kennen wir Dich gar nicht. Du bist uns allen immer ein Vorbild gewesen, wie Du alle Deine Nöte stets getragen hast – geduldig und stark. Daraus ist Dir eine Verpflichtung erwachsen, auch jetzt, wo es Dir besonders schwerfällt, und es Dir wirklich sehr schlecht geht, dies zu ertragen. Ich muß Dir das einmal sagen, nicht weil ich Deinen Zustand nicht ernst genug ansehe, sondern weil Deine Aufgabe als Mutter auch heute noch weiterbesteht und so bleiben wird. Du kommst Dir oft nutzlos vor, und das veranlaßt Dich zu meinen, daß Dein Leben eigentlich überflüssig sei. Aber erstensmal muß man es seinen Lebensprinzipien getreu durchstehen. Das ist unser Schicksal, dem wir uns zu fügen haben. Da darf man auch nicht schlappmachen, so viel Gründe dafür auch sein mögen. Das ist für uns und unsere Weiterentwicklung eine wichtige Aufgabe, die Du noch hast.

Zweitens aber ist hier der Ort, Dir noch einmal zu sagen, wieviel Du in den letzten Jahren für mich und meine Arbeit in Deiner Haltung gewesen bist und wie sehr Du mir dabei geholfen hast. Bei all meinen Problemen innerbetrieblicher oder außerbetrieblicher Natur ist mir Deine verständnisvolle Unterstützung und Hilfe eine ständige Kraftquelle gewesen, der ich einen Großteil der bisherigen Ergebnisse zuschreibe. Ich habe daraus gesehen, was Mutterliebe vermag und wie eine Mutter über sich selbst hinauswachsen kann. Das ist ein großer, starker Eindruck gewesen, der für mich Ansporn und Verpflichtung geworden ist. So nutzlos ist Dein Dasein also nicht, auch das solltest Du bedenken, und von der Seite her würde ich Dich gerne wieder in meiner Nähe haben, um Dir laufend erzählen zu können. Aber wenn ich mir Dich dort in einer schönen Landschaft vorstelle mit zweifellos besserem Wetter als wir es hier haben, so möchte ich trotzdem davor warnen, die Zelte dort vorzeitig aufgrund einer Depression und des Heimwehs abzubrechen. Es ist ja bei solchen Gemütserscheinungen meist so, daß man das, was man nicht hat, immer goldener sieht als das Gegenwärtige."

Mein Brief hatte einen unerwarteten Erfolg. Als die Ärzte, die sie behandelten, sie am nächsten Morgen bei der Visite sahen, fanden sie eine lebensbejahende Frau vor, die ihnen berichtete, welchem „Arzt" sie ihre Besserung verdankte.

Mutters Mitwirkung bei den wichtigen Entscheidungen, die ab 1955 in der Firma anstanden, erwies sich von großer Bedeutung. Damals standen wir vor der Frage, die eigene Produktion der Kunstfaser, also das chemische Werk der ersten Stufe unseres vertikalen Aufbaus, aufzugeben, an deren vollständige Abnahme unsere weiterverarbeitenden Betriebe bis dahin gebunden waren. Das hatte erhebliche, sich immer negativer auf die Gestaltung unserer Stoffkollektion auswirkende Folgen. Inzwischen hatten mehrere Hersteller verschiedene neue Typen von Fasern auf Basis anderer chemischer Prozesse entwickelt und auf den Markt gebracht, die für zahlreiche Verwendungszwecke geeigneter waren.

Es kam hinzu, daß unsere Fäden, wenn sie in Geweben verarbeitet waren, zu Streifigkeit neigten. Das war die Folge des von uns entwickelten und angewandten Spinnverfahrens. Im übrigen produzierten die Großunternehmen die gleiche

Menge pro Tag, die wir im Monat herstellten, und konnten dadurch entsprechend kostengünstiger arbeiten als wir. Beides hatte sich während der staatlichen Bewirtschaftung in der Kriegszeit nicht bemerkbar gemacht. Im Gegenteil, damals konnten wir sogar besser als unsere Weberkonkurrenten die Belegung unserer Webkapazitäten mit Kriegsartikeln vermeiden und bei unserem zivilen Programm bleiben und unsere Friedenskunden beliefern. Nach dem Waffenstillstand, als sich die Marktwirtschaft zunehmend normalisierte, gingen diese Vorteile nach und nach verloren. Das war klar zu erkennen. Dennoch fiel es mir schwer, die notwendige Konsequenz zu ziehen und die Entscheidung zu treffen, die eigene Rayon- und Zellwollproduktion einzustellen.

Jahrzehntelang hatte sich der vertikale Aufbau, der übrigens einmalig in Europa war, hervorragend bewährt. Während des Kriegs und der ersten Jahre nachher fuhren wir Gewinne von mehr als dreißig Prozent ein. Kein Wunder, daß mein Vater glaubte und uns allen immer wieder einimpfte, unser Unternehmen sei auf Dauer allen Gegenspielern im Markt überlegen und unschlagbar. Sollte, ja konnte ich als relativ junger Mann daran rütteln und das Herz dieser Konstruktion abstoßen? Meine Hochachtung und Verehrung meinem Vater gegenüber ließen mich zögern. Meine Mutter hüllte sich in Schweigen, wenn ich mit ihr darüber sprach.

Um mir größere Klarheit zu verschaffen, unternahm ich zunächst eine längere Reise in die USA, von deren Textilindustrie man sich Wunderdinge erzählte. Viele meiner führenden Kollegen taten das gleiche, und wir trafen uns dort häufig bei verschiedenen Stellen und Maschinenfabriken. Wie ihnen lag mir daran, das in diesem Land methodisch und verfahrensmäßig andere Vorgehen in der Produktion kennenzulernen.

Zugleich hoffte ich, eine neue Verwendung für einen wesentlichen Teil der Anlagen des chemischen Werks zu finden. Letzteres gelang nicht. Vielmehr mußte ich erkennen, daß unsere Rayonfaser in einer modernen Automatenweberei nicht verarbeitet werden konnte. Die Vorbereitung dafür und der Webvorgang selbst machten den Einsatz einer Fadenqualität erforderlich, die mit unserem Spinnverfahren nicht zu erreichen war. Ein Weber bediente in den USA zu jener Zeit bereits sechzig Webstühle, in Europa nur vier bis sechs. Ich engagierte deshalb sofort an Ort und Stelle eine Beratungsgesellschaft, die uns dabei helfen sollte, schnellstens die gleichen Ergebnisse wie in den Staaten zu erreichen. Mein Entschluß, die Kunstfaserspinnerei aufzugeben, stand nun fest.

Als ich ihn meiner Mutter mitteilte, bekannte sie, daß mein Vater auf seinem letzten Spaziergang vor seinem Tod geäußert habe, noch einmal würde er das chemische Werk nicht mehr bauen. Ich war fassungslos. Hätte ich das früher gewußt, so wäre mir die Entscheidung, es zu schließen, natürlich wesentlich leichter gefallen, und ich würde sie eher getroffen haben. Meine Mutter meinte, als ich ihr vorwarf, sie hätte mir diese wichtige Information unbedingt früher geben müssen: Ihres Erachtens sei es erforderlich gewesen, daß ich den Entschluß unbeeinflußt aus mir heraus treffen würde. So anerkennenswert ihr Gesichtspunkt war, so lag darin doch eine große Gefahr für die Zukunft unseres Unternehmens. Mir war der Vorgang jedoch eine Lehre. Nie wieder habe ich einen Entschluß verzögert, wenn ich nach nüchterner, gründlicher Prüfung von seiner Notwendigkeit überzeugt war.

Noch bevor etwas von unseren Absichten im Markt bekannt wurde, gelang es mir, für die Aufgabe der Eigenproduktion bei unserem zukünftigen Hauptlieferanten für alle Kunstfasern, die wir von ihm bezogen, einen stark reduzierten Sonderpreis auszuhandeln, der unsere Wettbewerbssituation wesentlich verbesserte.

Die Schließung des chemischen Betriebs hatte langfristig gesehen jedoch auch noch einen anderen, nicht zu unterschätzenden positiven Nebeneffekt: Die in den siebziger und achtziger Jahren immer strenger werdenden Vorschriften und sehr kostspieligen Auflagen zum Umweltschutz berührten uns nicht mehr. Zwar hatten wir schon 1938 einen hundert Meter hohen Abgaskamin bauen müssen, um die Schwefelsäuredämpfe, die beim Spinnvorgang frei wurden, in höhere Luftschichten abzuleiten. An den Maschinen selbst waren sie aber trotz starker Absaugung noch so stark, daß häufig Mitarbeiter mit empfindlichen Bindehäuten erkrankten. Die erheblichen Wassermengen, soviel wie der Bedarf der ganzen Stadt Hilden, die in der Wäscherei für die Entsäuerung der Fäden anfielen, ließen wir in das kleine Flüßchen Itter ab, das sie als Vorfluter in den Rhein weiterleitete. Die Itter wurde dadurch so stark verunreinigt, daß das metallene Wasserrad einer Mühle unterhalb unseres Werks zerfressen wurde und jedes Jahr auf unsere Kosten erneuert werden mußte. Diese Belastungen fanden nach Aufgabe des Werks ein Ende.

Den weißen Abgaskamin strahlten wir noch einige Jahre des Nachts mit Flutlicht an. Er wurde so zum Wahrzeichen Hildens und diente, solange er stand, vielen Reisenden auf der Autobahn als Orientierungspunkt.

In die frei werdenden Räume verlegten wir zwei auswärtige Webereien, deren alte Räumlichkeiten für die nun beschleunigt vorangetriebene Automatisierung nicht geeignet waren. Mit ihr stellten sich sehr schnell auch in unseren Webereien die amerikanischen Leistungen ein. So kamen wir der Vorhersage des Aristoteles schon sehr nahe, denn der Weber wurde zu einer Art Aufsichtsperson, die nur noch hin und wieder einen Fadenbruch reparieren mußte.

Überhaupt brachte uns die Zusammenarbeit mit der amerikanischen Beraterfirma auf allen Gebieten unserer Produktion schnell weiter. Das war in erster Linie der geschickten Art eines kanadischen Ingenieurs zu verdanken, der den Abteilungsleitern nur einzelne Ziele vorgab, die sie erreichen sollten, ihnen aber weitgehend überließ, wie sie das zuwege brächten.

Dadurch hatten diese Personen nie das Gefühl, nach Weisungen vorzugehen und konnten sogar sagen, daß sie die Lösungen selbst gefunden hätten, was ihnen großen Auftrieb gab.

Aber nicht immer gingen die Neuerungen reibungslos vonstatten. Eines Tages sprach mich unser Betriebsarzt auf den Gesundheitszustand einiger Webmeister an, da ungewöhnlich viele an Magengeschwüren litten. Bald stellte sich heraus, daß sie alle in zwei bestimmten Webereien tätig waren, während die anderen keine derartigen Beschwerden hatten.

Der Grund war schnell gefunden: In den zwei Betrieben war eine neue Kontrollmethode für verschlissene Maschinenteile an den Webstühlen eingeführt worden. Bis dahin war es, falls ein Stuhl versagte, dem jeweiligen Meister überlassen, nach Gehör und anderen subjektiven Beurteilungskriterien die Ursache festzustellen und den Fehler zu beseitigen. Es war also seine Erfahrung, die zählte. Nach der neuen Methode hatte der Meister nur noch in regelmäßigen Abständen bestimmte Teile der von ihm betreuten Einrichtungen mit einem Gerät auf Abnutzung zu prüfen und gegebenenfalls das schadhafte Teil sofort auszuwechseln. Das hatte den Vorteil, daß Stillstände auf ein Minimum reduziert wurden. Aber die Erfahrung des Meisters kam dabei nicht mehr zum Tragen. Diese „Entwertung“ beunruhigte die Betroffenen und verursachte ihre Beschwerden. Erst eine Aufklärungskampagne, die die Bedeutung der Meister hervorhob, denen nun andere wichtige Leitungsaufgaben übertragen werden konnten, ließ den Krankheitsbefund abklingen.

Unsere Firma hatte schon bei zwei früheren Gelegenheiten Denkmäler von Mitarbeitern aufgestellt, um sie zu ehren und an bestimmte Abschnitte der Unternehmensgeschichte zu erinnern. Der „letzte Handweber“ war dem Beruf gewidmet, mit dem sie begonnen hatte, die „Zwirnmeisterin“ als Zeichen der Anerkennung einer fünfzigjährigen Betriebstreue. Nun ließ ich von Bildhauer Richard Steffen in Hamburg einen

„Rayonspinner“ gestalten als Dank für die Mitarbeiter des aufgegebenen Werks und zum Andenken an einen besonders wichtigen Abschnitt in der Entwicklung unseres Hauses. Dazu legte ich der Belegschaft Fotos von verschiedenen Entwürfen zur Beurteilung vor und bestimmte denjenigen, den die meisten guthießen, zur Ausführung.

Bei der Enthüllung vor den Gebäuden des Werks verband ich in meiner Ansprache den Zweck des Denkmals mit dem Gedanken der notwendigen Aussöhnung von Kunst und technischer Welt, die immer noch von vielen als gegensätzlich und einander fremd angesehen würden. Schließlich bestehe doch eine innere Verwandtschaft zwischen dem Geist, der Neuland auf technischem Gebiet erschließe, und demjenigen, der allgemein menschliche Anliegen in Bild und Wort sicht- und vernehmbar mache. Die sozialen Probleme, die die Technisierung mit sich bringe, seien nur durch Nachdenken lösbar, nicht durch noch so gut konstruierte und funktionierende Geräte oder maschinelle Einrichtungen. Die Maschine an sich sei ein toter Gegenstand, der seine Bedeutung erst durch den Menschen erhalte, der sie zum Einsatz bringe. Ihm gelte unsere Ehrfurcht, die wir mit der Plastik zum Ausdruck bringen wollten.

Auch nach Aufgabe der eigenen Rohstoffproduktion blieb die vertikale Unternehmensstruktur grundsätzlich erhalten. Zwar hatten wir uns von der Notwendigkeit befreit, nur eine bestimmte Faserart zu Geweben zu verarbeiten; gerade in Mischungen mit anderen ergaben sich viele neue Trage- und Pflegemöglichkeiten und Verwendungszwecke. Wir hatten zu diesem Zweck bereits 1951 eine Garnspinnerei errichtet (zu jenem Zeitpunkt die modernste Anlage dieser Art in Europa), die von großer Bedeutung für die Zukunftsentwicklung des Unternehmens wurde. Ich benutzte die Inbetriebnahme des neuen Werks, um die Firma auf den Namen meines Vaters in „Paul-Spindler-Werke KG“ umzubenennen und damit sein

Lebenswerk zu ehren. Wir konnten nun unser traditionelles Angebot aus Futter- und Damenkleiderstoffen um Tuche für die Damen- und Herrenoberbekleidung erweitern und damit bald auch auf diesen Gebieten eine führende Marktposition erringen.

Mit den Tuchen betraten wir mit unserer Firma auf dem Gebiet der textilen Fasern Neuland: Wir begannen Wolle zu verarbeiten, zwar nicht in reiner Form, aber doch mit einem hohen Prozentsatz in Mischgeweben mit Polyester. Das machte nach und nach die Umstellung der Spinnerei und Färberei sowie in diesen Betrieben die Verwendung anderer technischer Einrichtungen und neuer Maschinen erforderlich. Der Einkauf erhielt nun ein starkes spekulatives Element, das wir bis dahin bei unseren Rohstoffen nicht gekannt hatten. Neben natürlichen Ursachen wie Dürreperioden und Krankheiten bei den Schafen beeinflußten die Preismanipulationen mancher Erzeugerländer von Wolle Angebot und Nachfrage. Aber es dauerte gar nicht lange, bis wir gelernt hatten, auch dieses Instrument erfolgreich zu spielen.

Hand in Hand mit den beträchtlichen Änderungen und Umstellungen, die ohne Ausnahme alle Produktionsstufen des Unternehmens betrafen, erfolgten in Zusammenarbeit mit der amerikanischen Beraterfirma umfassende Rationalisierungsmaßnahmen, durch die die Zahl der Mitarbeiter von fast zweitausendfünfhundert auf etwa neunhundertfünfzig zurückging. Glücklicherweise war in jenen Jahren der Arbeitsmarkt so aufnahmefähig, daß alle, die bei uns ausschieden, in kürzester Zeit einen neuen Arbeitsplatz fanden, der ihrer beruflichen Qualifikation entsprach. Dennoch war für mich diese Entscheidung eine schwere seelische Belastung, die auch dadurch nicht geringer wurde, daß ich wußte, sie um der Zukunft der Firma willen treffen zu müssen.

Erschwerend war dabei, daß wir, während sich dies zutrug, in den ersten Jahren des „Mitunternehmertums" standen, der von mir entwickelten Form einer Beteiligung der Mitarbeiter an unserem Unternehmen. Obwohl damit keine Arbeitsplatzgarantie verbunden war, wurde die neugeregelte Beziehung zwischen den Besitzern der Firma und den Mitarbeitern von vielen der Letztgenannten so aufgefaßt. Eine erhebliche Aufklärungsarbeit mußte diese falsche Erwartung in einer Zeit korrigieren, als wir auf das Verständnis der Belegschaft für unsere Maßnahmen in besonderem Maße angewiesen waren.

Die durch die Umstellungen möglich gewordene beträchtliche Ausweitung der Produktpalette, mit der auch neue Marktbereiche angesprochen werden konnten, machte auch eine neue Marketingkonzeption erforderlich. Der bislang geltende Firmenslogan „Vom Zellstoff zum Spindlerstoff" traf nun nicht mehr zu und mußte schnellstens durch einen zutreffenderen, aber nicht weniger aussagestarken ersetzt werden.

Der dreistufige Produktionsaufbau sowie unser Maschinenpark empfahlen die Beibehaltung eines Programms von Artikeln, die in großen Mengen hergestellt und abgesetzt werden konnten. Damit ließen sich die Kapazitäten mehrschichtig auslasten und kostspielige Stillstandszeiten durch Artikelwechsel in Grenzen halten. Gleichzeitig ermöglichte diese Methode einen hohen Qualitätsstandard, weil wir in der Lage waren, Fehlerursachen bis zum fremdbezogenen Vorprodukt zurückzuverfolgen und die Arbeitsgänge immer mehr zu verfeinern.

Diesen eindeutigen Vorteilen stand nachteilig gegenüber, daß wir auf die jeweilige Mode nicht so flexibel reagieren konnten wie einstufige Webereien. Das spielte bei Futterstoffen keine Rolle, und auch bei Oberstoffen dominierten die unifarbenen Artikel. Die modischen bedruckten Kleiderstoffe gaben wir bald auf, weil sie nicht in das neue Konzept paßten und mit einem erheblichen Risiko verbunden waren. Die kleine Stoffdruckerei schlossen wir im Zug dieser Maßnahme. Sie war ein Überbleibsel aus der Zeit, in der wir unser eigenerzeugtes Rayon verarbeiten mußten. Deshalb wurde sie von mir als „Reparaturbetrieb“ bezeichnet, der in erster Linie die Aufgabe hatte, streifige Ware zu bedrucken, damit der Fehler weniger auffiel.

Für die so bereinigte Kollektion war es leicht, Anfang der sechziger Jahre einen neuen treffenden Slogan zu formulieren. Er lautete „Spindler für KLASSISCH“. Wir unterstrichen ihn durch Abbildungen des Kopfes des berühmten Epheben von Marathon, einer Bronzestatue aus dem alten Griechenland, der von nun an im Vierfarbendruck das Cover unserer Artikel und Farbkarten schmückte. Alle Werbemaßnahmen richteten sich an die unmittelbaren Abnehmer unserer Stoffe, also die Bekleidungsindustrie, Versandhäuser, Handelsketten und Einzelhändler. Dabei ging es uns in erster Linie darum, die Bedeutung von Geweben im klassischen Stil für die Kunden selbst herauszustellen: Sie seien „risikoarm, verkaufssicher, witterungsneutral, verarbeitungseinfach, qualitätsstark und in der Farbgebung modebeweglich“.

Marketing, Werbung und Public Relations wurden neben der generellen Unternehmensführung mehr und mehr Schwerpunkte meines persönlichen Engagements und meiner Tätigkeit. Zu dem Produkt als solchem, also „modischen Bekleidungstextilien“, hatte ich keine Beziehung. Ich hätte also genauso gerne etwas anderes hergestellt und auf den Markt gebracht, etwa Papier, Kunststoffe, Gebrauchsartikel etc. Modisches war mir gleichgültig. Auch das „Textile“ übte keinerlei besondere Anziehung auf mich aus. Mich interessierte vor allem das Organisatorische und Technische in der Produktion und das Psychologische im Marktgeschehen, also die Gründe, weshalb bestimmte Dessins und Farben bei den Kunden ankamen, während andere zum Ladenhüter wurden.

Ich überließ die Gestaltung der zweimal im Jahr herausgegebenen Kollektionen den Gewebeentwicklern und Dessinateuren in Zusammenarbeit mit den Verkaufsleitern und meiner

Frau, die einige Jahre mit diesen regelmäßig nach Paris fuhr, um Dessins einzukaufen. Dann erst schaltete ich mich ein und entschied, welche Artikel und Dessins angeboten werden sollten. Wurden sie den Kunden vorgelegt, war ich bei den wichtigsten und maßgebendsten im In- und Ausland dabei und überzeugte mich von der Resonanz, die sie fanden.

Die Gespräche mit den Abnehmern waren für mich die Grundlage eventueller Entscheidungen und der Beurteilung der für die Gestaltung der Kollektion verantwortlichen Mitarbeiter. Gleichzeitig verschaffte ich mir dabei einen Überblick über die Preisvorstellungen der Kunden. Besonders die sogenannten „Stapelartikel", also Massenprodukte wie Futterstoffe, waren in dieser Hinsicht heiß umkämpft. Ich vermied es jedoch, mit einzelnen Abnehmern selbst Preisgespräche zu führen, um die Autorität und Verantwortung der jeweiligen Verkaufsleiter nicht zu verwässern. Diese Methode hat sich über die Jahre bestens bewährt. Nur wenn bei Großaufträgen ein Abteilungschef einem Kunden einen Sonderpreis machen wollte, mußte er dazu meine Genehmigung einholen. Einmal im Monat fand zwischen diesem und dem Leiter der Betriebswirtschaft in meiner Anwesenheit eine Besprechung statt, bei der die Einhaltung der Vorgaben überprüft und die Gründe für Abweichungen sowie Maßnahmen für die Zukunft erörtert wurden.

Für die Aufgaben Produktion und Organisation hatte ich sehr gute Mitarbeiter, die vor allem in den ersten Jahren der großen Umstellungen maßgeblich zu den Erfolgen beitrugen. Auch das Controlling wie das Finanzwesen lagen in bewährten Händen. Aus den leitenden Mitstreitern dieser Bereiche bildete ich einen Geschäftsleitungsausschuß, mit dem ich mich regelmäßig und aus akutem Anlaß besprach. Später berief ich einen ständigen Beirat, der sich aus Vertretern zweier Großbanken, mit denen wir hauptsächlich arbeiteten, und unserem Hauptlieferanten, einem Unternehmen der Chemiefaserindustrie, zusammensetzte. Mit diesem Gremium erörterte ich alle wichtigen Probleme unseres Hauses wie Finanzierungsfragen und Investitionsabsichten sowie andere wesentliche Maßnahmen, die ich beabsichtigte.

Obwohl man als selbständiger Unternehmer leicht der Versuchung unterliegt, alles selbst machen zu wollen, sicherte ich mir mit diesen Einrichtungen qualifizierte Ratgeber, die mit der Firma auf die eine oder andere Weise eng verbunden waren und mir halfen, die jeweils erforderlichen richtigen Entscheidungen zu treffen. Von meiner wesensbedingten Neigung zu autokratischen Alleingängen, wie sie mein Handeln in den Jahren der „Tatgemeinschaft" und des „Fortschritts" noch stark bestimmt hatte, nahm ich Abschied, als ich erkannte, daß sich die zahlreichen in einer freien Marktwirtschaft liegenden Risiken nur durch gründliche Beratung mit anderen urteilsfähigen Fachleuten minimieren ließen.

Letzten Endes war ich entscheidungsfreudig; eine Maßnahme wurde, sobald ich von ihrer Notwendigkeit überzeugt war, schnell, eindeutig und ohne Wenn und Aber durchgeführt. Ich habe leider während meines Lebens in vielen Fällen beruflicher und privater Art vor solchen Situationen gestanden und sie lösen müssen. Leichtgefallen sind mir die Entschlüsse nie, aber ich bin dankbar, daß ich von meinem Vater die glückliche Gabe geerbt habe, schnell wieder etwas Neues zum Ziel meines Denkens, Strebens und Handelns zu machen.

Obwohl mich die Probleme des Unternehmens in Atem hielten, verfolgte ich die Innen- und Außenpolitik der Bundesrepublik mit unverändert großem Interesse. Das galt vor allem für die Frage der Wiedervereinigung der beiden deutschen Staaten. Es war eine schwärende Wunde, die ständig quälte. Seit Adenauer die Weichen für eine Westintegration der Bundesrepublik gestellt hatte, sah ich darin einen unverzeihlichen Fehler und ein schweres Handikap für die Überwindung der für mich unerträglichen Teilung.

So entschloß ich mich im September 1965, in einer Reihe von Zeitungen Inserate aufzugeben, in denen ich dafür warb, bei der bevorstehenden Bundestagswahl der SPD die Stimme zu geben, von der ich mir eine größere Aktivität in Richtung auf die Wiedervereinigung versprach. Ludwig Erhard, von mir als Wirtschaftsminister zwar geschätzt, war zwei Jahre zuvor als Nachfolger Adenauers zum Bundeskanzler gewählt worden, was ich als eine Fehlentscheidung betrachtete.

Meiner Anzeige gab ich folgenden Wortlaut: „Als Bundeskanzler hat sich Erhard als Versager erwiesen. Die großen Leistungen der CDU liegen viele Jahre zurück. Sie zehrt von der Vergangenheit. WIR BRAUCHEN EINE NEUE REGIERUNG: Die SPD ist die Partei der Zukunft. Sie ist modern, aufgeschlossen und beweglich. Sie hat die besten Köpfe für alle Regierungsaufgaben. Deshalb können wir ihr vertrauen. Ich werde sie wählen!“ Es folgte mein Name und ein Hinweis auf meine geschäftsführende Tätigkeit bei den Spindler-Werken.

Die Erregung, die diese Aktion in der Öffentlichkeit und vor allem im Arbeitgeberlager auslöste, war erheblich, obwohl ich nicht der einzige Unternehmer war, der die Oppositionspartei unterstützte. Philipp Rosenthal, der Porzellanfabrikant, ließ sich sogar für die SPD in den Bundestag wählen und zog werbend für sie durch die Lande. Bei mir brachten zahlreiche Briefschreiber ihren Abscheu zum Ausdruck. Wieder hatte ich mich nicht erwartungsgemäß konform verhalten. War ich durch das in unserer Firma praktizierte Mitunternehmertum ohnehin als „rot“ eingestuft, so empfanden viele, die mich so sahen, mein neuerliches Vorgehen als Bestätigung.

Während es sicherlich zutraf und mein politisches Denken bis ins Alter bestimmt hat, daß mir „links“ immer näher stand als „rechts“ oder die indifferente „Mitte“, so identifizierte ich mich nie mit einer der politischen Parteien so weit, daß ich bei ihr Mitglied wurde. Wohl aber entschied ich mich von Wahl zu

Wahl jeweils neu orientiert an den aktuellen politischen und wirtschaftlichen Fragen und den mir erforderlich erscheinenden Maßnahmen, wobei Pragmatisches immer im Vordergrund stand. Auf meine Tätigkeit im Unternehmen, das ich leitete, meine Kunden und meine persönlichen Freundschaften hat mein politisches Verhalten übrigens zu keiner Zeit eine negative Auswirkung gehabt.

Meine Erwartungen, die ich mit einer von der SPD geführten Regierung verband, wurden von den Bundeskanzlern Willy Brandt (1969–1974) und Helmut Schmidt (1974–1982) voll erfüllt. Ersterer leitete die neue Ostpolitik ein, die unter dem Motto „Wandel durch Annäherung" zur Entspannung zwischen den beiden Teilen Deutschlands und damit zum Zusammenbruch der DDR im Jahr 1989 und zur Wiedervereinigung am 3. Oktober 1990 führte.

Mit meinen Wettbewerbern, den im Samt- und Seidenverband zusammengeschlossenen Webern, verstand ich mich im allgemeinen gut. Es waren fast nur Angehörige alter, traditionsreicher Textilfamilien, die ihre Betriebe in der xten Generation führten. Wenn wir auf unseren Fachtagungen zusammenkamen und die aktuellen Probleme unseres Wirtschaftszweigs behandelt hatten, landeten wir in unseren Privatgesprächen meist bald bei den schönen Dingen des Lebens: alle Bereiche der Kunst und Wissenschaft oder sonstige Liebhaberthemen.

Unsere Scharmützel um die Aufträge einzelner Kunden spielten sich demgemäß in fairer Weise ab. Auch hatten wir zum Beispiel mit unseren Hauptkonkurrenten in Futterstoffen einen betriebswirtschaftlichen Ausschuß, in dem wir jahrelang regelmäßig in aller Offenheit unsere Kosten verglichen und damit die Leistungsfähigkeit unserer Betriebe erhöhen konnten. So gelang es uns gemeinsam, alle Versuche ausländischer Futterhersteller, in den deutschen Markt einzudringen, erfolgreich abzuwehren. Der Importanteil lag bei etwa fünf Prozent.

Trotz solcher kollegialer Zusammenarbeit gab es natürlich auch harte Auseinandersetzungen zwischen uns über grundsätzliches Verhalten im Markt.

Dazu gehörte die Frage, in welchem Umfang man den Ansprüchen vor allem der Bekleidungsindustrie hinsichtlich der Fehlerfreiheit nachkommen sollte. Das Problem verschärfte sich, als diese Firmen damit anfingen, den Zuschnitt der einzelnen Bekleidungsteile zu rationalisieren, indem sie eine größere Anzahl von Gewebelagen aufeinanderstapelten, um sie dann in einem Arbeitsgang zu schneiden. Jeder grobe Fehler im Stoff wie Knoten oder Dickstellen machte bei diesem Vorgehen einen Extrazuschnitt erforderlich, der entsprechende Zusatzkosten verursachte. Kein Wunder, daß man deshalb besonderen Wert darauf legte, ihre Zahl so gering wie möglich zu halten. Das verursachte aber bei den Webern entsprechende Einrichtungen und Mehrkosten, weshalb sie die Toleranzschwelle möglichst hoch zu legen wünschten.

Durch unseren dreistufigen Aufbau und das klassische Artikelprogramm waren wir gegenüber den Wettbewerbern, was den Qualitätsstandard anging, von Anfang an im Vorteil. Ihn zu nutzen, war allein schon deshalb erforderlich, weil wir beim modisch Extravaganten nicht so mithalten konnten. Wir verbesserten und vermehrten also unsere qualitätspflegerischen Aktivitäten in allen Bereichen und Arbeitsgängen so, daß schließlich trotz Einsatz zahlreicher elektronischer Geräte fast hundert Mitarbeiter, also etwa zehn Prozent der Belegschaft, damit befaßt waren. Um unsere Kunden darüber zu informieren, brachten wir im Lauf zweier Jahre drei „Qualitätsmanifeste“ heraus, in denen wir in Wort und Bild darlegten und zeigten, was wir auf diesen Gebieten unternehmen und welche Vorteile das für die Abnehmer hatte.

So konnten wir uns am 22. März 1965 bei einem Forumgespräch mit führenden Vertretern unserer Kunden ihrer Kritik stellen. Einleitend erklärte ich dazu: „Die modernen Maschinen und Fertigungsmethoden erzwingen in den Webereien wie in der weiterverarbeitenden Industrie eine weitgehende Spezialisierung." Der Experte könne alle Anstrengungen in Produktion und Vertrieb auf eine beschränkte Anzahl von Artikeln konzentrieren. Dadurch sei er leistungsfähig in den wichtigen Bereichen Qualität, Service und Preis. Um zu zeigen, daß dies nicht mit einem Verzicht auf Einsatz und modische Ansprüche erkauft werden müsse, präsentierten wir bei dieser Veranstaltung eine Modenschau, auf der wir Kinder-, Sport- und Erwachsenenbekleidung aus unseren Oberstoffen zeigten.

Noch eindrucksvoller aber war meine Ankündigung, daß wir diese Gewebe in Zukunft mit einem Gütesiegel versehen und damit eine Garantie geben würden, daß auf hundert laufenden Metern nicht mehr als höchstens fünf Fehler kämen, die einen Extrazuschnitt erforderten. Außerdem erübrige sich dadurch eine Eingangskontrolle bei unseren Kunden. Die Resonanz auf diese Erklärung war außerordentlich positiv, sah man doch darin einen entscheidenden Schritt zur Erfüllung langgehegter, von den Webern immer wieder abgelehnter Wünsche.

Dementsprechend negativ war die Reaktion bei unseren Konkurrenten. Durch unser Ausscheren aus ihrer Front sahen sie entsprechende Forderungen auch auf sie selbst zukommen. Wie sehr sie unseren Schritt mißbilligten, erfuhren wir daraus, daß sie ernsthaft in Erwägung zogen, unsere Firma aus dem Fachverband auszuschließen. Die beiden Geschäftsführer erschienen bei mir, um mir diese Absicht der Mitglieder mitzuteilen. Aber ich sah keine Möglichkeit, ihnen entgegenzukommen. Der Ausschluß ist trotzdem nie erfolgt, und die Sache verlief im Sand. Wir ergänzten inzwischen unsere Aktivitäten durch die Herausgabe eines Gütepasses für die Fertigbekleidung aus unseren Artikeln. Damit sprachen wir erstmalig auch den Konsumenten an.

Neben der ständigen Verbesserung unserer Gewebekollektion sahen wir uns nach anderen Produkten um, die für eine Diversifikation in Frage kamen. Dazu boten sich sogenannte „Nonwovens", also ungewebte Vliesstoffe an, die zum Beispiel für Einlagen in der Bekleidungsindustrie verwendet werden. Sie schienen uns deshalb als Ergänzung zu den Futterstoffen besonders geeignet. Zuerst arbeiteten wir mit einer amerikanischen Firma zusammen, die diese Artikel herstellte und damit auf dem europäischen Markt Fuß fassen wollte, indem wir den Vertrieb übernahmen. Aber leider war diese Kooperation nur von etwa zweijähriger Dauer, weil sich die Firma entschloß, in Holland eine eigene Produktionsstätte zu errichten und den Vertrieb selbst in die Hand zu nehmen.

Mehr Glück schienen wir mit einem kunststoffbeschichteten Material zu haben, das wir „Spiff" tauften und auf einer entsprechenden Anlage selbst entwickelten. Es war atmungsaktiv, vermied also den Hauptmangel von Kunstleder, und wie dieses zum Bezug von Möbeln und Fahrzeugsitzen vorgesehen. Davon versprachen wir uns das Erschließen neuer expandierender Märkte wie die Automobil- und Möbelindustrie. Die Anwendungs- und Nutzungsversuche verliefen auch durchaus positiv. Jedoch kam diese Entwicklung zu spät, um unsere Probleme zu lösen und den Bestand des Unternehmens für die Zukunft langfristig und dauerhaft sicherzustellen.

Die Hauptursache für unsere Schwierigkeiten war die starke Inanspruchnahme unserer finanziellen Mittel durch die großen Umstellungen, die wir seit 1957 mit der Aufgabe der chemischen Faserherstellung einleiteten. Dafür hatten wir die uns eingeräumten Kreditlinien der Hausbanken und des Hauptlieferanten ausschöpfen müssen. Als 1967 erneut eine allgemeine Absatzkrise in der Textilindustrie eintrat, geriet die Firma in die roten Zahlen. Aus dieser Situation in den nächsten Jahren mit eigener Kraft wieder herauszukommen, schien mir mehr als fraglich.

Schon in den Jahren vorher hatte ich mit verschiedenen Wettbewerbern im innerdeutschen Markt Fühlung aufgenommen, um die Möglichkeit einer engen Kooperation mit dem Ziel einer Fusion zu prüfen. Zahlreiche Gespräche hatten bereits stattgefunden. Aber noch bevor es zu ernsthaften Verhandlungen mit denkbaren Partnern kam, winkten die Eigentümerfamilien ab. Sie glaubten, allein über die Runden zu kommen. Dabei spielte der Stolz auf eine generationenlange Tradition der Firma eine nicht unwesentliche Rolle.

Im Juni 1970 gab ich der „Textilzeitung" ein Interview, in dem ich eine Zukunftsprognose für die Textilindustrie skizzierte: „Das krampfhafte Festhalten an Opas Fabrik ist in meinen Augen eine falsche Interpretation des Begriffs ‚Tradition' und eine unverantwortliche Haltung gegenüber der gesamten Textilbranche. Ich will nicht den Weg gehen, den seit Jahren Unternehmen dieses Wirtschaftszweiges verfolgen, indem sie sich nur noch durch Substanzverkäufe am Leben erhalten. Sie verkaufen strenggenommen keine Textilerzeugnisse mehr, sondern Grundstücke. Nach meiner Meinung werden in Zukunft nur noch solche Unternehmen wettbewerbsfähig sein, die mindestens 200 Millionen und in zehn Jahren 500 Millionen Umsatz machen (unser Unternehmen machte damals fünfundvierzig Millionen). Betriebe in kleineren Größenordnungen werden sich nur noch halten können, wenn sie ausgesprochene Spezialisten auf einem bestimmten Gebiet sind. Angesichts der gegenwärtigen Situation und der langfristigen Aussichten im Textilbereich hoffe ich, daß mein Beispiel, rechtzeitig und geordnet auszusteigen, Schule macht. Ich empfehle deshalb meinen Berufskollegen, dann Schluß zu machen, wenn sie mehrere Jahre hindurch mit roten Zahlen arbeiten, die Abschreibungen nicht mehr verdienen oder das Eigenkapital zu gering geworden ist, um auf die Dauer zu bestehen."

Meine Ausführungen lösten einen großen Protest bei den

Betrieben in der Branche aus, die mir Defätismus vorwarfen. Nur fünf Jahre später existierte fast keine dieser Gesellschaften mehr.

Ich reiste nach dem Ende der Gespräche in die USA, um dort mit einigen Großunternehmen unserer Industrie zu klären, ob einer von ihnen gegebenenfalls an der Übernahme unseres Hauses interessiert sei. Mit den Vorständen dieser Firmen war ich durch frühere Besuche gut bekannt, um diesen Weg versuchen zu können. Aber ich hatte auch dabei keinen Erfolg. Alle Gesellschaften, mit denen ich sprach, waren in starkem Maße an Südamerika interessiert und dort engagiert, wo sie schnelle und größere Ertragschancen witterten als in Europa. In der Tat verfolgten sie diese Absichten in den nächsten Jahren mit guten Ergebnissen. Ich stand nun vor der Frage, was für uns zu tun sei. Weitere Verluste wollte und konnte ich nicht in Kauf nehmen. Anderes kam hinzu.

Gefördert durch die Chemiefaserhersteller, die nach neuen Absatzmärkten Ausschau hielten, kam der Gedanke auf, die gewebten durch gewirkte Stoffe zu ersetzen, die auch in der Herrenbekleidung verwendet werden sollten. Sie waren pflegeleichter und tragebequemer als die ersteren, und diese Eigenschaften schienen in jenen Jahren ausschlaggebend zu werden. Ich war skeptisch in dieser Sache. Wirkwaren haben weniger „Stand" als Gewebe. Die Vorstellung, Herrenanzüge aus diesem Material zu fertigen, schien mir absurd. Obwohl unser Hauptlieferant für Kunstfasern bereit war, uns entsprechende zusätzliche Kredite für die erforderliche Umstellung zu günstigen Bedingungen einzuräumen, scheute ich das damit verbundene Risiko und eine weitere Verschuldung. Die Entwicklung während der folgenden Jahre gab mir recht. Alle Unternehmen, die sich durch die Sirenenklänge verführen ließen, ihre Webstühle durch Wirkstühle zu ersetzen, gingen in den nächsten Jahren zugrunde.

Je mehr mir klarwurde, daß es einen Weg, selbst aus der

Talsohle herauszukommen, nicht gab und sich andere als nicht gangbar erwiesen, desto entschlossener war ich, einen Konkurs zu vermeiden, um alle Gläubiger voll zu befriedigen. Auf keinen Fall wollte ich mich durch neue außerbetriebliche Vorgänge überraschen und zu Entscheidungen zwingen lassen, die meinen eigenen Vorstellungen nicht entsprachen. Ich beschloß deshalb eine stille Liquidation des Unternehmens. Als das Jahr 1968 der Firma einen weiteren, wenn auch nur kleinen Verlust brachte, bereitete ich das Auslaufen der Produktion in Phasen vor, beginnend mit dem Sommer des folgenden Jahres.

Als erstes zogen wir uns aus dem Markt zurück und beendeten unsere Verkaufstätigkeit für Fertigware. Etwa zum gleichen Zeitpunkt veräußerten wir die Färberei und Ausrüstungsanstalt an ein Unternehmen, das dieses Werk weiterführen wollte. Die übrigen Betriebe beschäftigten wir noch bis zum 31. Dezember 1970 mit Lohnaufträgen. Eine weitere wichtige Aufgabe war dann, unsere Bestände an Halbfertig- und Fertigware so auf den Markt zu bringen, daß dieser nicht beunruhigt und große Preiseinbußen vermieden wurden. Dies gelang dadurch, daß wir Weber fanden, die unsere Vorräte übernahmen und sie als eigene Artikel vertrieben. Die Enttäuschten waren die Bekleidungsfirmen und der Handel, die sich schon auf einen großen Ramsch an Billigware gefreut hatten.

Den gesamten Maschinenpark konnten wir nach Übersee an Entwicklungsländer veräußern, die Gebäude und Grundstücke an verschiedene inländische Interessenten. Anfang der neunziger Jahre steht davon nur noch das 1911 errichtete Geschäftshaus, in dem die Verwaltung untergebracht war. Es ist unter Denkmalschutz gestellt und beherbergt heute ein Hotel. Die übrigen Grundstücke sind nach Niederlegen der Fabrikbauten anderweitig genutzt und bebaut worden. Als dieser Prozeß, der längere Zeit in Anspruch nahm, abgeschlossen war, hatte ich das mir selbst gesteckte Ziel erreicht: Alle

Schuldner, einschließlich der durch einen Sozialplan begünstigten Mitarbeiter, waren voll entschädigt worden. Die Denkmäler „Der letzte Handweber“ und „Die Zwirnmeisterin“ wurden an verschiedenen Plätzen im Kernbereich der Stadt Hilden aufgestellt und mit Bronzetafeln versehen, aus denen ihre Bedeutung und Geschichte hervorgeht. Den „Rayonspinner“ hat mein Sohn Frank in seinem Garten in Bad Soden aufgestellt.

Es ist ein ungenügender und unbefriedigender Trost, daß in den gleichen Jahren wie wir die meisten großen Spinn- und Webereien der Baumwoll-, Woll- und Seidenindustrie in Deutschland aufgeben mußten. Darunter befanden sich fast alle alten großen Namen, die teilweise seit Jahrhunderten das Leben und die Wirtschaft von Städten und Regionen bestimmt hatten. Trotz der geschilderten Anstrengungen, die wir unternahmen, und der vielen Ideen, die wir dabei entwickelten, habe ich unser Scheitern doch auch als eine persönliche Scharte angesehen, die ich in einem anderen Beruf auszuwetzen gedachte. Die Gelegenheit dazu kam bald, als die Firmenabwicklung in der Hauptsache abgeschlossen war.

Eine idealtypische Vorstellung ist notwendig,
damit man weiß, wonach man streben sollte.
Der Idealfall ist nie eine Realität,
aber er bleibt als Aufgabe.

Alfred Herrhausen

Der dritte Weg

Meine unternehmerische Tätigkeit würde nur unvollständig geschildert sein, wenn ich über mein sozialpolitisches Engagement, das ich vor allem in der Beteiligung unserer Mitarbeiter an unserer Firma zu verwirklichen trachtete, und die Gründe dafür nicht berichtete. Gerade meine Aktivitäten auf diesem Gebiet und die Art und Weise, wie ich sie betrieb, machten das Besondere meiner Unternehmensphilosophie und Führungspraxis aus. Sie bestimmten mein Profil und auch meinen Ruf in der allgemeinen Öffentlichkeit und natürlich besonders in der Wirtschaft.

Oft wurde ich nach den Motiven meines Handelns gefragt. Ich verwies dann darauf, daß mich in gewisser Weise das Schicksal der Vertriebenen dazu angeregt habe, über das Zustandekommen und das Vorhandensein von Besitz und Eigentum nachzudenken. Der Krieg sei doch von allen Angehörigen unseres Volks verloren worden, aber nur die östlich der Oder-Neiße-Linie Wohnenden hätten ihr gesamtes Eigentum eingebüßt, ohne an den Überfällen auf andere Völker schuldiger als die übrigen Bürger unseres Landes geworden zu sein. Alles Eigentum im alten Gesamtdeutschland sei durch die gemeinsame Volkswirtschaft geschaffen worden. Dies mache es nicht nur erforderlich, einen Ausgleich zwischen den durch die

Kriegsfolgen so unterschiedlich Betroffenen herbeizuführen, sondern lege auch Überlegungen nahe, wie es denn zu dem Eigentum an beziehungsweise dem Verfügungsrecht über die Produktionsmittel gekommen sei. Auch sie seien das Ergebnis einer Gemeinschaftsleistung, nämlich der der Unternehmer, des Kapitals und der jeweiligen Mitarbeiter. Der Zuwachs (oder Verlust) wirke sich jedoch nur bei ersteren aus. Die Mitarbeiter dagegen gingen, außer daß sie ihren Lohn erhielten, leer aus. Sie blieben von dem Besitz an den Produktionsmitteln ausgeschlossen. Eine Änderung dieser Situation schiene mir deshalb dringend notwendig. Die Gerechtigkeit erfordere das.

Bei diesen Gedanken störte mich nicht, daß ich damit in die Nähe der Mehrwerttheorie von Karl Marx geriet. Aber ganz anders als er wollte ich den Klassengegensatz überwinden, indem ich die Mitarbeiter entsprechend ihrer Leistung an den Unternehmen materiell und „mitbestimmend" beteiligte. Ich betrachte ein Unternehmen als eine Errungenschaftsgemeinschaft von Kapitalgebern, Management und Mitarbeitern, bei der es selbstverständlich ist, daß das Humane und das Ökonomische in jeder Hinsicht gleichrangig angesehen und behandelt werden. Es war keine Überraschung für mich, daß man meine Auffassungen in der Wirtschaft als geradezu revolutionär empfand und sich daraus erbitterte Kontroversen ergaben. In gewisser Weise befand ich mich mit meinen Vorstellungen zwischen zwei Stühlen: Die Gläubigen der einen Seite wurzelten mit ihren Auffassungen im „Kapitalismus", die der anderen im „Sozialismus". Die von mir als „dritter Weg" konzipierte und vertretene Alternative wurde von beiden Seiten als eine Herausforderung betrachtet und als Gefährdung ihrer heiligsten Überzeugungen abgelehnt.

Die Arbeitgeber sahen im „dritten Weg" einen Einbruch in ihre geschlossene Front gegen die Mitbestimmungsforderung der Gewerkschaften und argwöhnten, daß die Unternehmer nicht mehr „Herr im Hause“ sein würden; das Mitunternehmertum sei der erste Schritt zur kalten Sozialisierung. Vielen unter ihnen, die sich meinen Auffassungen gegenüber grundsätzlich aufgeschlossen zeigten, gingen meine konkreten Absichten allerdings zu weit.

Bei der Beurteilung der Reaktion der Unternehmer muß man bedenken, daß bis in die ersten Jahrzehnte nach Ende des Zweiten Weltkriegs betriebliche Sozialpolitik im wesentlichen darin bestand und gesehen wurde, die Mitarbeiter durch entsprechende freiwillige Einrichtungen und Leistungen materiell zu „betreuen“, und zwar ohne daß ein Rechtsanspruch darauf gewährt wurde. Es handelte sich dabei vor allem um Hilfe in individuellen Notfällen, Gaben für Jubilare, Werkswohnungen mit verbilligten Mieten, Weihnachtsgratifikationen und eine an die Dauer der Betriebszugehörigkeit gebundene Altersversorgung. Später kamen Zuschüsse zur beruflichen Weiterbildung hinzu. Gegner derartiger Maßnahmen sprachen diffamierend vom „sozialen Klimbim“ und die Gewerkschaften von der „mildtätigen Hand“ der Unternehmer, die ihre Mitarbeiter auf diese Weise umsorgten. Auch von „goldenen Ketten“, mit denen man sie an das Unternehmen binde, war die Rede.

Das in dieser Weise beanstandete Verhalten der Unternehmer hatte seinen Ursprung im karitativen Denken des vorigen Jahrhunderts und entsprach dem, was man in jener Zeit unter der Verantwortung der Fabrikanten für die ihnen „anvertrauten“ Menschen verstand. Noch das Naziregime hatte diese Auffassung fortgesetzt, indem es Betriebe, die auf diesen Gebieten besonders viel leisteten, mit Urkunden, Plaketten und dem Ehrentitel „Musterbetrieb“ auszeichnete. So war es kein Wunder, daß die meisten Unternehmer, und hier vor allem die selbständigen, auf die völlig andere Sicht, die ich mit dem „Mitunternehmertum“ vertrat, mit Unverständnis und vielfach ausgesprochener Gegnerschaft antworteten.

Die Gewerkschaften dagegen bangten um ihre „Klassensolidarität“. Tuchfeldt schrieb dazu im April 1952 in den „Gewerkschaftlichen Monatsheften“: „Wo die Ergebnisse ein gewisses Maß erreichen, scheinen die Vorteile eines solchen Systems zu offensichtlich, als daß sie nicht zu einer gewissen Begeisterung der beteiligten Arbeitnehmer führen.“ Die Lohntütenperspektive verhindere die Einsicht, daß die Gewerkschaftspolitik dem Gesamtinteresse der Arbeitnehmer diene und darum die Vorteile einiger weniger hinter den Möglichkeiten zur Verbesserung der Lage aller zurückzustehen hätten.

Mir ging es nicht um eine Verkleisterung unterschiedlicher Interessen und Standpunkte, also um die Schaffung eines Mischgebildes aus den Vorstellungen beider Seiten, sondern um ein neues kooperatives Denken und Handeln der Sozialpartner, das ihrem effektiven Aufeinander-angewiesen-Sein entsprach. Während vor allem die gewerkschaftliche Seite nicht müde wurde, das Vorliegen einer solchen Interessengemeinschaft generell zu bestreiten, so war eben dies für mich eine sich aus der Logik der Situation ergebende Selbstverständlichkeit. Schon mein Vater hatte ja bei der Einweihung des Handweberdenkmals festgestellt: „Zu einem Fabrikationsgeschäft ist der Arbeiter so wichtig wie der Unternehmer!“

Als ich darüber nachzudenken begann, wie ich meine Vorstellungen in die Praxis umsetzen könnte, waren mir die entsprechenden Systeme und Erfahrungen bei den Zeiss-Werken in Jena und Unternehmern wie Freese und Harkort im vorigen Jahrhundert unbekannt. Ich betrat also, wie ich glaubte, mit meinen Bemühungen jungfräulichen Boden. Das war aber nicht nachteilig, weil ich von anderen Betrachtungen ausging als meine Vorläufer zu ihrer Zeit. Dazu trug natürlich auch die allgemeine Diskussion um die „Mitbestimmung“ bei. Diese wurde von den Gewerkschaften vehement und mit starkem politischen Druck gefordert und vertreten. Aber mit ihren Absichten konnte ich mich nicht anfreunden. Sie liefen darauf hinaus, daß der einzelne Mitarbeiter, weil er nicht selbst, sondern durch Funktionäre in seinen Interessen bei der Unternehmensleitung vertreten werden sollte, weiterhin „unmündig“ blieb und von diesen abhängig gehalten würde.

Statt dessen sollte er bei meinem Mitunternehmerkonzept selbst direkte Einflußmöglichkeiten auf die unternehmerischen Entscheidungen erhalten, deren Folgen er in jedem Fall mittragen muß. Das bedeutet allerdings, daß ihm alle Informationen zugänglich gemacht werden, die ihn zur Wahrnehmung dieser Aufgabe befähigen. Das Ziel dieser Bemühungen ist der wissende Wirtschaftsbürger, der nicht mehr Objekt, sondern mithandelnder und -denkender Partner im Unternehmen ist. Von der Verwirklichung dieses Auftrags wird es abhängen, ob die freiheitliche Gesellschaftsordnung und die soziale Marktwirtschaft auf die Dauer Bestand haben.

In einer Wirtschaftsordnung, die sich aus in dieser Weise organisierten und arbeitenden Betrieben zusammensetzte, würden die Gewerkschaften die Aufgabe haben, im überbetrieblichen Raum mit den Unternehmerverbänden die Wirtschaftspolitik zum Beispiel im Rahmen eines Bundeswirtschaftsrats mitzubestimmen sowie die Arbeitsbedingungen und Rechte der Lohn- und Gehaltsempfänger optimal zu gestalten, zu verbessern und zu wahren. Antigewerkschaftlich waren meine Absichten also keineswegs. Es sollte nur dort und insoweit das Einwirken von außen begrenzt werden, wo es die innerbetriebliche Kooperation und das Erreichen optimaler ökonomischer Ergebnisse stören könnte. Für eine solche Lösung waren die Gewerkschaften freilich nicht zu haben. Jedoch schränkten die späteren Betriebsverfassungsgesetze der Bundesrepublik die außerbetrieblichen Einflußmöglichkeiten ein und verbesserten die betriebliche Autonomie. Mir sind diese Bestimmungen allerdings nie weit genug gegangen, weil darin die ursprüngliche Grundstruktur der Unternehmensverfassung erhalten blieb. So wurden die Mitarbeiter in den mitbestimmten Unternehmen keineswegs so persönlich an den wesentlichen Entscheidungen beteiligt, wie es der Idee einer Partnerschaft und Errungenschaftsgemeinschaft entsprechen würde.

Die von mir gewählte Bezeichnung „Mitunternehmertum" für die Teilhabe der Belegschaft am arbeitgebenden Betrieb wurde anfangs beanstandet, weil sich mit diesem Begriff eine Beteiligungsweise verbinde, die über das den Mitarbeitern zu Gewährende hinausgehe. Ich hielt jedoch an dem Ausdruck fest, weil er besser als alle anderen das bezeichnete, was ich mit dem „dritten Weg" beabsichtigte. Es sollte ja gerade damit zum Ausdruck gebracht werden, daß die Mitarbeiter einen für sie neuen Status erhielten, in dem sie mitunternehmerisch denken und handeln und dadurch eine andere Stellung im Wirtschaftsprozeß einnehmen würden als bisher. Ich versprach mir im übrigen von der attraktiven Bezeichnung eine Erhöhung ihrer Bereitwilligkeit, in der neuen, ihnen bis dahin ungewohnten Weise überhaupt mitzumachen.

Übrigens wurde in der Folgezeit und wird auch heute mehr und mehr von „mitunternehmerischem Handeln" gesprochen, wenn man die Zusammenarbeit im Rahmen einer „betrieblichen Partnerschaft" kennzeichnen wollte/will. Letztere Bezeichnung für derartige Beteiligungsverfahren ist am 13. Oktober 1950 bei der Gründungsveranstaltung einer Arbeitsgemeinschaft zur Förderung derartiger Betriebsverfassungssysteme (AGP) bestimmt und festgelegt worden und wird heute noch so verwendet.

Zu dieser Zusammenkunft, die in Altenberg stattfand, hatte ich vor allem Mitglieder der „Arbeitsgemeinschaft selbständiger Unternehmer" (ASU) eingeladen, von denen ich erwartete, daß sie für einen neuen Weg innerbetrieblicher Zusammenarbeit besonders aufgeschlossen sein würden. Obwohl wir selbst erst einige Monate später einen entsprechenden Vertrag mit unseren Mitarbeitern abschlossen, ging es mir darum, sobald als möglich die Ausgangsbasis durch weitere Unternehmen zu verbreitern, die ebenfalls bereit waren, ihre Belegschaften an ihren Betrieben zu beteiligen. Jochen Wistinghausen, der an der Veranstaltung als Vertreter der ASU teilnahm, berichtete darüber: „Es waren etwa 50 bis 60 Herren – in der Mehrzahl Unternehmer – persönlich anwesend. Niemand kann Herrn Spindler die ehrliche Überzeugung und den Ernst absprechen, mit denen er die betriebssozialen Spannungen zu lösen versucht. Er selbst beabsichtigt, trotz rechtlicher und betriebswirtschaftlicher Bedenken, am 1. 1. 1951 die Mitunternehmerschaft in seinem Betrieb einzuführen. Drei der anwesenden Unternehmer entschieden sich vorbehaltlos für seinen Plan. Mehrere andere wollen die Genehmigung der Aufsichtsorgane einholen. Die Mehrzahl der Teilnehmer hielt bei aller Würdigung der fortschrittlichen Gedanken Spindlers andere Formen der Partnerschaft (Ergebnislohn, Gewinnbeteiligung usw.) für ausreichend."

Von den Anwesenden wurden u. a. noch folgende Einwände erhoben: „Das Motiv für die Einführung der Mitunternehmerschaft, den Arbeiter bedrücke die Abhängigkeit von den Entscheidungen seines Unternehmers, ist nicht von Bedeutung. Die Mehrzahl der Arbeiter will nicht mit der Unternehmerverantwortlichkeit belastet werden ... Der Wunsch, durch unmittelbare Beteiligung des Arbeiters in diesem unternehmerische Fähigkeiten wecken zu wollen, entspricht einem Idealbild. Die Mehrzahl der Arbeiter wird rein anlagemäßig diese Fähigkeit auch dann nicht entwickeln können, auch nicht wollen, wenn ihr die Chance gegeben wird." Diese Gesichtspunkte wurden in der öffentlichen Auseinandersetzung der Folgezeit immer wieder gegen unsere Absichten vorgebracht. Aber sie bewahrheiteten sich nicht.

Was die Bereitschaft der Mitarbeiter betreffe, Mitverantwortung zu übernehmen, vertrat ich den Standpunkt, daß es nicht darauf ankomme, ob sie das gerne tun würden. Ich hielt das jedoch für einen unverzichtbaren Teil einer echten Partnerschaft. Es ginge nicht an, daß die Betriebsangehörigen nur reine Nutznießer in materieller Hinsicht seien, ohne sich über ihre Tätigkeit am Arbeitsplatz hinaus zu engagieren. Deshalb hatte ich auch von Anfang an, außer einer Beteiligung an den Gewinnen, das gleiche an eventuellen Verlusten vorgesehen. Das wurde interessanterweise von den Betroffenen nie in Frage gestellt. Befragungen unserer Belegschaft über diesen Punkt ergaben denn auch eindrucksvolle Mehrheiten dafür. Man hielt es für selbstverständlich, daß wenn man etwas von den Gewinnen bekäme, man auch Einbußen tragen müsse. Freilich sollten diese nur in Höhe vorheriger Gewinne in Anspruch genommen werden können. Entsprechende Bestimmungen enthielt der spätere Vertrag. Einzahlungen waren nicht erforderlich.

Ich halte die Verlustbeteiligung vor allem deshalb für notwendig, weil es nicht ausreicht, in schlechten Jahren keine Ausschüttung vorzunehmen, um die Mitarbeiter erfahren zu lassen, daß ein Miteigentum an den Produktionsmitteln keine Wohltätigkeitseinrichtung ist, um zusätzlich zu Lohn oder Gehalt weitere Einkünfte zu erhalten. Es sollte auch mit dem Märchen aufgeräumt werden, ein Wirtschaftsunternehmen mache immer große Gewinne, und um Verluste brauche sich niemand Gedanken zu machen. Tatsächlich ist während der zwanzig Jahre, in denen wir das „Mitunternehmertum“ praktizierten, an der Verlustbeteiligung nie Kritik geübt worden, obwohl sie gelegentlich in Anspruch genommen werden mußte. Dieser Bestandteil unseres Verfahrens wurde übrigens von einer Reihe anderer Unternehmen in den folgenden Jahren mit gutem Ergebnis übernommen.

Auch das andere Argument aus der Altenberger Runde, es sei unrealistisch, von den Mitarbeitern zu erwarten, man könne in ihnen unternehmerische Fähigkeiten entwickeln, erwies sich als falsch. Gerade daß es, und zwar in erheblichem

Umfang, gelang, ist der Grund, weshalb so viele Unternehmen sich während der folgenden Jahre entschlossen, ihre Belegschaften in der einen oder anderen Weise zu beteiligen. Im Jahr 1992 waren das in Deutschland etwa zweitausend Betriebe mit ungefähr einer Million sechshunderttausend Betriebsangehörigen, und diese Zahl wächst noch ständig. Seit der Wiedervereinigung sind vor allem Betriebe in Ostdeutschland an solchen Systemen interessiert. Sie sehen darin eine Lösung ihrer besonderen Probleme, die dadurch entstanden sind, daß die unter dem SED-Regime enteigneten Firmen wieder privatisiert werden sollen, deren Eigentumsverhältnisse aber häufig ungeklärt sind. Solche Unternehmen suchen deshalb nach einer Möglichkeit, auf diesem Gebiet eine Neuordnung durchzuführen, wozu ihnen die mitunternehmerische Form geeignet erscheint.

Bereits kurz nach ihrer Gründung, 1950 in Altenberg, bezeichnete die AGP eine „Mitwirkung an den Vorbereitungen zur Wiedervereinigung als ihr besonderes Anliegen". Der Verwirklichung dieses großen politischen Ziels aller Deutschen stehe – außer dem Weltkonflikt der Großmächte – in erster Linie die unterschiedliche Wirtschafts- und Sozialstruktur entgegen, die in den beiden Teilen Deutschlands existiere. Die Erfahrungen der Partnerschaftsbetriebe würden bei der Lösung dieser Probleme zweifellos eine Rolle spielen. Die neunziger Jahre haben gezeigt, daß diese Vorausschau richtig war. Die AGP ist die führende Einrichtung, die den ostdeutschen Unternehmen hilft, auf ihre Eigentumsfragen eine praktische Antwort zu finden.

Mit allen Einrichtungen und Organisationen, die ähnliche Ziele verfolgten wie die AGP, hielt sie eine enge Verbindung und pflegte mit ihnen einen intensiven Erfahrungsaustausch. Dazu gehörte in erster Linie die bereits 1886 in Großbritannien von Quäkern gegründete „Copartnership Association", die jeden Sommer in einem College der Universitäten Cambridge und Oxford eine mehrtägige Konferenz über einschlägige sozialpolitische Themen veranstaltete. Auch die AGP übernahm mehrfach Referate. Wir selbst führten 1954 in Bad Soden und 1956 in Düsseldorf internationale Kongresse für interessierte Vereinigungen aus Europa und Übersee durch, die jeweils stark besucht waren.

In jenen Jahren hatte der Landesbischof von Niedersachsen, Hans Lilje, das Kloster Loccum damit beauftragt, Tagungen über aktuelle politische und wirtschaftliche Fragen zu veranstalten, in denen auf hohem Niveau eine enge Zusammenarbeit zwischen Vertretern der evangelischen Kirche und politisch interessierten Personen praktiziert wurde. Diese Zusammenkünfte, die ich fast ausnahmslos besuchte, wenn interessante Themen zur Behandlung anstanden, wurden leider bald nach dem Tod des Bischofs wie so viele andere, in denen sich aufgeschlossene Menschen der verschiedenen „Läger" auf einer neutralen Ebene treffen konnten, beendet. Unendlich oft wurden bei derartigen Veranstaltungen Gegensätze überbrückt und Mißverständnisse überwunden. Liljes Konzept war: Kein Teilnehmer verläßt Loccum, wie er gekommen ist. Das konnte man immer wieder als richtig feststellen.

Die Grundüberlegungen, die mich seinerzeit veranlaßten, ein modernes Konzept für die innerbetrieblichen Arbeitsbeziehungen zu entwickeln, umzusetzen und zu propagieren, spielen bei allen Unternehmen, die sich mit Beteiligungsfragen befassen, und allen Absichten und Aktivitäten auf diesem Gebiet eine maßgebliche und motivierende Rolle. Aber auch in der Gesetzgebung hatten sie spürbar einen bestimmenden Einfluß, so bei den Vermögensbildungsgesetzen, der betrieblichen Mitbestimmung und dem Betriebsverfassungsgesetz. Die Erregung, die unser „Experiment" in jenen ersten Jahren verursachte, ist längst abgeklungen. Es hat aber offenbar das Denken in vielen Köpfen nachhaltig verändert.

Zu diesem erfreulichen Ergebnis trug nicht zuletzt die große Resonanz bei, die die Aktivitäten und die Praxis in unserem

Unternehmen von Anfang an in den Medien gefunden hat. Von einem Tag auf den anderen fanden wir uns in die Schlagzeilen katapultiert. Dabei war die Auseinandersetzung, die wir auslösten, kontrovers und nicht ohne Mißverständnisse und Fehlinterpretationen. In einer Art gaben sie ein gutes Lehrmaterial für die Oberflächlichkeit vieler Journalisten, Redakteure und anderer Autoren ab. Aber soweit sie nicht dem Lager der Linken zugerechnet werden konnten, bemühten sie sich um sachliche Darstellungen und Kommentare. So schrieben Egon Jameson und Günther L. Schwill in ihrem Buch „So macht man Millionen“ unter der Überschrift „Der Mann des ‚dritten Weges‘“:

„Gert P. Spindler ist nicht nur der jüngste unter den westdeutschen Millionären. Er gilt auch als der radikalste. Ein moderner Unternehmer hat sich, so ist er überzeugt, nicht nur der neuesten technischen Errungenschaften zu bedienen, sondern sich auch rechtzeitig freiwillig auf sozialem Gebiete umzustellen, bevor ihn hierzu nach schädigenden Niederlagen die Umstände zwingen. Spindler vertritt den Standpunkt, daß ihm der Friede mit seinen Angestellten und Arbeitern mindestens so viel wert ist und Gewinn bringt wie eine gute Konjunktur und eine neuzeitliche Einrichtung. Nach seiner Überzeugung haben zum Wert eines Werkes auch die Leistungen eines jeden Arbeitnehmers beigetragen.

Deshalb habe auch ein jeder ein Anrecht auf Mitentscheidung bei wichtigen Betriebsfragen sowie auf Beteiligung am Substanzzuwachs und am Gewinn.

Um seine Ideen über sozialen Ausgleich zu propagieren, bediente sich Spindler zeitweise der von ihm gegründeten Wochenzeitschrift ‚Der Fortschritt‘ und erläuterte in ihr mit der Einsicht eines Paktikers Nachkriegsprobleme, wie die der Heimkehrer, Flüchtlinge, Neubürger, Kriegsgefangener, des Sozialismus, des Streikrechts, des Radikalismus und der betrieblichen Partnerschaft. Ein Buch über das ‚Mitunternehmertum‘ mit dem Untertitel ‚Vom Klassenkampf zum sozialen Ausgleich‘ faßte die wesentlichen Punkte seiner Forderungen zusammen. Es erregte um so mehr das Interesse der Beteiligten, als er mit der Durchführung seiner Vorschläge in seinen eigenen Betrieben begann und gemäß seiner Erkenntnis seinen Helfern ungewöhnlich hohe Anteile am Gewinn einräumte.“

In seiner „Sozialreise durch Deutschland“ beschäftigte sich Dirk Cattepoel mit der sich ändernden Einstellung in der Wirtschaft den Mitarbeitern gegenüber. In seiner Würdigung unserer Bemühungen wies er besonders auf die Gegnerschaft hin, mit der wir uns konfrontiert sahen: „Nicht nur die Gewerkschaften waren es, es waren auch Unternehmer, die diesen rheinischen Industriellen wegen seines ‚Mitunternehmertums‘ heftig angegriffen haben. Man hat ihn einen Phantasten, einen Außenseiter, einen Dilettanten genannt. Demgegenüber bleibt, wie auch immer man zu seinen Überzeugungen steht, festzuhalten, daß er seinen Gedanken und Erkenntnissen die Tat hat folgen lassen. Und dies ist in einer Welt, in der die guten Worte zahllos, die guten Taten selten sind, zumindest beachtenswert. Im übrigen aber ist er nicht der einzige, der Anfeindungen ausgesetzt ist. Fast alle Unternehmer, die in ihren Betrieben eigene, neue Wege mit ihren Mitarbeitern suchen, beklagten sich, daß ihre Überlegungen und Maßnahmen weitgehend auf Verständnislosigkeit stoßen. Nun, dies ist von jeher das Schicksal der Pioniere gewesen. Es ist allerdings auch ein Beweis dafür, daß die Bemühung um den Mitarbeiter noch keineswegs eine Selbstverständlichkeit ist.“

Der „SPIEGEL“ hatte bereits im März 1951 eine Titelstory über die Vorgänge in unserem Hause unter der aufreizenden Überschrift „Meist doch nur Pfeffersäcke“, womit die Unternehmer gemeint waren, gebracht. Darin berichtete das Magazin von meinem Vorstoß beim Bundestag: „Dieser möge in das in Arbeit befindliche Betriebsverfassungsgesetz einen Passus einfügen, wonach von den Bestimmungen des Gesetzes Unternehmen mit eigener Verfassung ausgenommen sein sollten, wenn Unternehmer und Betriebsrat solcher Firmen dadurch die wirtschaftliche Mitbestimmung als erfüllt ansähen." „Mitbestimmen", so hätte ich erklärt, „könne nur, wer im Unternehmen tätig, an den ausschüttbaren Gewinnen und an der Betriebssubstanz beteiligt sei und gleichzeitig Mitverantwortung übernähme. Von da an würden die Arbeiter zum ersten Male nicht mehr lügen, wenn sie von ‚ihrem' Betrieb sprächen." Natürlich verfiel mein Antrag der Ablehnung, denn Politiker und Verbandsfunktionäre meinen immer, sie könnten individuelle Regelungen nicht zulassen, weil durch sie häufig einem willkürlichen Mißbrauch Tür und Tor geöffnet werde.

Zwar schlossen wir mit den zuständigen Gewerkschaften einen betrieblichen Tarifvertrag ab, aber immer erst dann, wenn die Verhandlungen für die beiden Industrien, denen wir angehörten, zum Abschluß gekommen waren und das Ergebnis feststand. Eine Vorreiterrolle, in der uns die Gewerkschaften gerne gesehen hätten, haben wir nie übernommen. Der Anlaß, einen speziell für unsere Firma gültigen Tarifvertrag überhaupt abzuschließen, war gegeben, weil wir mit der Rayonspinnerei zur chemischen Industrie gehörten, mit den übrigen Werken jedoch zu Textil. Da die Löhne und Gehälter für gewisse Tätigkeiten, die es in beiden Wirtschaftszweigen gab, wie Handwerker, Verwaltungsangestellte und manche Hilfsarbeiter, in den überbetrieblichen Tarifverträgen der einzelnen Industrien in unterschiedlicher Höhe festgesetzt wurden, hatten wir immer Schwierigkeiten, derartige Mitarbeiter bei uns von einem Werk zum anderen zu versetzen. Beim Haustarif wurden alle gleichartigen Arbeiten jedoch gleich eingestuft, wodurch die genannten Probleme entfielen. Doch ergaben sich aus den betrieblichen Vereinbarungen mit der Gewerkschaft auch andere Vorteile.

1958 standen wir zum Beispiel vor dem Problem, daß, falls

wir in die überbetrieblich vereinbarten Lohnerhöhungen eintraten, lebenswichtige Anschaffungen einer Anzahl moderner Maschinen nicht finanzierbar waren. Ich trug diesen Sachverhalt deshalb mit allen erforderlichen Unterlagen dem Wirtschaftsausschuß und dem Betriebsrat mit dem Vorschlag vor, die Erhöhung erst zum Beginn des folgenden Jahres vorzunehmen und statt dessen die Investitionen zu verwirklichen. Das bedeutete einen Verzicht der Belegschaft auf eine Einkommensverbesserung für neun Monate. Nach längeren Diskussionen stimmten die Mitarbeitervertretungen dem zu, baten mich aber gleichzeitig, bei den anstehenden Verhandlungen mit der Gewerkschaft fest zu bleiben, um ihnen nicht in den Rücken zu fallen.

Das war jedoch leichter gesagt als getan. Der zuständige Bezirksfunktionär erklärte eine solche Lösung für unannehmbar. Was würden seine Kollegen dazu sagen, wenn ausgerechnet bei uns eine solche Ausnahme gemacht werde. Ich schlug ihm daraufhin vor, Betriebsversammlungen abzuhalten, bei denen er und ich sprechen sollten, um unsere Gesichtspunkte darzulegen. Dann möge die Belegschaft darüber entscheiden. Der Gewerkschaftler ging darauf ein, und die erste Versammlung fand statt. Die Mitarbeiter stellten sich in der anschließenden Urabstimmung aber mit so großer Mehrheit auf meine Seite, daß der Funktionär darauf verzichtete, weitere derartige Duelle mit mir auszufechten.

Vermutlich trug diese Erfahrung dazu bei, daß die Gewerkschaft damit zu argumentieren begann, das Funktionieren des Mitunternehmertums und seine Attraktivität bei der Belegschaft seien nicht auf das „System", also das Verfahren zurückzuführen, sondern auf meine persönliche Ausstrahlung, also sozusagen mein „Charisma".

So schmeichelhaft das für mich selbst war, so erkannte ich darin doch eine große Gefahr für meine Idee und ihre Verwirklichung durch andere Unternehmen, die nicht in gleicher

Weise über eine Persönlichkeit an ihrer Spitze verfügten. Sie würden dann keinen Erfolg haben können und die Chefs nicht bereit sein, unseren Weg mitzugehen. Ich bekämpfte deshalb das Argument, wo immer es mir möglich war. Tatsächlich hat die große Verbreitung, die die Mitarbeiterbeteiligungen inzwischen erfahren haben, auch erwiesen, daß das von der Gewerkschaft vorgebrachte Argument nicht zutraf. Trotzdem kann natürlich nicht bestritten werden, daß nur Unternehmensleiter, die bei ihren Mitarbeitern glaubhaft sind, mit betrieblicher Partnerschaft Erfolg haben.

Mein Verhältnis zu den Gewerkschaften war übrigens bei allen Meinungsunterschieden von gegenseitiger Achtung bestimmt, und wirklich feindliche Auseinandersetzungen hat es zwischen uns nie gegeben. So waren meine Kontakte zu Victor Agartz, dem damaligen Leiter des Wirtschafts- und Sozialwissenschaftlichen Instituts des BGB, sachlich und befruchtend. Er erkannte wohl die Ernsthaftigkeit meiner Bemühungen an, obwohl er sie von seinem Standpunkt aus nicht gutheißen konnte.

Ich ließ jedoch auch keine Gelegenheit verstreichen, den Arbeitnehmerorganisationen zu zeigen, daß ich in ihnen nicht nur keine Gegner sah, sondern sie vielmehr für erforderlich hielt, über die Rechte der abhängig Arbeitenden zu wachen und dafür zu sorgen, daß diese ihren Anteil am materiellen und gesellschaftlichen Fortschritt erhielten. Als eines Tages zwischen unserer Belegschaft im Werk Gummersbach und dem örtlichen Gewerkschaftsvertreter anläßlich einer Betriebsratswahl eine Kontroverse stattfand, weil die Mitarbeiter nur Kandidaten aufgestellt hatten, die nicht der Gewerkschaft angehörten, kam es durch Ungeschicklichkeiten des Funktionärs zu Massenaustritten aus der Organisation. Als ich davon hörte, eilte ich sofort an Ort und Stelle und hielt eine Betriebsversammlung ab. Dabei erklärte ich der Belegschaft, daß ihr Verhalten zwar verständlich, aber dem Mitunternehmertum nicht dienlich sei. Natürlich überließe ich es jedem zu entscheiden, ob er Mitglied der Gewerkschaft sein wolle oder nicht. Ich weiß nicht, wie sich die einzelnen Mitarbeiter nach dieser Versammlung verhalten haben. Mich interessierte das nicht einmal. Aber Gewerkschaftsvertreter haben mich noch nach vielen Jahren auf diesen Vorgang angesprochen. Er hatte sie wohl überzeugt, daß ich es mit meiner Neutralität ihnen gegenüber aufrichtig meinte oder zumindest taktisch geschickt vorgegangen war.

Aber nicht nur für die Gewerkschaften war das „Mitunternehmertum“ in den fünfziger Jahren ein Reizwort ersten Ranges. Für die Unternehmer traf das in gleicher Weise zu. Als mich Bundesinnenminister Lehr in seiner Eigenschaft als Präsident des Düsseldorfer Industrieclubs bat, meine sozialpolitischen Vorstellungen in einem Vortrag vor dessen Mitgliedern darzulegen, kam ich dieser Aufforderung in der Erwartung gerne nach, mit einem Auditorium führender Industrieller meine Überlegungen und Absichten diskutieren zu können.

Aber während ich sprach, nahm die Erregung im völlig überfüllten Saal in einem solchen Maß zu, daß Dr. Lehr eine Diskussion nicht zuließ, weil er befürchtete, sie würde in einer Weise ausarten, die dem Stil des Clubs nicht entspräche. In der Tat fielen in den anschließenden Gesprächen im kleinen Kreis so absurde Bemerkungen wie: „Hier in diesen Räumen hat uns schon einmal einer mit seinen sozialen Patentrezepten aufs Kreuz gelegt. Nochmals wird uns das nicht passieren.“ Vorwerk (Wuppertal), damals Präsident des rechtsrheinischen Arbeitgeberverbands, spielte damit auf die berühmt-berüchtigte Rede Adolf Hitlers an, die dieser 1932 in diesem Club gehalten hatte, um die Industrie zu veranlassen, seine Partei finanziell zu unterstützen.

Als die Beteiligung der Mitarbeiter bei uns allgemein bekannt wurde, waren zunächst auch einige Kunden beunruhigt, weil sie argwöhnten, dadurch würden unsere Betriebsangehörigen darauf drängen, daß wir die Preise für unsere Artikel heraufsetzten. Mehrere Abnehmer drohten ganz offen, uns in diesem Fall als Lieferanten auszuschalten. Es war jedoch nicht schwer, sie davon zu überzeugen, daß ihre Bedenken unbegründet waren. Die befürchtete Preiserhöhung fand selbstverständlich nicht statt und wurde auch nie beantragt. Im Gegenteil führte die Motivation, die mit dem „Mitunternehmertum" verbunden war, dazu, kostengünstiger als bis dahin zu produzieren. Auch fanden unsere Bemühungen, den Warenausfall qualitativ zu verbessern, nun die Unterstützung der Basisbelegschaft. Kein Kunde sprang ab. Einige waren sogar daran interessiert, Einzelheiten über unseren neuen Weg zu erfahren, um zu prüfen, ob er auch für sie anwendbar sei.

Arbeitgeberverbände, Industrie- und Handelskammern luden mich in der Folgezeit im ganzen Bundesgebiet zu Vorträgen ein, bei denen ich mich zwar nie über mangelnde Beteiligung beklagen konnte, aber auch nur selten in der Diskussion eine ausgewogene und sachliche Auseinandersetzung mit meinen Ideen erfuhr. Die Unternehmer erkannten damals nicht, daß durch eine in weiten Teilen der Wirtschaft praktizierte betriebliche Partnerschaft die freiheitliche, demokratische Gesellschaftsordnung gegenüber Angriffen von sozialistischer und sonstiger „linker" Seite geradezu immunisiert werden würde.

Noch in den neunziger Jahren hat sich diese Einsicht nicht allgemein durchgesetzt. Hermann Asbach, der Weinbrandhersteller in Rüdesheim, erklärte mir gegenüber: „Sie brechen uns Unternehmern mit Ihren Ideen das Rückgrat", und der Tuchfabrikant Waldemar Croon, Aachen, meinte: „Ich werde niemals freiwillig nur die kleinste Konzession machen. Man muß mich dazu zwingen!"

Mich berührten derartige Stellungnahmen herzlich wenig, zumal zahlreiche Persönlichkeiten aus Politik und anderen

Bereichen des öffentlichen Lebens meinen Vorstellungen und Absichten positiv gegenüberstanden und ich mich dadurch bestätigt fühlen konnte. Dazu gehörten einer der führenden Vertreter der katholischen Soziallehre, Oswald von Nell-Breuning, mit dem ich längere Gespräche führte, und Kardinal Frings in Köln, der mich bereits wenige Monate nach Beginn unserer Partnerschaft in einer Privataudienz empfing und mit mir eingehend die Bedeutung des „dritten Weges“ und seine möglichen sozialen Folgen diskutierte. Andere Gesprächspartner waren der nordrhein-westfälische Ministerpräsident Arnold, der einen eigenen Beteiligungsweg vorgeschlagen hatte, Landesbischof Lilje von Hannover, aber auch der Vorsitzende der „Gewerkschaft Bau, Steine, Erden“, Georg Leber, der das Mitunternehmertum offen favorisierte.

In diesen Jahren traf ich mich mehrfach zu ausgedehntem Meinungsaustausch mit Marion Gräfin Dönhoff von der „Zeit“ und fand in ihr stets eine interessierte, anregende Gesprächspartnerin. Als ich ihr gegenüber einmal beklagte, daß ich mit der Verbreitung meines Gedankens, die Mitarbeiter an Unternehmen zu beteiligen, bei meinen Kollegen so wenig Resonanz fände, fragte sie mich: „Weshalb tun Sie, was Sie tun? Wollen Sie die Menschen glücklich machen, oder halten Sie Ihren Weg einfach für der Gerechtigkeit entsprechend?“ Die Antwort fiel mir nicht schwer. „Das Letztgenannte natürlich“, stellte ich klar. Sie meinte darauf, dann sei die Zeit, die das dauere, doch auch nicht wichtig. Meine „Stimmungskrise“ war augenblicklich vorbei, und ich verfolgte meine Absichten mit gestärkter Überzeugung und erhöhter Energie weiter.

Meinen fünfundsechzigsten Geburtstag nahmen zwei führende Politiker jener Tage zum Anlaß, mir ihre Anerkennung zum Ausdruck zu bringen. Der damalige Bundeskanzler Helmut Schmidt (SPD) telegrafierte: „Ihre Idee von der Partnerschaft im Betrieb war für viele Unternehmer ein Denkanstoß und hat bis heute an Aktualität nichts verloren. Ihre publizistischen Arbeiten, stets auf den Abbau sozialer Spannungen gerichtet, haben weithin Beachtung gefunden." Der damalige Generalsekretär der CDU, Heiner Geissler, betonte: „Sie haben sich in Ihrem jahrzehntelangen Wirken sowohl als Unternehmer als auch als Publizist stets vorbehaltlos für die freiheitliche Wirtschafts- und Gesellschaftsordnung eingesetzt. Als Chef eines großen Textilunternehmens haben Sie verantwortungsvoll die Chance wahrgenommen, die freiheitliche Zukunft unseres Staates, unserer Wirtschaft und unserer Gesellschaft mitzugestalten. Sie haben stets über das aktuelle Geschehen hinausgeblickt und andere durch Ihr Handeln, das von fachlicher Kompetenz und unternehmerischer Umsicht getragen war, überzeugt. Mit Ihren zahlreichen Veröffentlichungen haben Sie wichtige Beiträge zur Gestaltung von Staat, Wirtschaft und Gesellschaft geleistet. Wir schulden Ihnen und Ihrer Arbeit Dank und Anerkennung."

In der öffentlichen Diskussion merkwürdigerweise ziemlich ausgespart wurden einige Fragen, die das Mitunternehmertum aufwarf und die gelöst werden mußten. Da war einmal das gewerkschaftliche Argument vom „doppelten Risiko", das die Arbeitnehmer durch eine Beteiligung zu tragen hätten. Die Partnerschaftsbetriebe selbst taten sich schwer bei der Frage, wie die Betriebsergebnisse zwischen „Kapital" und „Arbeit" gerecht aufgeteilt werden könnten. Eine weitere, noch lange nicht gelöste Aufgabe bleibt, die abhängig Arbeitenden zu „Wirtschaftsbürgern" zu machen. Sie ist nicht nur eine entscheidende Voraussetzung für das Funktionieren einer echten Partnerschaft, sondern auch einer modernen Demokratie als Staatsform.

Das doppelte Risiko liegt nach Ansicht der Gewerkschaften darin, daß die Arbeitnehmer außer dem Verlieren des Arbeitsplatzes in Verlustjahren auch die Einbuße ihrer Einkünfte aus ihrer Ertragsbeteiligung hinnehmen müssen. Das Argument richtet sich deshalb vor allem gegen eine Beteiligung an demjenigen Unternehmen, bei dem sie angestellt sind. Statt dessen wünschte die Organisation die Bildung von überbetrieblichen Fonds, in denen die Erträge verschiedener Betriebe gesammelt werden sollten, die die Gewerkschaft verwalten wollte.

Damit wurde deutlich, worum es ihr in Wirklichkeit ging: den Einfluß der Funktionäre auch bei dem neuen Weg der innerbetrieblichen Beziehungen zu sichern. Das hätte natürlich die völlige Außerachtlassung der Mitverantwortung des einzelnen bedeutet, die ein unverzichtbares Gegenstück der mit der Partnerschaft verbundenen Mitwirkung und Mitbestimmung ist. Außerdem würden die Mitarbeiter auf diese Weise erheblich besser gestellt als die Aktionäre, wozu keine Veranlassung besteht. Schließlich ist es ja jedem freigestellt, ob er sich bei „seinem" Unternehmen beteiligen will oder nicht. Die gewünschten Fonds wurden deshalb auch nicht eingerichtet.

Bis in die Gegenwart nicht gelöst ist ein gerechter Aufteilungsschlüssel der Gewinne beziehungsweise Verluste zwischen den beteiligten Mitarbeitern und den Kapitalgebern. Dabei ist zunächst die Frage offen, ob und in welcher Höhe die Löhne und Gehälter als Vorabausschüttung angerechnet werden sollen. Im allgemeinen bleiben sie in den praktizierten Beteiligungsverfahren unberücksichtigt. Aber selbst dann ist die Schlüsselfrage ein schwer zu lösendes Problem: Wie hoch ist die Mitleistung der Betriebsangehörigen anzusetzen und zu berücksichtigen? In den von mir geleiteten Paul-Spindler-Werken haben wir die Jahreslohnsumme dem betriebsnotwendigen Kapital gegenübergestellt, was zu einer Mitarbeiterbeteiligung von etwa fünfundzwanzig Prozent führte. Befriedigt hat uns das nie. Aber wir fanden keinen Aufteilungsmodus, der uns gerechter erschien.

Das Problem ergibt sich ja daraus, daß der Kapitalbedarf eines Unternehmens beziehungsweise der notwendige Aufwand an menschlicher Arbeitsleistung von Wirtschaftszweig zu Wirtschaftszweig enorm große Unterschiede aufweist. Man denke an ein Dienstleistungsunternehmen mit hoher manueller Tätigkeit und im Vergleich dazu an eine Ölraffinerie oder eine Gesellschaft der chemischen Industrie mit großem Kapitalbedarf und geringem menschlichen Einsatz. Es kommt hinzu, daß sich dieses Verhältnis durch moderne Geräte (wie Computer etc.) ständig verändert und sich allein dadurch zwischen „Kapital" und „Arbeit" innerhalb der Errungenschaftsgemeinschaft „Betrieb" verschiebt. Der „Schlüssel" müßte dem Rechnung tragen, also ständig korrigiert werden. Trotz der genannten Probleme sollte man aber die Bemühungen, eine allgemein anwendbare Methode zu finden, nicht aufgeben.

Je länger ich mich mit der Frage der Entwicklung der Mitarbeiter zu Wirtschaftsbürgern beschäftige, desto klarer werden mir die Schwierigkeiten, sie an ökonomische Probleme allgemein und an die des Unternehmens, in dem sie tätig sind, heranzuführen. Das liegt nicht an einer Interessenlosigkeit dieses Personenkreises, wie oft vermutet wird, und auch nicht an fehlenden intellektuellen Fähigkeiten, das Erfahrene zu verarbeiten und anzuwenden.

Es bedarf jedoch besonderer Anstrengungen, die ökonomischen und sozialen Aufgaben eines Unternehmens den Mitarbeitern in einer Form nahezubringen, die für sie attraktiv ist. Meist machen sich die jeweils zuständigen Geschäftsleitungen wenig Mühe, ihre Belegschaften an den Angelegenheiten des Unternehmens und seiner Führung aktiv teilnehmen zu lassen. Häufig wird die Notwendig- oder Zweckmäßigkeit eines solchen Mitwissens und -handelns nicht erkannt oder sogar ausdrücklich nicht gewünscht. Jedenfalls werden ein Dutzend Gründe angeführt, das innerbetriebliche Kommunikationswesen über die Vorschrift des Betriebsverfassungsgesetzes hinaus nur stiefmütterlich zu behandeln. Belegschaftsvertreter und

Redakteure von Werkzeitschriften können ein Lied davon singen.

Auf diese Weise werden wirkungsvolle Motivationsmöglichkeiten nicht genutzt, und es wird somit unterlassen, die Mitarbeiter zu mitverantwortlichen Partnern zu machen. Man kann sich jedoch nicht über Unwissenheit und falsche Schlußfolgerungen „wirtschaftlicher Laien" beklagen, wenn man nichts dagegen tut, diesen Zustand zu überwinden. Nirgendwo sonst ist es so leicht möglich, sie über ökonomische Vorgänge und Zwänge zu informieren, wie in „ihrem" Betrieb, wo sie die Auswirkungen selbst erleben. Es gilt zu erkennen, daß hier für die Unternehmen eine pädagogische Aufgabe ersten Ranges vorliegt, die sie zwar nicht allein (die Schulen und die Massenmedien müssen dabei wesentlich mitwirken) erfüllen können, für die sie jedoch wegen der Nähe zum „Geschehen" in besonderer Weise geeignet sind. Für Partnerschaftsbetriebe jedenfalls ist eine starke Aktivität und Offenheit auf diesem Gebiet ein „Muß". Wer es vernachlässigt, kann sich nicht mit gutem Gewissen als ein solcher bezeichnen!

Um die Aufgabe, die diesbezüglich von den Betrieben zu lösen ist, zu charakterisieren und um deutlich zu machen, daß am Anfang Freimut in jeder Beziehung stehen muß, nannte ich dieses Vorgehen „das Prinzip der gläsernen Tasche", eine Bezeichnung, die bald für die Darstellung entsprechender Einrichtungen und Praktiken allgemein sehr populär wurde. In unserem Unternehmen begann ich damit, jedem Mitarbeiter das Recht einzuräumen, mein Privatkonto einzusehen, wenn er das wünschte. Diese Geste meines Vertrauens wurde nie mißbraucht, aber hoch anerkannt, obwohl sie nur einer wirklich in Anspruch nahm.

Vertrauen war überhaupt das bestimmende Element unserer Zusammenarbeit. So schafften wir auch die Kontrolluhren am Eingang der Betriebe ab, eine Maßnahme, die der Betriebsrat mit Skepsis beobachtete, die sich jedoch von Anfang an voll bewährte. Die notorischen „Zuspätkommer“ setzten nun ihren Ehrgeiz daran, lieber etwas früher als erforderlich die Arbeit aufzunehmen.

Zwischen dem Betriebsrat und mir entwickelte sich im Lauf der Zeit eine so positive Beziehung, daß auch Fragen behandelt wurden, die einen persönlichen Charakter trugen. So wurde er einmal bei mir vorstellig, um mich hinsichtlich meines Verhaltens bei meinen regelmäßigen Besuchsgängen durch die Betriebe zu beraten. Dabei traf ich mich in der Regel nur mit den jeweils verantwortlichen leitenden Mitarbeitern, um Fragen, die sie hatten, zu beantworten oder mir neue Einrichtungen und Handhabungen anzusehen. Das wurde natürlich für richtig gehalten, aber gleichzeitig wurde vermißt, daß ich andere nicht ansprach, wenn ich sie bei ihrer Arbeit sah, um mich nach ihrem Tun zu erkundigen. Sie empfänden das als mangelndes Interesse an ihrer Tätigkeit.

Ich ließ mir das gerne sagen, zumal ich den direkten Kontakt mit Betriebsangehörigen, die mit ausführenden Aufgaben betraut waren, suchte, um ihre Meinungen zu allen möglichen Angelegenheiten selbst kennenzulernen. Natürlich änderte ich mein Verhalten in dieser Hinsicht und erfuhr auf diese Weise vieles, was mir sonst nicht bekannt geworden wäre.

Das war auch ein Gewinn, der sich aus der „Montagssprechstunde“ ergab, die ich eingerichtet hatte, damit jeder Mitarbeiter, der eine Frage oder ein Problem mit mir unter vier Augen erörtern wollte, dies konnte, ohne sich anmelden zu müssen. Davon wurde in unterschiedlicher Weise Gebrauch gemacht. Manche bewegte eine persönliche Angelegenheit, andere fühlten sich ungerecht behandelt. Nicht wenige wünschten eine Verbesserungsidee, die ihnen gekommen war, mit mir unmittelbar zu besprechen, bevor sie sie im Rahmen des betrieblichen Vorschlagswesens anmeldeten. Es gab auch einige, die einfach „Dampf ablassen“ wollten. Sie alle schätzten die Möglichkeit eines persönlichen Gesprächs mit mir. Da jeweils selten mehr als drei bis fünf Personen zu mir kamen, ließ sich diese Aufgabe gut bewältigen. Die Zeit, die ich dafür aufwenden mußte, war nie umsonst. Es motivierte die Mitarbeiter, und ich lernte viele von ihnen sowie ihre Gedanken und Vorstellungen kennen. Natürlich läßt sich eine solche Einrichtung nur in mittelständischen Unternehmen verwirklichen. Sie ist dann jedoch von hohem Wert.

Die Sprechstunden hatten aber auch noch eine indirekte Wirkung. Jeder Vorgesetzte in unserem Haus wußte um diese Einrichtung. Sie trug bei denen, die es nötig hatten, dazu bei, sich den ihnen unterstellten Betriebsangehörigen gegenüber so zu verhalten, wie es dem Geist unserer partnerschaftlichen Zusammenarbeit entsprach.

Ich hielt diesen Weg für geeigneter als jenen, den ein paar andere Unternehmer in Deutschland gingen, indem sie neue Vorgesetzte in geheimen Abstimmungen durch ihre späteren Mitarbeiter wählen beziehungsweise bestätigen ließen. So sehr ich von unseren verlangte, daß sie sich vorbildlich entsprechend der mitunternehmerischen Konzeption verhielten, so schien es mir doch geboten, die Eindeutigkeit der mit Führungsaufgaben bestellten Anweisungshierarchie nicht durch ein Votum von „unten“ in Frage zu stellen. Es gab genügend Möglichkeiten für die Beschäftigten, ihre Meinung kundzutun und auch sich notfalls zu beschweren, ohne deshalb irgendwelche Benachteiligungen befürchten zu müssen.

Im allgemeinen vermied ich es, einen Vorgesetzten, der sich falsch verhalten hatte, in Gegenwart seines Mitarbeiters zu korrigieren. Aber mir war im Zweifelsfall die bessere Lösung wichtiger als das Prestige eines Leitenden. Das wurde zum Beispiel in einem Fall aktuell, der folgendermaßen lag:

In einer unserer Handwerksabteilungen arbeitete ein Schlosser, der fachlich außerordentlich tüchtig und erfindungsreich war. Er hatte eine sehr gute Meisterprüfung abgelegt, erschien jedoch selten pünktlich zu Arbeitsbeginn und verhielt sich auch sonst äußerst eigenwillig. Natürlich war der Betriebsleiter, dem er unterstand, davon wenig angetan. Deshalb wollten dieser und der Personalleiter ihn auf keinen Fall zum Schlossermeister in einem anderen Werk machen, in dem eine entsprechende Stelle freigeworden war. Ich sah das anders, weil ich ihn gut genug kannte, um ihn nicht nur als Fachmann, sondern auch als Charakter zu schätzen.

Ich ließ ihn deshalb kommen und sagte ihm, daß ich bereit sei, ihm die Stelle trotz erheblicher Bedenken der beiden leitenden Mitarbeiter zu geben. Zugleich erwartete ich jedoch von ihm, daß er durch ein entsprechendes Verhalten meine Entscheidung als die richtige rechtfertigen würde. Ein halbes Jahr später schlugen die Abteilungsleiter, die ihn zunächst abgelehnt hatten, eine erhebliche Gehaltserhöhung für ihn vor, da sie sich inzwischen von seiner Befähigung für die Aufgabe, die ich ihm gegeben hatte, hatten überzeugen können. Kaum verhielt sich ein anderer Angehöriger der mittleren Führungsebene in der Folgezeit so loyal wie er.

Mir hat in meinem ganzen Leben der Umgang mit Menschen mehr Freude gemacht als irgend etwas anderes. Ich fand immer, daß es nichts gibt, was interessanter und lohnender ist, als sich mit ihnen und ihren Problemen, Sorgen, Nöten, Ängsten, Hoffnungen und Erwartungen zu befassen und ihnen bei deren Bewältigung beizustehen. Neben dem Erreichen ökonomischer Ziele in einem Unternehmen sehe ich in der Anerkennung und Behandlung der Mitarbeiter als wirklich ebenbürtige Partner die Schlüsselaufgabe einer modernen Unternehmensführung. So richtete ich meine Beratungstätigkeit, die ich als zweiten Beruf ausübte, darauf aus, das Topmanagement der Firmen, die meine Klienten waren, davon zu überzeugen und sie zu Maßnahmen zu bewegen, die dieser Auffassung entsprachen.

Ich bin in den Jahren nach Aufgabe der Spindler-Werke und der Beendigung des Mitunternehmertums häufig gefragt worden, ob ich rückblickend gesehen unseren Weg noch einmal gehen würde. Die Antwort fiel mir immer leicht. Das „Ja" darauf entsprach und entspricht meiner Überzeugung, daß die Verwirklichung einer echten Partnerschaft die Lösung für alle Fragen und Probleme ist, die sich aus der Zusammenarbeit zwischen Management und übriger Belegschaft ergeben. Mag sie bedingt durch die Größe und Struktur der einzelnen Unternehmen jeweils in einer anderen Weise zu organisieren sein, in der Grundmethode ist sie überall und immer anwendbar. Wenn viele Betriebe sich heute mit dem Wort „Partnerschaft" schmücken, die lediglich ein Verfahren zur materiellen Beteiligung ihrer Mitarbeiter praktizieren, nicht aber die „geistige", die zum aktiven, mündigen Wirtschaftsbürger führt, so wird darin nur deutlich, daß es in der Wirtschaft wie auf anderen Gebieten auch schwer ist, neue, ungewohnte Wege zu gehen. So lange sich daran nichts ändert, wird sich auch nichts Neues bewegen.

Als Sensation betrachteten viele Menschen – und natürlich auch die Massenmedien, die die Entwicklung unseres Hauses verfolgt hatten – unseren Entschluß, aufzugeben. Die uns Wohlgesonnen bedauerten das mit aufrichtiger Anteilnahme. Aber es gab auch nicht wenige, die eine gewisse Schadenfreude nicht verbergen konnten. Zu letzteren gehörten vor allem jene Unternehmer, die Gewerkschaften und linken Politiker, die das bei uns praktizierte „Mitunternehmertum" aus verschiedenen Gründen jahrelang mit scheelen Augen verfolgt und kommentiert hatten. Manche der ersteren frohlockten, weil sie glaubten, unsere Form innerbetrieblicher Zusammenarbeit und die Beteiligung der Betriebsangehörigen an dem Unternehmen seien die Ursache unserer Schwierigkeiten. Die textilen Wettbewerber beteiligten sich nicht an solchen Spekulationen, weil sie um die wirklichen Gründe aus eigenen Erfahrungen wußten.

Schon in den Schlagzeilen zu den Kommentaren der Presse

wurden die Unterschiede im geistigen Standort der jeweiligen Redaktion deutlich. Neben „Fabrikant entläßt Mitunternehmer" und „Spindlers Spindeln spannen den Bankrott" der Linksblätter las man in den „bürgerlichen" Zeitungen Überschriften wie „Auch im Abschied ein Vorbild", „Kein Schaden für Spindler-Mitarbeiter", „Arbeitnehmer bestanden Bewährungsprobe", „Allen Mitarbeitern neue Arbeit verschafft", „Experiment scheiterte jetzt an der Konkurrenz", „Eine Lanze für die Partnerschaft – positive Erfahrungen". In den Texten hoben die einzelnen Blätter hervor, was ihnen bemerkenswert erschien.

Die kommunistische „UZ" reflektierte das so: „Spindler glaubte, die Grundwidersprüche zwischen Arbeit und Kapital durch eine stärkere Bindung der Arbeiter an den Betrieb einfach beiseite schieben zu können. Der ehemalige Betriebsrat und Kommunist R. sieht das folgendermaßen: ‚Ich glaube, Spindler sieht, daß der Weg zum Sozialismus geht. Mit seinem ‚Mitunternehmertum' versucht er, die Arbeiter vom Sozialismus abzuhalten.' Aber für Spindlers reaktionäre ‚Unternehmer-Kollegen' war selbst sein liberales Konzept, die arbeitenden Menschen durch Scheinrechte und -besitz schneller in den Kapitalismus zu integrieren, noch gefährlich. Sie fürchteten um ihren rigorosen Herr-im-Hause-Standpunkt, um ihre Alleinvertretungs-Anmaßung. Und sie bekämpften Spindler bis heute politisch und wirtschaftlich. Spindler hat ein Beispiel für ‚modernen Kapitalismus' in seinem Betrieb gegeben. Er wollte sich am eisernen Gesetz dieses Systems ‚Fressen oder gefressen werden' vorbeimauscheln. Daran scheiterte er."

„Dieser Vorgang würde kaum mehr als eine Fünf-Zeilen-Meldung hergeben in einer Zeit, in der der wirtschaftliche Wandlungsprozeß gerade in der Textilindustrie in einem rasanten Tempo verläuft", schrieb der „Industriekurier". „Es ist ein gewöhnliches Symptom des technischen Fortschritts und der notwendigen Klärung in dem strukturellen Anpassungsprozeß dieser Branche. Ein besonderer Fall indessen, weil es sich bei dem Inhaber um Gert P. Spindler handelt, um den Unternehmer, der mit seinem Modell vom Mitunternehmertum der Arbeitnehmer schon 1950/51 sozialpolitische Pionierarbeit leistete ... Über viele Fragen wird es in der nächsten Zeit eine öffentliche Diskussion geben, und man darf sicher sein, daß Gert Spindler sich ihr stellen, sie mitbestreiten wird. Er hat sich nie darum gedrückt. Seine Verantwortungsfreudigkeit zeigt sich am deutlichsten, daß er die Mitunternehmerverträge bereits 1969 kündigte, um die Arbeitnehmer vor möglichen Verlusten zu bewahren."

„Draufzahlen wird bei Spindler nur er müssen", berichteten die „Stuttgarter Nachrichten". „Das Vertrauen der Mitarbeiter in Betrieb und Chef ist deshalb ungebrochen. Trotz des bevorstehenden Endes des Unternehmens gab es keine Massenkündigungen. Die Spindler-Leute wollen das Unternehmen bis zum ‚Dichtmachen' lebensfähig erhalten. Spindler hat sich selbst in die Arbeitsvermittlung eingeschaltet. Firmen, die sich um seine Mitarbeiter bemühen, haben nur dann eine Chance, wenn sie auch Versehrte und Arbeitskräfte nehmen, die vielleicht schon in ein paar Monaten das Rentenalter erreichen. Auf diese Weise schafft Spindler, woran selbst die Gewerkschaft Textil und Bekleidung nicht recht glauben mochte: Auch der ‚schwerste Kriegsbeschädigte' hat einen neuen Arbeitsplatz erhalten."

„Gert P. Spindler betonte im Gespräch", so die „Süddeutsche Zeitung", „die materielle Beteiligung habe in den ganzen Jahren eine völlig untergeordnete Rolle gespielt. Voll bewährt habe sich aber der Gedanke der innerbetrieblichen Partnerschaft. Seine Mitunternehmer hätten in all den Jahren eine ganz andere Einstellung zum Unternehmen und zu seiner Entwicklung bewiesen, als das anderwärts üblich sei. Sie hätten immer sehr genau gewußt, was los ist, war doch jeder Vorgesetzte bis herunter zum Meister gehalten, jede Anordnung zu begründen und zu diskutieren. Die Belegschaft sei jedenfalls auch in schwierigen Jahren nicht abgewandert, obwohl ihr anderswo erhebliche materielle Vorteile geboten worden wären, sondern habe um den Bestand des Unternehmens gekämpft."

Das „Handelsblatt" zitiert den „sensiblen" Fabrikanten, der rückblickend und als Bilanz seiner gesellschaftspolitischen und unternehmerischen Aktivität feststelle, daß sein sozialpolitisches Experiment „trotz des schweren Handikaps mäßiger materieller Ausschüttungen erfolgreich gelaufen ist". In der Zusammenarbeit zwischen der Geschäftsleitung und der Mitarbeiterschaft sei der Beweis erbracht worden, daß man auf diesem Wege ein neues Verhältnis von Kapitel und Arbeit, von Management und Belegschaft erreichen könne. Er erkläre deshalb aus voller Überzeugung, daß er, „wenn er erneut vor dieser Frage stünde, jederzeit bereit wäre, den gleichen Weg wieder zu gehen".

Die öffentliche Meinung
ist das mächtigste aller Hilfsmittel.
Wie die Religion
erreicht sie die dunkelsten Winkel.

Fürst von Metternich

Zwischen Macht und Menschen

Die Abwicklung des Textilunternehmens dauerte mehrere Jahre. Vom Zeitpunkt des Entschlusses, es zu liquidieren, bewegte mich die Frage, was ich selbst tun sollte, um mein weiteres Leben sinnvoll zu gestalten und mit lohnenden Aufgaben auszufüllen. Ich war nun fünfundfünfzig Jahre alt und fühlte mich viel zu jung, um die Hände in den Schoß zu legen und als leidlich wohlhabender Privatier den Rest meines Daseins zu verbringen. Auch hatte ich das Gefühl, ich würde meine „Schularbeiten" noch nicht gemacht haben. Zu viel schien mir in der mich umgebenden Welt noch zu tun, was meinen Einsatz erforderte. Es waren vor allem die sozialen Fragen, die durch die Abhängigkeit der meisten Mitbürger von den Entscheidungen der Manager in Politik und Wirtschaft gekennzeichnet sind.

Ich sah jedoch zunächst in meinem zweiten Beruf die Fortsetzung meiner Bemühungen, die ich durch das „Mitunternehmertum" zu verwirklichen getrachtet hatte. Da es kein eigenes Unternehmen mehr gab, in dem ich das erreichen konnte, wählte ich den Weg der Beratung anderer. Dabei kamen mir freilich die jahrzehntelangen Erfahrungen als selbständiger Unternehmer sehr zustatten. Ich konnte sozusagen aus dem „Chefsessel" meinen „Kollegen" bei den Fragen des Umgangs mit den Mitarbeitern und der Öffentlichkeit mit Rat und Tat zur Seite stehen. Es gab in den zwanzig Jahren, in denen ich diese Tätigkeit ausübte, in Deutschland keinen anderen PR-Berater, der über solche praktischen Vorkenntnisse verfügte. Meine journalistischen, die ich mir bei der Herausgabe des „Fortschritts“ erworben hatte, kamen hinzu. Um so günstiger war meine Ausgangsbasis.

Manche erwarteten, man werde mir meine sozialpolitischen Aktivitäten bei der Mitarbeiterbeteiligung verargen und auf meine Ratschläge mit Dank verzichten. Aber das bewahrheitete sich keineswegs. Nicht wenige meiner Klienten im neuen Beruf nahmen sogar direkten Bezug auf diese Arbeit, die die meisten von ihnen wenigstens vom Hörensagen kannten. Zwar konsultierten sie mich nur selten zu diesem Gebiet, aber mein Wissen schien ihnen doch eine gute Ausgangsbasis für die Lösung ihrer Probleme zu sein.

Diese Voraussetzungen und meine Überlegungen zur gesellschaftspolitischen Situation in der Bundesrepublik veranlaßten mich, als neuen Beruf den eines Kommunikationsberaters zu wählen. Er schien mir alle die Möglichkeiten zu bieten, die ich brauchen würde, um die Aufgaben in Angriff zu nehmen, die ich für erforderlich hielt, und von denen ich annahm, daß ich sie erfüllen könnte. Ich freute mich auch darauf, mit dieser Tätigkeit meinem Traumberuf, dem Journalismus, wieder nahezukommen. In einem Konzept legte ich meine Zielsetzung in Stichworten wie folgt fest:

- Erhalten und Weiterentwickeln der optimalen Entfaltung individueller Freiheit und Selbstverwirklichung des einzelnen.
- Verbesserung der Urteilsfähigkeit der Durchschnittsbürger durch vollständige und offene Information über Vorgänge und Themenkomplexe, die für sie von Bedeutung sind, Verminderung ihrer wissensmäßigen Abhängigkeit.
- Ermöglichen und Herbeiführen von Respekt für die Mei-

nungen anderer. Allgemeine Verstärkung gegenseitigen Verstehens und daraus herrührender Kooperationsbereitschaft, insbesondere zwischen Personen, die aufeinander angewiesen sind.

– Nutzung neuer Techniken und technischer Lösungen, soweit sie auf den Menschen bezogen positive Auswirkungen haben, ohne gleichzeitig eine Beeinträchtigung der Umwelt und der Bedingungen des Arbeitsprozesses mit sich zu bringen.

Die beratende Tätigkeit richtete sich in erster Linie an Unternehmen und andere wirtschaftliche Institutionen. Sie bestand darin, ihnen Vorschläge für ihre Selbstdarstellung und die Erfüllung ihrer gesellschaftspolitischen Verpflichtungen zu machen. Folgende Kriterien sollten sie auszeichnen: Originalität, Seriosität. Verläßlichkeit, Modernität, Fortschrittlichkeit, hohes intellektuelles Niveau.

Zur Vorbereitung meiner neuen Arbeit studierte ich die einschlägige, vor allem auch US-amerikanische Literatur über Kommunikation und Public Relations und nahm an einer Reihe deutscher und ausländischer Seminare teil. Aber schon bald, nachdem ich Tritt gefaßt hatte, begann ich nach Klienten Ausschau zu halten.

Als meine arbeitsmäßigen Schwerpunkte kristallisierten sich im Lauf der Jahre heraus: innerbetriebliches Kommunikationswesen mit Medien: Werkzeitschriften, Mitarbeiterbefragungen, Personalpolitik; ferner die Public-Relations-Aufgaben: Unternehmensphilosophie, Pressearbeit, Veranstaltungen von Tagungen und Seminaren, Verhalten bei spektakulären (rufschädigenden) Vorkommnissen.

Meine Klienten erhielt ich durch persönliche Empfehlungen, Akquisitionsbriefe und Publikationen verschiedener Art. Nach einiger Zeit erwies es sich als zweckmäßig, den geographischen Raum, in dem ich tätig werden wollte, zu begrenzen. Die Gründe dafür waren vor allem die zeitliche

Inanspruchnahme für die notwendigen Fahrten. Die Kosten dafür wurden zwar von den Kunden übernommen, aber ich empfand die Zeit, die ich aufwenden mußte, wenn ich größere Strecken, möglicherweise auch noch auf Landstraßen, zu überwinden hatte, als „verloren“. Ich nahm also nur Aufträge an, wenn die Firma nicht weiter als zwei Autobahnstunden von Düsseldorf entfernt ansässig oder innerhalb der gleichen Zeit per Bahn zu erreichen war.

In meinen Briefen, in denen ich meine Dienste für die Lösung von Kommunikationsproblemen anbot, behandelte ich Themen, die gerade besonders aktuell waren, wie Absatzschwierigkeiten ganzer Branchen, Knappheit an qualifizierten Arbeitskräften, Vorfälle, die die Öffentlichkeit erregten etc. Das Adressenmaterial entnahm ich einschlägigen Publikationen, in denen die Wirtschaftszweige und Umsätze der meisten Unternehmen sowie ihre Produkte aufgeführt waren. Dadurch konnte ich bei der Abfassung der Briefe auf bestimmte Größenordnungen, Gesellschaftsformen und Erzeugnisse eingehen. Diese Schreiben versandte ich zweimal im Jahr jeweils an etwa eintausenzweihundert Adressen.

Ein weiteres Kommunikationsmittel waren blaue Klienteninformationen, die ich viermal im Jahr herausgab. Darin schilderte ich aktuelle Vorgänge, die in der Öffentlichkeit bekannt geworden waren, und kommentierte sie vom Standpunkt des kritischen Beraters aus. Dieser Dienst war ein Kontaktmittel zu Klienten, mit denen ich bereits zusammenarbeitete, und zu neuen Firmen, die auf die eine oder andere Weise ihr Interesse an einer Beratung durch mich bekundet hatten.

Als erfolgreichstes Werbemittel erwiesen sich meine Beiträge in der Zeitung „Blick durch die Wirtschaft“, in denen ich Kommunikationsprobleme der verschiedenen Art beschrieb und Antworten empfahl oder Lösungen darlegte. Als freier Mitarbeiter behandelte ich in dieser Weise im Lauf von fünfzehn Jahren über einhundertfünfzig Themen. Durch sie verbreitete sich mein Bekanntheitsgrad als sachkundiger Fachmann in meinem zweiten Beruf sehr schnell und trug mir viele Anfragen für eine Zusammenarbeit ein. 1987 brachte die „Frankfurter Allgemeine Zeitung" gemeinsam mit dem Gabler-Verlag die Artikelserie als Buch unter dem Titel „Das Unternehmen in kritischer Umwelt" heraus. Durch den Erfahrungsaustausch mit Kollegen wurde meine Einarbeitung sehr gefördert und durch meine publizistische Aktivität auch mein Ansehen in diesen Kreisen.

Meine Arbeit bei einem neuen Klienten begann ich stets mit einer „Stärken- und Schwächenanalyse" der jeweiligen Institution. Dazu führte ich zunächst, unabhängig von den speziellen Beratungswünschen, Orientierungsgespräche mit den wichtigsten leitenden Mitarbeitern und dem Betriebsrat. Als in zwei Fällen der Firmenchef dabei anwesend sein wollte und ich ihn nicht davon überzeugen konnte, daß dies einem aussagefähigen Ergebnis im Wege stünde, nahm ich den Auftrag nicht an.

Bei den Mitarbeitervertretern stellte ich häufig fest, daß die zuständigen Unternehmensleitungen zu ihnen nur die vom Betriebsverfassungsgesetz vorgeschriebenen Kontakte unterhielten, sie sonst jedoch als notwendiges Übel betrachteten und keinen partnerschaftlichen Dialog mit ihnen pflegten. Um so mehr begrüßten die Betriebsräte meine schnelle Fühlungnahme mit ihnen, sobald ich in dem Haus die Arbeit aufnahm. Das kam mir dabei stets sehr zustatten.

Meine Feststellungen über die Stärken und Schwächen überraschten manche Geschäftsleitungen erheblich. Mein Vorgehen hatte zwar in erster Linie diesen Zweck, und das Ergebnis war oft der Ausgangspunkt entsprechender Maßnahmen. Die Untersuchung sollte aber auch verhindern, daß vorhandene Stärken bei der PR-Arbeit ungenutzt beziehungsweise Schwächen verborgen blieben und bei unpassender Gelegenheit ans Tageslicht kamen. Solche verborgenen „Leichen", die manches Unternehmen „im Keller“ hatte, konnten die schönste Pressekonferenz zum Fiasko machen.

Für derartige Veranstaltungen entwickelte ich eine Checkliste der vorbereitenden Arbeiten, die die Firma und ich zu erledigen hatten. Darunter befanden sich eben auch Fragen nach der „Vergangenheit“. Nicht selten kamen dabei Punkte zum Vorschein, auf die eine Antwort bereitzuhalten war. Trotzdem gab es gelegentlich ärgerliche „Pannen“. So fragte ein Journalist bei der Pressekonferenz eines Unternehmens nach den Gründen für eine größere Entlassungsaktion von Mitarbeitern, die einige Zeit vor Beginn meiner Arbeit stattgefunden und von der man mir nichts gesagt hatte. Kein Wunder, daß die Geschäftsleitung ziemlich ins Schwimmen kam und ich ihr nur schwer helfen konnte.

In einem anderen Fall stellte ein Bauunternehmen ein neues Finanzierungsmodell zum Verkauf seiner Eigentumswohnungen vor. Ein Vertreter der Fachpresse zerpflückte das Konzept Stück für Stück und wies nach, daß es nichts wirklich Neues bot! Peinlich für die Firma, aber auch für mich, der ich die Materie nicht so gut kannte, daß ich den Firmenchef daran hindern konnte, seine Absichten der Presse als Unikat zu „verkaufen“. So mußte ich mir von einigen Journalisten sagen lassen, ich möchte sie in Zukunft mit Einladungen zu einem solchen Flop verschonen. Aber dies blieb eine Erfahrung, die sich nicht wiederholte. Meine Beziehungen zur Presse waren sonst all die Jahre ungetrübt. Das verdankte ich der gründlichen Vorbereitung der Veranstaltungen, der uneingeschränkten Offenheit, zu der ich meine Klienten veranlaßte und der Nacharbeit vor allem bei jenen Journalisten, die aus irgendwelchen Gründen an der Besprechung nicht hatten teilnehmen können.

Für mich war aber auch die Beobachtung des Verhaltens der Unternehmer, die mit der Presse noch nie etwas zu tun gehabt hatten und sie meistens mißtrauisch betrachteten, immer wieder faszinierend. Das galt vor allem für mittelständische Firmen, die eines Tages erkannten, daß sie etwas für ihre Bekanntheit tun müßten. Nicht wenige entwickelten sich von furchtsamen Geschöpfen vor einer Pressekonferenz zu euphorisch überheblichen Gestalten, wenn sie gut abgelaufen war. Sie wollten dann am liebsten jeden Monat eine derartige Veranstaltung machen und renommierten bei ihren Mitarbeitern mit ihren guten Kontakten zu den Printmedien, die sie zu nutzen gedachten. Während sie sich vorher sträubten, irgend etwas über die Ertragslage ihres Hauses zu sagen, nannten sie plötzlich während des Gesprächs genaue Zahlen und Prozentsätze.

Vor solchen Überraschungen ist man nie sicher. Auch erwies es sich nicht immer als leicht, die Firmenchefs in ihrer Begeisterung zu bremsen und wieder auf den Boden der harten Wirklichkeit der PR-Arbeit zurückzuholen. Viele konnten oft nur schwer einsehen, daß eine Presseinformation von Großfirmen wie Bayer, Siemens, Mercedes, Mannesmann immer eine „Nachricht“ ist, die einer Veröffentlichung sicher sein kann, während ihre eigene, von ihnen selbst in ihrer Bedeutung meist überschätzte unter den Tisch fällt. Aber all das gehört zum Alltag einer Öffentlichkeitsarbeit für mittelständische Betriebe, die eben darin ihre besondere Note hat. Ich machte sie gern.

Natürlich reizten mich Aufträge besonders, die eine hohe Herausforderung stellten. Als Beispiel dafür sei die Aufgabe genannt, die „Vorstandsabteilung Öffentlichkeit“ eines Großunternehmens hinsichtlich ihrer Konzeption, Organisation, Arbeitsweise, also ihre gesamte Tätigkeit und deren Erfolg zu untersuchen. Wie üblich begann ich mit einer Stärken-/Schwächenanalyse aufgrund von Einzelgesprächen mit etwa dreißig Mitarbeitern, von denen angenommen werden konnte, daß sie nicht nur sachkundig/kritisch waren, sondern auch bereit, ihre Meinungen offen, aber auch sachlich zu äußern. Diese Voraussetzung erwies sich bei allen als gegeben. Das Ergebnis förderte folgende Punkte zutage:

Positiv: sehr vertrauenswürdig, wissenschaftlich seriös, sehr sozial ausgerichtet, grundsolide, wenig spekulativ, starke Finanzkraft, glaubwürdig, vorsichtige Geschäftspolitik, gibt Sicherheit und Geborgenheit, konservativ im Sinn von Bewahrung, in den letzten Jahren erfreulich nach außen geöffnet, traditionsbewußt, Vielfalt der Betätigungen, breite Produktpalette.

Negativ: fehlende Dynamik, großes Beharrungsvermögen, mangelnde Aggressivität, groß, alt, vornehm, patriarchalische Akzentuierung, bürokratisch, ministerialhaft, beamtenmäßig, strenge hierarchische Ordnung, starke Bindung durch Sozialleistungen, für alles ist bei der Firma vorgesorgt, bei ihr zu arbeiten ist für viele Prestigesache.

Obwohl sich diese Äußerungen nicht quantifizieren ließen, erlaubte die Häufigkeit, mit der sie von den verschiedenen Personen genannt wurden, doch die Schlußfolgerung, daß darin typische Kriterien für das Unternehmen zum Ausdruck gekommen waren. Tatsächlich bestätigte sich diese Auslegung weitgehend. Im Lauf der weiteren Arbeit ergaben sich allerdings doch einige wesentliche Ergänzungen der aufgeführten Punkte. Da man mir völlig freie Hand ließ, allen auftauchenden Fragen nachzugehen, war es mir möglich, eine Menge Ansatzstellen für Verbesserungen ausfindig und dafür Vorschläge zu machen. Überrascht war ich auch darüber, daß es ein Gesamterscheinungsbild im Sinne von Corporate Identity bzw. Design praktisch nicht gab.

Kümmerlich ausgebildet war außerhalb der untersuchten Abteilung auch die generelle Sensibilität der Öffentlichkeit gegenüber, obwohl ein so großes Unternehmen ständig damit rechnen muß, wegen irgendwelchen Fehlverhaltens oder spektakulärer Ereignisse in die Schlagzeilen zu kommen. Hier wurde deutlich, daß selbst eine starke und personell gut qualifizierte PR-Abteilung nur schwer das Beharrungsvermögen und die mangelnde Einsicht vieler Mitarbeiter in Erfordernisse, die nicht unmittelbar zu ihrem eigentlichen Beruf gehören, ändern kann. Gerade Mitarbeiter von Großorganisationen sind nicht selten der Meinung, daß das Unternehmen unverwundbar sei und sich deshalb um seine Umwelt nicht viel zu scheren brauche. Nach meinen Beobachtungen ist das zwar heute in den meisten Chefetagen anders geworden. Die vielen Maßnahmen, die von dort aus getroffen oder veranlaßt werden, zeigen das deutlich. Aber unterhalb der Topebene ist das Unbekümmertsein selbst leitender Mitarbeiter noch erstaunlich weit verbreitet. Fast jede „Panne", die Aufsehen erregt, ist darauf zurückzuführen und wäre in der Regel bei einer anderen Grundeinstellung vermeidbar gewesen.

Vorsorgliches Nachdenken bewies ein größeres Unternehmen der Pharmaindustrie, das mich beauftragte, die Folgen des Giftgasunfalls 1976 in Seveso (Italien), bei dem Dioxin frei geworden war, zu untersuchen. Es handelte sich dabei um die Tochtergesellschaft einer führenden Schweizer Firma. Man wollte von mir festgestellt haben, welche Fehler im PR-Verhalten sowohl am Ort des Geschehens als auch bei der „Mutter" gemacht worden waren, und welche Hauptbeanstandungen in der Öffentlichkeit, vor allem in den Medien, in der Behandlung des „Unfalls" vorgebracht wurden. In der Tat löste das Ereignis weltweit eine Welle von Emotionen aus, die durch den Schaden, der bei der Bevölkerung eintrat, kaum gerechtfertigt war. Sogar eine seriöse Zeitung wie die „Frankfurter Allgemeine" veröffentlichte dazu eine Karikatur, auf der die Ausgabe von Gasmasken gezeigt wurde mit der Textbemerkung: Das menschliche Versagen in Seveso habe darin bestanden, daß man solche Schutzgeräte nicht sofort an die Bevölkerung verteilt hätte!

In gewisser Weise ist Seveso mit Tschernobyl zu vergleichen, obwohl es von den Auswirkungen her nicht entfernt dem russischen Reaktorunfall ähnelt. Aber, wie jener noch viele Jahre dazu herhalten mußte, das „Teuflische“ der Atomkraft immer wieder in das Bewußtsein der Menschen zurückzurufen und wachzuhalten, so war es auch bei der Giftwolke in der Lombardei in bezug auf Dioxin. Die „Times“ wies seinerzeit schon darauf hin, daß die Argumentation zunehme, ob die industrielle Gesellschaft vielleicht einen zu hohen Preis für ihre materielle Verbesserung bezahle.

Meine persönliche Meinung zum Thema Geschöpf/Technik, die ich bei keiner Aufgabe, auch meinen Klienten gegenüber, nicht verschwieg, ist: daß es zwar in vielen Bereichen des Lebens Unfallrisiken gibt, sie jedoch für die Individuen am unerträglichsten sind, wenn ihnen keiner sagen kann, wie groß sie sein können. Grundsätzlich ist davon auszugehen, daß technisches Versagen generell unentschuldbar ist, da man es durch entsprechende konstruktive Lösungen und eine lückenlose Kontrolle sicher im Griff behalten kann. Darin unterscheidet es sich von menschlichen Fehlern und Unzulänglichkeiten. Wird dies erst einmal allgemein, vor allem durch die Techniker selbst erkannt, läßt sich das sogenannte „Restrisiko“ auf einen erträglichen Umfang reduzieren. Dazu muß aber der Maßstab, der heute dafür vielfach noch angelegt wird, wesentlich verschärft werden.

Den oft gehörten, in der Praxis der Betriebe jedoch viel zu wenig beachteten Grundsatz, wonach Öffentlichkeitsarbeit „at home“ beginnen soll, verwirklichte ich, wann immer ein Klient darauf ansprechbar war. Am ehesten wurde der Vorschlag akzeptiert, eine Mitarbeiterbefragung durchzuführen. Dabei geht es um die Erforschung der Meinung der Belegschaft zu Einrichtungen und Handhabungen des Unternehmens. Oft kamen so bis zu vierzig Punkte zusammen. Sie betrafen u. a.:

- Das persönliche Verhältnis zur Firma (ob die Arbeit befriedigt und anerkannt wird etc.)
- Die Ziele des Hauses und das Wissen darüber

- Das generelle und spezifische Kommunikationsverhalten
- Betriebsklima und Identifizierung mit der Firma
- Führung durch die Vorgesetzten
- Ansehen des Unternehmens und seiner Produkte
- Zukunftsaussichten
- Einsatz elektronischer Hilfsmittel
- Was hat besondere Zustimmung, was Mißbilligung gefunden?

Die verschiedenen Fragekomplexe wurden in eine Checkliste aufgenommen und mit Beauftragten des Unternehmens abgestimmt und formuliert. Sie bildete zunächst die Grundlage für Interviewgespräche, die ich mit einer Reihe von Mitarbeitern durchging, um ihre Meinung zu erfahren. Sie sollten in etwa repräsentativ sein, sowohl was ihre Tätigkeit, ihr Geschlecht als auch ihr Alter betraf. Aus den Ergebnissen der Interviews wurden die Fragen endgültig festgelegt und in einem Formular gesammelt. Die Ausfüllung durch die Mitarbeiter (Teilnahme freiwillig und geheim) erfolgte in einem dafür reservierten Raum in meiner Anwesenheit, damit ich eventuelle Fragen beantworten konnte. Trotz verschiedentlich vorgebrachter Bedenken, manche könnten zögern, die Fragen zu beantworten, weil ihnen die Wahrung der Anonymität nicht ausreichend gesichert sei, trat dieser Fall nie ein, was wohl als Zeichen dafür genommen werden kann, daß es immer gelang, eine volle Vertrauenswürdigkeit herzustellen.

Die hier geschilderte Methode entwickelte ich erst im Lauf einiger Jahre. Gegenüber anderen bei solchen Aufgaben üblichen Verfahren hatte sie den Vorteil, daß auch Zwischentöne der Antworten zum Tragen kamen. So ermöglichte zum Beispiel die Art und Weise, wie meine Partner antworteten, interessante Schlüsse auf Betriebsklima, Zusammengehörigkeitsgefühl und Substanz der geäußerten Meinung. Durch Nachfragen konnte ich auch in dunkle Ecken leuchten, die sonst leicht übergangen worden wären. Die Beteiligung der

Mitarbeiter an einer derartigen Aktion vermittelte mir manchen aufschlußreichen Einblick in das Innenleben der betreffenden Institution. So heikle Fragen wie: „Würden Sie Ihrem Vorgesetzten in einer geheimen Wahl Ihre Stimme geben, wenn das möglich wäre?", gingen sehr weit. Aber wenn dann vierzig Prozent der Betriebsangehörigen erklärten: „Ja, unbedingt" und weitere über zweiundvierzig: „Hängt vom Kandidaten ab", so sind das eindrucksvolle Aussagen.

Einige Mängel der Personalführung kamen fast in jeder von mir durchgeführten Befragung zur Sprache. Dazu gehörten die Klagen, daß die Vorgesetzten es versäumten, bei wichtigen Anordnungen oder Entscheidungen eine Begründung zu geben, und daß kein Lob erteilt werde. Vorgesetzte vertreten häufig die Meinung, daß, wenn sie nichts beanstanden, dies bedeute, daß sie eben mit der gezeigten Leistung zufrieden seien. In beiden Fällen werden wirkungsvolle motivierende Möglichkeiten nicht genutzt. Was gibt es Anspornenderes, als zu wissen, weshalb man etwas tut, oder daß einem gesagt wird, man habe etwas gut gemacht. Ich habe nie verstanden, weshalb so wenige Vorgesetzte von solchen einfachen Führungsmitteln Gebrauch machen. Es ist erschreckend, wie selten das geschieht, obwohl kaum ein Führungsseminar abgehalten wird, in dem diese Punkte nicht ausführlich zur Sprache gebracht werden.

Ein Problem, das vielen Betriebsleitungen Kopfschmerzen bereitete, war ein zu hoher Krankenstand und Bummelei. Man verglich dabei die eigenen Zahlen mit denen des Branchendurchschnitts – mit oft ungünstigem Ergebnis. Man versuchte dann alles mögliche, diese Situation zu verbessern. Meistens griff man zu Anwesenheitsprämien in Form von Geldzahlungen, falls Betriebsangehörige nicht oder besonders wenig gefehlt hatten. Man belohnte also eine Präsenz, die eigentlich selbstverständlich ist, es sei denn, daß der Betreffende schwer erkrankt war. Kontrolleure führten Hausbesuche durch, eine menschenunwürdige Methode also. Für die wirklichen Gründe interessierte man sich nicht.

Ich empfahl solchen Unternehmen ein ganz anderes Vorgehen. Sie sollten zunächst vergleichsweise ermitteln, wie hoch die Anteile der Fehlenden bei den einzelnen Arbeitsgruppen seien. Dabei würden sich schnell erhebliche Unterschiede ergeben, deren Ursachen man dann gezielt angehen könnte. An folgendem Beispiel machte ich das deutlich: Wenn ein Mitarbeiter sich am Morgen schlecht fühle, so stünde er vor der Alternative, trotzdem zur Arbeit zu gehen oder zu Hause zu bleiben. Wozu er sich dann entscheide, hänge etwa davon ab, wie das Betriebsklima in seiner Gruppe sei, was er für einen Vorgesetzten habe oder wie er sich mit seinen Arbeitskollegen verstehe. Auch spiele dann oft eine Rolle, wie häufig Stillstände durch organisatorische Mängel aufträten.

Alle Betriebe, die diesen Weg gegangen sind, hatten teilweise spektakuläre Erfolge! Manche, die dieses Verfahren als zu umständlich ansahen oder glaubten, bei ihnen sei alles in Ordnung, verpaßten eine Möglichkeit, „Sand im Getriebe" zu beseitigen und mit günstigeren Kosten zu arbeiten.

Natürlich gab es auch bei solchen Untersuchungen allerlei aufschlußreiche Beobachtungen am Rande. So erkundigte sich der Vorgesetzte eines Betriebs beim zuständigen Hausjuristen, ob er gerichtlich gegen ein Resultat vorgehen könne, das negativ für ihn ausgefallen sei. Nicht wenige Mitarbeiter fragten den Betriebsrat, ob sie bei der Aktion mitmachen sollten und was er davon halte. Es war also wichtig, ihn von Anfang an in die Absichten und die Vorbereitung voll einzuschalten und ihm eine Mitwirkung anzubieten. Waren die Befragungen ein Weg, die Meinung der Betriebsangehörigen kennenzulernen, so war damit sozusagen nur die eine Seite des innerbetrieblichen Dialogs angesprochen, da nur wenige Fragen als Rückantwort zu gegebenen Informationen einen Bezug hatten und gewertet werden konnten.

Es schien mir deshalb erforderlich, dafür ein Schema zu entwickeln, das die wichtigsten Gesichtspunkte enthielt und zueinander in Bezug setzte. Dazu erstellte ich das von mir so betitelte „Hildener Modell für innerbetriebliche Kommunikation“ und brachte es 1978 im Selbstverlag heraus. Es enthält einhundertundfünf Themen, über die in verschieden großen Abständen und bei unterschiedlichen Anlässen an alle oder Teile der Mitarbeiterschaft zu berichten ist. In einem Tabellenteil (Verknüpfungsliste) legte ich den Prioritätsgrad der jeweiligen „Mitteilung“, die Zielgruppen, an die sie gegeben werden sollten, die zu verwendenden Kommunikationsmittel sowie die Zeitunkte und die Häufigkeit fest. Ferner enthält die Arbeitsmappe „Bausteine“, mit deren Hilfe bei der Anwendung des Modells die Besonderheiten der Unternehmen wie Größe, Organisation und Gesellschaftsform berücksichtigt werden können.

Die Konzeption des Modells ist gekennzeichnet durch ein Ganzheitsprinzip und langfristig angelegte methodische Kommunikation, ein System integrierter Maßnahmen zur Vermeidung von Verzettelung sowie Aktionspakete statt isolierter Einzelmaßnahmen. Die Auflage von fünfhundert Exemplaren war schnell vergriffen. Sie ging an Unternehmen aller Größenordnungen, Dienstleistungsinstitutionen und Universitäten. Erstere nutzten die Mappe entweder zur Überprüfung (abchecken) ihrer vorhandenen Einrichtungen und Handhabungen, andere für den Neuaufbau eines internen Informations- beziehungsweise Kommunikationswesens. Journalisten, denen ich die Mappe in einer Pressekonferenz vorstellte, begrüßten vor allem die Themenliste, die ihnen helfe, bei Veranstaltungen von Unternehmen interessante und aufschlußreiche Fragen zu Themen zu stellen, die sie bis dahin gar nicht kannten.

Bei der Arbeit mit dem Modell ergab sich als Hauptproblem, daß zu den Punkten, in denen eine Rückinformation aus den

Zielgruppen erfolgen sollte, dies auch tatsächlich geschah. Ich hielt und halte es für absolut ungenügend, das Bekanntwerden derartiger Reaktionen dem Zufall zu überlassen. Die Hemmungen vieler Mitarbeiter, sich ungefragt zu solchen Mitteilungen zu äußern, sind zahlreich. So erfolgen Antworten darauf oft nur sporadisch, es sei denn, es handelt sich um „heiße" Themen. Das kann jedoch den Informationsgebern nicht genügen, da sie so nicht erfahren, ob ihre Bekanntmachung oder Anweisung richtig verstanden worden ist beziehungsweise angewandt wird. Es ist deshalb erforderlich, organisatorische Maßnahmen zu treffen, um in all den Fällen, in denen es für das Management wichtig ist, eine aussagefähige Resonanz zu bekommen. Das kann zum Beispiel mit einem Verfahren erfolgen, das ich häufig empfohlen habe: Es ist die gezielte Befragung der Arbeitsgruppen durch betriebliche Vorgesetzte der untersten Ebene, und zwar nach einem festgelegten Schema. Jedoch genügt meistens schon ein „Umhören", dessen Ergebnis natürlich das Management erfahren muß.

Einen großen Raum nahm in meiner Beratungspraxis die Werkzeitschrift als innerbetriebliches Kommunikationsinstrument ein. Anfang der neunziger Jahre gab es in Deutschland an die sechshundert derartiger Organe, von denen einige in Auflagen von mehreren zigtausend herauskamen. Ich selbst produzierte siebzehn Jahre lang für ein mittelständisches Unternehmen eine solche Publikation, die viermal im Jahr erschien. Dafür schrieb ich die meisten Beiträge und machte auch die erforderlichen Fotos. Die Beobachtungen und Erfahrungen, die ich dabei gewann, kamen mir bei vielen ähnlichen Gelegenheiten sehr zustatten. Dazu gehörten vor allem Aufträge von Großunternehmen, die von mir gutachtliche Stellungnahmen zu ihren entsprechenden Zeitschriften erbaten. Diese Aufgaben waren für mich von besonderem Reiz, da ich dadurch vielerlei Einblicke in die Firma und die Art und Weise erhielt, wie sie sich ihren Mitarbeitern gegenüber darstellte.

Nachdem ich mich zu meinen Feststellungen schriftlich geäußert hatte, gab es in aller Regel eine Schlußbesprechung, bei der gelegentlich Merkwürdiges zutage trat. So bekannte der Hauptredakteur eines Organs, das monatlich in großer Auflage herauskam, auf meine Beanstandung, daß darin nur von Verwaltungsangestellten und Managementfragen die Rede sei, nicht aber von den nach Tausenden zählenden Mitarbeitern in der Produktion: Er habe mit einem derartigen Betriebsangehörigen noch nie gesprochen! War das zwar ein Extrembeispiel, so fehlt doch bei nicht wenigen Werkjournalisten der Zugang zur Belegschaftsbasis, an der deshalb nicht selten „vorbeigeschrieben" wird, wie sie denn überhaupt gewisse heiße Themen bewußt vermeiden. Das hat meistens seine Ursache in der Sorge, man könnte etwas veröffentlichen, das dem Vorstand oder jedenfalls einigen seiner Mitglieder nicht genehm sei. Auch das Hinzuziehen des Betriebsrats zur Vorbereitung einer neuen Ausgabe oder zur generellen Gestaltung des betrieblichen Organs unterbleibt nicht selten aus dem gleichen Grund. Kein Wunder deshalb, daß die Werkzeitschriften oft als „Unternehmerblättchen" charakterisiert und abqualifiziert werden!

Überhaupt wird in den meisten Betriebsorganen zu viel Nabelschau vorgenommen. Nur selten wird die Vernetzung deutlich gemacht, in die heute jedes Unternehmen, unabhängig von seiner Größe, eingebettet ist. War früher die freie Lieferantenwahl das Selbstverständliche und Normale, so kann heute davon meist nicht mehr die Rede sein. Derartige Beziehungen müssen langfristig vorbereitet und eingeleitet werden, um sie optimal gestalten zu können.

Man denke etwa an die immer mehr um sich greifende Methode der Lieferung „Just in time". Sie zwingt zu einem Aufeinandereinstellen, das nicht mehr von einem Tag auf den anderen aufgekündigt werden kann. Diese gegenseitige Abhängigkeit wird vielfach von den beteiligten Unternehmen nicht realisiert oder von ihnen abgestritten. Gerade das aber ist ein wichtiges Informationsthema, damit die Mitarbeiter sich der daraus ergebenden Probleme und Erfordernisse bewußt sind und sich entsprechend verhalten. Da ist es sinnlos, die Werkzeitschrift so zu gestalten, als handle es sich bei der Firma um eine einsame Insel in der Südsee.

Eine weitere wichtige Aufgabe ist das „Durchschaubarmachen" das Unternehmens. Mangelhafte Transparenz ist immer wieder ein Ansatzpunkt für Gerüchte und Spekulationen, die sich schnell zum „Sand im Getriebe" entwickeln. Durchgängig stellt man aber in vielen derartigen Zeitschriften fest, daß bei den Redakteuren zu wenig Sensibilität für „dicke Luft" vorhanden ist und sie deshalb zu spät darauf reagieren. Die häufigste Begründung, die man dann hört, ist, daß die Pausen zwischen den einzelnen Ausgaben eine aktuelle Berichterstattung unmöglich machten. Dagegen helfen nur Flugblätter und Sonderanschläge, die auch den Vorteil haben, daß sie den Mitarbeitern beweisen, daß man sie dauernd im Auge hat und nicht nur alle paar Wochen oder Monate.

Ein großer Minuspunkt, der scheinbar schwer abzustellen ist, besteht darin, daß zahlreiche Artikel zuviel Fachchinesisch enthalten und deshalb von relativ wenigen verstanden werden. Freilich sind die intellektuelle Aufnahmebereitschaft und Fähigkeit einer heterogen zusammengesetzten Leserschaft wie in den meisten Betrieben und ihre unterschiedlichen Ansprüche redaktionell nicht einfach zu befriedigen. Man kann sich jedoch thematisch und in der Darstellung auf das geistige Niveau der qualifizierten Facharbeiter einstellen. Das ist durchaus in einer Weise möglich, daß auch dem Leser mit höheren Ansprüchen interessante, neue Informationen geboten werden. Entscheidend ist immer die Leseattraktivität. Bei komplizierten Themen zum Beispiel in der chemischen Industrie, aber auch bei Computerherstellern, die nicht leicht zu erfassen sind, können Skizzen und andere bildliche Darstellungen helfen, die auch einem einfach denkenden Menschen etwas aussagen.

Besonders schwierig ist die Aufgabe bei Belegschaften, die sich überwiegend aus jungen Mädchen (wie oft in der Bekleidungsindustrie) oder Hilfsarbeitern zusammensetzen. Während man bei älteren Frauen häufig großes Interesse voraussetzen kann, ist das bei jüngeren, meist angelernten, die oft nach wenigen Jahren die Firma wieder verlassen, nur selten der Fall. Um sie muß man sich ernsthaft bemühen, wenn man sie erfolgreich ansprechen will. Viel zu wenig werden mit Durchschnittslesern Tests anhand von Rohmanuskripten durchgeführt, um festzustellen, ob der Text für die Zielgruppe verständlich ist. Schließlich hat die Werkzeitschrift gegenüber allen anderen Publikationen den Vorteil, Informationen über wirtschaftliche Vorgänge und Fakten geben zu können, die man sonst nirgendwo erhalten kann. Die motivierenden Wirkungen, die durch gut gemachte Betriebsorgane ausgelöst werden können, verschenken zahlreiche Unternehmen, die sich nicht dazu bereitfinden, auf diesem Gebiet eine offene Informationspolitik und echte Partnerschaft mit ihren Belegschaften zu praktizieren.

Ich beendete meine zwanzigjährige Tätigkeit als Berater am 31. Dezember 1988 in meinem vierundsiebzigsten Lebensjahr. Obwohl mir diese Arbeit große Freude gemacht hatte, wollte ich nun Zeit haben für manche anderen Aufgaben, über die ich mir Gedanken machte und die mich interessierten. Dazu gehörten einige Hobbys, vor allem aber das Schreiben dieses Buches und eines weiteren über die Mündigkeit des Bürgers. Letzteres Vorhaben beschäftigte mich mehr und mehr, seit ich erkannt hatte, daß eine befriedigende Lösung des innerbetrieblichen Dialogs nur ein Anfang sein kann und ein Teilbereich der weitgehend fehlenden, aber notwendigen und umfassenden Kommunikation auf allen Gebieten der Gesellschaft. Durch den täglichen Umgang mit den vielfältigen Fragen und

Problemen eines Unternehmens wird jedem Mitarbeiter das Aufeinander-angewiesen-Sein auf vielerlei Weise sicht- und spürbar. Das begünstigt den ständigen und intensiven betrieblichen Informationsaustausch zwischen ihm und dem Management. Sie sprechen in gewisser Weise eine Sprache. Im allgemeinen politischen Bereich ist diese Voraussetzung jedoch nicht gegeben. Dort werden die Informationsbeziehungen immer spärlicher, je mehr sich die zwischen „oben“ und „unten“ bestehende Wissensdiskrepanz vergrößert.

Unwissenheit nährt Illusionen, die, seien sie positiv oder negativ, politisch eine tödliche Gefahr sind.

Arthur Koestler

Abbau des Informationsdefizits

Der Entfremdungsprozeß ist in den neunziger Jahren bereits erheblich fortgeschritten. Er beschleunigt sich in dem Maße, in dem die Vorgänge in der Welt noch komplizierter werden. Der Ein- und Durchblick auf das politische Geschehen und seine Entwicklungen und damit die Urteilsfähigkeit nimmt bei den Menschen im allgemeinen ständig ab. Ihre Hilflosigkeit und ihr Ausgeliefertsein dem „Establishment" verschlimmern sich dadurch fortlaufend. Es ist unvermeidlich, daß diese Situation eines Tages der breiten Masse bewußt wird. In welcher Weise und Richtung sich dann ihre Enttäuschung entladen wird, steht heute noch dahin. Schon jetzt zeigen sich jedoch erste Anzeichen, zum Beispiel durch den starken Rückgang der Wahlbeteiligung bei gleichzeitiger Hinwendung zu radikalen Vereinigungen und Protestwählerparteien. Ob es gelingt (und wie lange es dauert), die Informationsverhältnisse zwischen Macht und Menschen entscheidend zu verbessern, so daß die Menschen wirklich „mündig" werden und sich in politischen Fragen engagieren, mehr, als sie es heute tun, ist völlig offen. Davon wird abhängen, wie weit Demokratie in Deutschland überhaupt noch möglich ist.

Ich empfinde es geradezu als grotesk, daß nach den Verheißungen des Kriegsendes, daß nun das Zeitalter der Demokratie beginne, eben sie fortgesetzt mehr zu einem schillernden

Schlagwort verdirbt. Diese Staatsform ist inzwischen vor allem jenen zugute gekommen, die unter Benutzung ihrer Ellenbogen oder ihres Kopfes die Spitzenpositionen in Staat und Gesellschaft erobert haben. Es scheint charakteristisch für das menschliche Wesen, daß der Wille, sich dagegen zur Wehr zu setzen, fortlaufend abnimmt, je mehr die materielle Lebensqualität allgemein zum Maßstab der gesellschaftlichen Anerkennung wird.

Das ist nicht nur die Folge der Korrumpierung durch den eigenen hohen Lebensstandard, den die Menschen inzwischen erreicht haben, sondern vor allem bedingt durch ihre zunehmende Abstinenz von der aktiven Mitwirkung bei den Entscheidungen, die das öffentliche Leben, die Politik und damit ihr eigenes Dasein bestimmen. Sie vermögen offenbar dafür gar keine Ansatzpunkte mehr zu erkennen. Zu abgeschottet von der Allgemeinheit betreiben die exklusiv Herrschenden ihr Geschäft. Wer von ihnen hat schon ein Interesse daran, daß sich die Einstellung und Praxis der vielen ändert? Die Folge wären doch nur unbequeme Bürger, deren Fragen mehr als lästig sein könnten.

Es waren diese Überlegungen, die mich veranlaßten, gegen Ende meiner Beratungstätigkeit den Versuch zu machen, an der geschilderten Situation etwas zu ändern. Ich stiftete dafür 1985 den Journalistenpreis „Wirtschaft verstehbar gemacht", der jährlich vergeben wurde und den ich mit jeweils zehntausend Mark dotierte. Damit wollte ich Redakteure und andere Autoren, die über wirtschaftliche Fragen schreiben, dazu animieren, dies in einer Weise zu tun, daß „Laien" Vorgänge und Zusammenhänge auf diesem Gebiet verstehen können. Ich war mir natürlich darüber im klaren, daß ich mit dieser Aktion nur auf einem weiteren Teilgebiet, neben dem Mitunternehmertum, etwas bewirken kann. Aber, das schien mir die Sache wert zu sein.

Immerhin ist „Wirtschaft" am Ende des 20. Jahrhunderts zu

einem alle Gebiete des öffentlichen Lebens bestimmenden Faktor geworden. Deshalb ist die Kenntnis dessen, was sich dabei abspielt, welche Kräfte wirksam sind, von ausschlaggebender Bedeutung für jedermann. Es gibt keinen Bereich mehr, in dem er nicht in der einen oder anderen Weise davon betroffen ist. Wirtschaft ist nicht abstrakt, sondern hat mit „Sache“ und Gegenständlichem zu tun. Sie wird in aller Regel auch so wahrgenommen und empfunden. Es gibt daher eine Fülle von Möglichkeiten, Informationen darüber anschaulich, klar und „verstehbar“ zu gestalten, indem man an Erfahrungen, die viele Menschen selbst gemacht haben, anknüpft.

Nachdem ich mich mit den für eine derartige Aktion erforderlichen organisatorischen Notwendigkeiten vertraut gemacht hatte, berief ich zunächst eine sechsköpfige Jury, mit der ich das weitere Vorgehen besprach und entwickelte. Bei der Zusammensetzung legte ich Wert darauf, sachkundige Fachleute und „wirtschaftliche Laien“ darin zu vereinigen. Als Leute vom Fach gewann ich zwei führende Journalisten aus der Wirtschaftsredaktion einer regionalen und einer überregionalen Zeitung. Hinzu kamen ein Wissenschaftler für Betriebswirtschaft, ein Ressortleiter für Öffentlichkeitsarbeit und zwei Laien. Letzteren, einer Hausfrau und einem Maurerpolier, fiel die wichtige Aufgabe zu, eingegangene Beiträge nach ihrer Verständlichkeit zu beurteilen und einzustufen. Dabei hatte ich als Leser keine wirtschaftlichen „Analphabeten“ im Auge, sondern Zeitungs- und Zeitschriftenkonsumenten, die sich grundsätzlich für wirtschaftliche Fragen interessieren, jedoch dafür nicht speziell vorgebildet sind, wie etwa Freiberufler, und bisher nur selten Erklärungen über die verschiedenen Vorgänge erhielten, die ihnen das Verstehen erleichterten. Eine in den achtziger Jahren von der Gesellschaft für Sozialpsychologie durchgeführte Umfrage bei zweitausenddreihundert Bürgern im Alter über vierzehn Jahre hatte nämlich ergeben, daß nur jeder Fünfte die Verlautbarungen zu wirtschaftlichen Themen für verständlich hielt. Die Hälfte verstand sie nur „ab und zu"; aber vierzig Prozent der Berufstätigen und sogar zweiundfünfzig Prozent der Arbeiter erklärten, sie würden sich bei einer verständlicheren Darstellung für wirtschaftliche Fragen stärker interessieren.

Von Anfang an schrieb ich den Preis nur für solche Beiträge aus, die in Printmedien (also Zeitungen und Magazinen) erschienen waren. Texte von Fernseh- und Rundfunksendungen wurden nicht angenommen und berücksichtigt. Die Gründe dafür ergaben sich aus der Art, wie diese Medien Informationen handhaben. Um möglichst hohe Einschaltquoten zu erzielen, bringen sie Nachrichten in einer meist sehr verkürzten Form, angeblich weil sonst die Zuschauer nicht mehr aufmerksam sind.

Neil Postman hat in seinem sehr lesenswerten Buch „Wir amüsieren uns zu Tode" dazu festgestellt: „Der Grundgedanke ist, alles kurz zu halten, die Aufmerksamkeit der Zuschauer nicht zu belasten und sie statt dessen durch Abwechslung, Neuigkeit, Aktion und Bewegung ständig zu stimulieren. Keinem Problem braucht man mehr als ein paar Sekunden seine Aufmerksamkeit zu schenken. Sprachliche Genauigkeit ist ein Anachronismus. ‚Bescheid wissen' erlangt ein neues Gewicht, und Folgen, Hintergründe, Zusammenhänge zu verstehen, gehört jetzt nicht mehr dazu."

Wenn man die Forumgespräche und andere ähnliche Sendungen ansieht, dann stellt man schnell fest, daß bei ihnen die jeweiligen Themen nur angerissen, aber niemals ausdiskutiert werden, weil dafür die Zeit fehlt. Die Konseqenz ist, daß auf diese Weise nur ein Teilwissen vermittelt wird. Postman spricht deshalb von einer neuen Spielart von Information, die das Fernsehen hervorbringe. Desinformation sei nicht dasselbe wie Falschinformation. Es bedeute statt dessen irreführende Information, unangebrachte, irrelevante, bruchstückhafte oder oberflächliche Information, die vortäusche, man wisse etwas, während sie einen durch die nächste Nachricht in Wirklichkeit weglocke.

„Sendungen dürfen also nichts enthalten, was man behalten, studieren, mit Fleiß verfolgen oder, das Schlimmste überhaupt, geduldig erarbeiten müßte." Ebenso negativ für die Vergabe meines Preises sah ich die Tatsache an, daß man bei Fernseh- und Radiosendungen keine Möglichkeit hat, etwas nicht Verstandenes nachzufragen und überhaupt etwas „nachzulesen", was bei Printmedien jederzeit möglich und oft für das Verstehen wichtig ist. Die Manuskripte entsprechender Berichterstattungen und Reportagen der elektronischen Medien konnten aus diesen Gründen keine Berücksichtigung finden.

In einer dreiteiligen Serie im „Handelsblatt" legte ich 1985 die Gesichtspunkte dar, die mich veranlaßt hatten, den Preis zu stiften. Sie gliederte sich in diese Themen: „Die Wirtschaft geht alle an: Allein die Fachwelt zu informieren, genügt nicht", „Dem Laien sollte es Freude bereiten, wirtschaftliche Texte zu konsumieren" und „Fachjargon durch die Sprache der Laien ersetzen". Damit hatte ich umrissen, worauf es mir bei der Aktion ankam.

Die Reaktion mancher Wirtschaftsredakteure war bemerkenswert. Sie fühlten sich zu Unrecht angegriffen und konterten: „Wir schreiben doch fortgesetzt über derartige Themen und versuchen, sie für unsere Leser verstehbar zu machen." Aber der entscheidende Punkt war für mich die Frage: Wer sind „ihre" Leser, also diejenigen, für die sie schreiben? Im Lauf der Jahre, in denen ich den Preis vergab, wurde die Antwort immer deutlicher: Sie schrieben und schreiben heute noch in erster Linie für Fachleute (und ihre Journalistenkollegen), in deren Augen sie als sachkundig gelten wollen. Das ist ihnen wichtiger, als von Laien verstanden zu werden, die sie oft geradezu verachten!

Als Richtschnur und Orientierungshilfe für die Arbeit der

Jury stellte ich einen Kriterienkatalog zusammen, in dem u. a. folgende Bedingungen enthalten waren:

- Entspricht der Beitrag den Vorkenntnissen „wirtschaftlicher Laien"?
- Ist das Thema für große Personengruppen von Laien wichtig, gut verstehbar und deshalb für sie interessant?
- Verbessert der Beitrag das allgemeine und grundsätzliche Wissen von Laien über die Wirtschaft und die bei ihr benutzten Begriffe und ablaufenden Vorgänge und fördert dadurch die Urteilsfähigkeit dieses Personenkreises?
- Sind Fachausdrücke, Abkürzungen, Fremdwörter vermieden oder sind sie erläutert?

In einem Merkblatt mit den Ausschreibungsinformationen verwies ich im übrigen auf einen Rat Erich Dombrowskis (FAZ), den dieser seinen jungen Autoren mit auf den Weg gab: „Ihr müßt so schreiben, daß euch die Marktfrau am Dom versteht, der Winzer in Rheinhessen euch lesenswert findet und der Universitätsprofessor euch ernst nimmt." Mochte das auf den ersten Blick zuviel verlangt oder sogar unerreichbar sein, der Rat des erfahrenen Redakteurs ging in die richtige Richtung.

Freilich gibt es zahlreiche wirtschaftliche Themen, für die ein generelles Interesse bei Laien nicht vorausgesetzt werden kann. Dazu gehört zum Beispiel die Arbeit mit Spezialeinrichtungen, mit denen nur eine geringe Anzahl von Lesern etwas zu tun hat, wie Mikro-Elektronik-Programme und ähnliches. Aber auch Abhandlungen über Managementausbildung, Firmenportraits und Markenpolitik sind für viele Laien nicht wichtig. Deshalb haben wir in den Teilnahmebedingungen verlangt, daß das behandelte Thema für große Gruppen interessant sein müsse.

Nach intensiver Werbung, vor allem durch persönliche Briefe an Zeitungs- und Zeitschriftenredaktionen und Journalisten, erhielt ich im ersten Jahr der Preisvergabe neunundzwanzig Einsendungen. Diese Zahl stieg in den folgenden Jahren auf vierundachtzig, schließlich auf einhundertzweiunddreißig in 1989. Insgesamt bewarben sich einhundertdreiundneunzig Autoren mit dreihundertvierundsiebzig Artikeln um die Auszeichnungen. Während ich mit dieser Entwicklung sehr zufrieden sein konnte, war es mit den Beiträgen nicht der Fall. Vielmehr hatte die Jury große Schwierigkeiten, wenigstens Teilpreise zu vergeben. In keinem Fall erfüllte eine Einsendung die Bedingungen so weit, daß ihr die ganze Preissumme zuerkannt werden konnte.

Die Hauptgründe der Jury für dieses enttäuschende Ergebnis, obwohl viele Einsendungen gut geschrieben waren:

Die Beiträge wurden offenbar nicht ausdrücklich für die Lesergruppe „wirtschaftliche Laien" geschrieben und konnten deshalb von diesen nicht verstanden werden. Die Autoren hatten zu viel Vorkenntnisse vorausgesetzt.

Fachausdrücke und Bezeichnungen wurden nicht vermieden und auch nicht mit einer Erklärung versehen.

Unvollständigkeit hinsichtlich der wichtigsten Fakten, die bei dem Thema eine wichtige Rolle spielen. Auf diese Weise erfahren die Laien eine Sache nur unvollkommen, was für ihre Urteilsfähigkeit schlimmer sein kann, als wenn sie darüber gar nichts wüßten.

Je mehr sich die Jury mit den möglichen Gründen für die unbefriedigenden Resultate der ganzen Aktion auseinandersetzte und sie aufzuklären bemühte, desto deutlicher wurde mir das Exemplarische daran bewußt. Wenn es nicht gelingt, die Medienvertreter in Richtung „verstehbar schreiben" zu motivieren, dann wird auch auf allen anderen Gebieten die Wissensdiskrepanz zwischen den Machern der Wirtschaft und Politik und der Masse der Bürger nicht zu schließen sein. Das Kenntnisdefizit bei den Wählern kann nicht abgebaut werden mit allen Folgen, die das für das Praktizieren einer Demokratie, die diesen Namen verdient, bedeutet. Die Lösung der

Kommunikationsprobleme zwischen oben und unten ist somit das A und O dieser Staatsform.

Es würde jedoch den Rahmen dieses Buches sprengen, wenn ich hier versuchen würde, mit der erforderlichen Sorgfalt den Ursachen für die Erfolglosigkeit meiner Bemühungen nachzugehen. Ich werde deshalb an dieser Stelle nur auf einige Gesichtspunkte eingehen, die sich bereits abgezeichnet haben, ohne den Anspruch zu erheben, vollständig zu sein.

Cecilia von Studnitz schreibt in ihrem Buch „Kritik des Journalisten“ über das Berufsbild der Journalisten:

„Die Frage des Verhältnisses des journalistischen ‚Helden‘ zu seinen Lesern ist zugleich auch die Frage nach seinem Menschenbild. Die Menschen, von denen er spricht, sind daher die Zielgruppen seiner Arbeit. Angesichts von Untersuchungsergebnissen, daß nur wenige Journalisten ihren Beruf aus ideellen Motiven ausüben (materielle und egoistische Interessen machen danach 60 bis 70 % aus), ist es nicht erstaunlich, daß rund 70 % ihre Leser negativ sehen. Für sie sind 41 % eine dumme, manipulierbare Masse, für weitere 30 % eine anonyme, passive Masse. Nur für 27 % sind sie eine erziehbare, bildungsfähige Volksschicht bzw. eine Vielzahl von Einzelindividuen ohne Massencharakter. Unübersehbar ist der elitäre Anspruch. Immer ist es der Journalist, der anregt, erzieht und leitet.“

Befragt, welchen Auswahlkriterien beim Schreiben eines Artikels Priorität zukommt, nannten nur dreizehn Prozent der Journalisten die Interessen der Leser. Dreißig Prozent orientierten sich hingegen primär an der redaktionellen Linie ihrer Zeitung. Nach Orientierungskriterien für soziales Handeln befragt, nannte die Mehrheit der interviewten Journalisten die Berufskollegen, nicht aber ihre Leser als wichtigste Gruppe. Da gibt es eine Aussage: „Vom Leser kann ich nicht annehmen, daß er die Sache sachgerecht beurteilt.“ Der Gerechtigkeit halber muß freilich angemerkt werden, daß fast dreiviertel aller im „Autorenreport" befragten Publizisten den Anspruch erhoben, „Gewissen der Nation" beziehungsweise „für den Abbau sozialer und politischer Mißstände verantwortlich zu sein". Trotz solcher positiven Absichtserklärungen ist in der teilweise arroganten Einstellung der Journalisten ein wesentlicher Grund zu suchen, weshalb sie sich nicht dazu bequemen wollen, „für Laien verstehbar" zu schreiben.

Neben den großen und kleinen Eitelkeiten, von denen Journalisten ebensowenig frei sind wie andere Menschen, dürfen natürlich auch die objektiven Probleme nicht aus den Augen gelassen werden, die das verstehbare Schreiben erschweren. Burkhardt Röper geht in seinem Standardwerk „Wirtschaftsnachrichten in der Weltpresse" von der Überzeugung aus, „daß es in der Realität gerade für wirtschaftliche Texte den sogenannten ‚Durchschnittsleser' nicht gibt", und stellt dann die Frage, „ob und wie weit der Konsument durch den Wirtschaftsteil angesprochen werden soll". Seines Erachtens sei es kaum möglich, einen seriösen derartigen redaktionellen Teil so zu gestalten, „daß er auf Produzenten, Händler und Investoren und zugleich auch wirtschaftlich weniger geschulte Konsumenten ansprechend wirke". Ich habe deshalb schon frühzeitig die Forderungen aufgestellt, daß über entsprechende Fragen sozusagen auf „zwei Schienen" informiert werden soll: auf einer für die Fachleute (im Wirtschaftsteil) und auf einer zweiten für die „Laien" auf denjenigen Seiten, die normalerweise von diesen gelesen werden. Das bedeutet freilich in gewisser Weise eine neue redaktionelle Konzeption und oft wohl auch ein anderes Layout.

Jens Feddersen, Chefredakteur der „Neuen Ruhr Zeitung", wies in seiner Laudatio, die er im Oktober 1988 zu meinem Preis hielt, besonders darauf hin, daß die meisten jungen Journalisten immer noch Germanistik studierten statt Wirtschaftswissenschaft und ihnen deshalb weitgehend die Grundkenntnisse für die Wirtschaft fehlten. Das sei auch bei den

Journalistenschulen mit einer Ausnahme der Fall. Dabei zögen sich die Wirtschaftsthemen heute von der ersten bis zur letzten Seite durch die Printmedien. Die Zeiten, in denen diese ausschließlich im Wirtschaftsteil behandelt wurden, sei doch längst vorbei. Rund fünfzig Prozent des täglichen Nachrichtenangebots, und das seien in einer normalen Redaktion über vierhunderttausend Worte, nähmen direkt oder indirekt Bezug auf Vorgänge wirtschaftlicher Art. Dies besage, daß heute jeder, der in den Beruf des Journalisten eintrete, ökonomische Kenntnisse haben müsse.

Das Fehlen derartigen Wissens wirke sich natürlich auch auf die Verständlichkeit einschlägiger Artikel aus. Ebenso falsch sei es, wie das gerade an Rhein und Ruhr der Fall wäre, vom Wirtschaftsteil in erster Linie auf die großen Konzerne zu blicken. Statt dessen müsse man dahin kommen, von den Lokalteilen her mit Sachkunde und Engagement über Wirtschaftsfragen in der ganzen Breite zu schreiben und diese enorme Informationsfülle auch in das Gesamtblatt einfließen zu lassen. Feddersen bezog sich dabei auf die zahlreichen Möglichkeiten, anhand der lokalen Berichterstattung über dort ansässige Betriebe das Verständnis für Wirtschaftsfragen hautnah zu erläutern und damit generell ein größeres Wissen zu fördern.

Jürgen Eick schrieb in der „FAZ" unter dem Titel „Spezialisten für das Alltägliche": Der wahre Journalist müsse seine Aufgabe darin sehen, auch die kompliziertesten Dinge des Lebens leicht faßlich darzustellen, daß sie jedermann verständlich seien und bestenfalls sogar mit Vergnügen gelesen würden. Die Wirtschaftsjournalisten hätten auch in unserem Land längst begriffen, daß für die Publizistik über die Wirtschaft das Jahrhundert des kleinen Mannes angebrochen sei. Andererseits mußte Eick aber feststellen, daß die Sprache der Wirtschaftswissenschaftler, die bei den Diplomarbeiten noch handfest und zupackend sei, bei ihren Doktorarbeiten regelmäßig dem Wissenschaftsjargon unterliege! Eick fügte hinzu: „Die meisten Professoren wollen es nicht anders, weil sie selbst so schreiben." So nützlich ein Studium für einen angehenden Wirtschaftsjournalisten sei, müsse er sich doch erst vom „Begriffsklapperatismus" lösen, um zu seiner ursprünglichen Sprache zurückzufinden.

Nachdenklich macht ferner die Stellungnahme von Professor Manfred Rühl vom Lehrstuhl für Kommunikationswissenschaft an der Universität Bamberg: „Der Hinweis bei der Preisvergabe, daß selbst bei hochkarätigen Wirtschaftsjournalisten viele wichtige Fakten unvollständig wiedergegeben worden seien, verwundert denjenigen, der seit zwanzig Jahren in der akademischen Journalistenausbildung tätig ist, nicht sonderlich. Wirtschaft ist ein schwieriges, wenn nicht das schwierigste Themenfeld für den Journalismus. Das läßt sich an der Tatsache ablesen, daß dies frei zugängliche Berufsfeld seit Jahren von Aspiranten überschwemmt wird, daß aber gleichzeitig die offenen Stellen für Wirtschaftsjournalisten nie vollständig und schon gar nicht zufriedenstellend besetzt werden können. Wer durch ein Volontariat in den Journalismus gelangt, kann sich nicht so nebenher in dieses Problemfeld einarbeiten, sondern nur durch ein die Zusammenhänge vermittelndes Studium. Ohne dieses werden unsere Erwartungen an eine Verbesserung des Wirtschaftsjournalismus stark herunterzuschrauben sein.

Hinzu kommt das Elend unserer Publikumsforschung, die institutionell weithin zu einer Akzeptanzforschung verkommen ist und nicht die Frage stellt, ob das Publikum den Wirtschaftsjournalismus überhaupt verstehen kann. In welche Wissens- und Kenntnisbestände sollen die aktuellen Wirtschaftsinformationen eingebettet werden, wenn weder die Schule noch die Universität die Grundlagenkenntnisse über wirtschaftliche Zusammenhänge bewußt machen oder die Schüler und Studenten gar dazu befähigen, sie zu sehen. Es muß erkannt werden, daß ein Kommunikationsprozeß zwischen Wirtschaftsjournalismus und Publikum das eigentliche Objekt einer Verbesserung wirtschaftlicher Kenntnisse in der Öffentlichkeit darstellt."

Wichtig im Hinblick auf die Kommunikation zwischen oben und unten ist natürlich auch die Lesefähigkeit, mit der sich Frau Professor Elisabeth Noelle-Neumann 1987 in ihrer Laudatio anhand von Feststellungen, die teilweise das Meinungsforschungsinstitut Allensbach getroffen hat, befaßte. In der Schweiz würde zum Beispiel, wie alljährlich üblich, bei den pädagogischen Rekrutenprüfungen die Lesekompetenz untersucht. Dabei habe sich ergeben, daß sie bei den jungen Männern in diesem Land heutzutage erheblich niedriger liege als vor dem Ersten Weltkrieg. Die Allensbacher Werbeträger-Analyse, die auf der Basis von acht- bis zwölftausend Interviews pro Jahr durchgeführt werde, zeige seit den achtziger Jahren einen steten Rückgang des Anteils von Personen, die pro Tag Zeitung lesen, und zwar für jede Gattung dieser Medien. Ob gute Schriftsprache lebendig und die Lesefähigkeit erhalten bleibe, das werde zum großen Teil von den Zeitungen und dem Niveau der Zeitungssprache abhängen. Je größer die Gefahren in dieser Welt würden, desto dringender werde der Verstand gebraucht, der Verstand jedes einzelnen und sein Vertrauen in den Sachverstand der Experten. Aber das Gegenteil finde statt.

Der einzelne trainiere seinen Verstand weniger (als Kern der Lesefähigkeit gelte das Verstehen), und das Vertrauen in die wissenschaftlichen Experten nehme ab. Ob jedoch Wirtschaft außerhalb des entsprechenden Ressorts Leser finde, hänge in hohem Maße von der Klarheit und der vollen Verständlichkeit der Sprache ab, in der diese Beiträge geschrieben seien. Dies müsse einen Schwerpunkt der journalistischen Arbeit bilden, wenn der Verlust der Lesefähig- und Lesefreudigkeit aufgehalten werden solle.

Nimmt man diese Stimmen zusammen, so ergibt sich daraus eine ganze Palette von Gründen, die mit dazu beigetragen haben, weshalb meinem Vorhaben kein Erfolg beschieden war. Darüber hinaus zeigen sie jedoch am Beispiel „Wirtschaft“, daß wenn die Wissensdiskrepanz zwischen den Mächtigen und den vielen verringert werden soll, dafür umfangreiche und tiefgreifende Veränderungen in der Verhaltensweise ganzer Personengruppen und in den organisatorischen Abläufen unserer demokratischen Einrichtungen unvermeidlich sind.

Schon ist bei dem sogenannten „Maastrichter Vertrag“ des Jahres 1992 klargeworden, daß die europäischen Völker zutiefst beunruhigt sind, was das alles soll und was nach Inkrafttreten auf sie zukommt. Volksabstimmungen haben das in Dänemark und Frankreich sichtbar gemacht. Die Überraschung, die dies bei den verantwortlichen Politikern auslöste, ist bezeichnend dafür, daß diese heutzutage bei ihrem Handeln gar nicht mehr davon ausgehen und damit rechnen, daß sie ihr Tun vor der Bevölkerung verantworten und das heißt verstehbar machen müssen.

Ich stellte jedenfalls nach fünfjähriger Vergabe meinen Preis im März 1990 mit folgender Begründung ein: Mit Ausnahme weniger seien fast alle eingereichten Beiträge für andere Leserzielgruppen als wirtschaftliche Laien geschrieben worden, zum Beispiel für einschlägig vorgebildete Fachleute, und deshalb für erstere nicht voll oder gar nicht verstehbar. Die Autoren seien gar nicht darauf eingestellt – und noch weniger geschult –, sich mit der intellektuellen Aufnahmefähigkeit und Bereitschaft von Laien zu befassen und demgemäß zu schreiben. Es komme ihnen dabei wohl gar nicht zum Bewußtsein, daß sie damit ihren Anspruch, Stimme und Anwalt der Sorgen und Probleme des kleinen Mannes zu sein, selbst ad absurdum führten. Auf jeden Fall bleibt die Tatsache bestehen, daß die Wirtschaftsjournalisten durch die ausgesetzte Summe des Preises und die damit verbundene Ehrung offenbar nicht genügend motiviert worden seien, die Hauptbedingungen für die Preisvergabe zu erfüllen. Unter diesen Umständen finde der Stifter, daß die hohen finanziellen Aufwendungen, die er für diese Sache gemacht hat, in keinem vernünftigen Verhältnis zu dem Ergebnis stünden. Damit sei für ihn die Voraussetzung für die Fortsetzung der Preisvergabe entfallen.

Alles wollen wir behalten, und so verlieren wir oft alles.

Alexis de Tocqueville

Die Dämme sind gebrochen

Zuerst fiel die Mauer. Das geschah am 9. November 1989. Gegen neunzehn Uhr verkündete der Informationssekretär der SED, „alle Bewohner der DDR können über sämtliche Grenzübergänge nach Westberlin und in die Bundesrepublik reisen". Noch in der Nacht strömten Zehntausende zur Mauer, überstiegen sie und feierten mit der westdeutschen Bevölkerung im Taumel einer überbordenden Begeisterung den Fall der Mauer. Am Wochenende brachen mehrere Millionen DDR-Bewohner zu einer ersten Informationsreise in den Westen auf. Der 9. November, das Datum, an dem im Jahr 1918 die Republik ausgerufen worden war, wurde zum Jubeltag der Nation. Obschon in der Euphorie des Augenblicks noch vieles verwirrend erschien, das Ende der deutschen Teilung war gekommen.

Mich ergriff eine übermächtige Freude, die nur mit jener zu vergleichen war, die ich empfunden hatte, als am 9. Mai 1945 mit dem Waffenstillstand der schreckliche Krieg zu Ende ging.

Es drängte mich, so schnell als möglich an den Ort des Geschehens zu gelangen, aber alle Flüge waren für Tage ausgebucht. Bahn und Auto schienen mir viel zuviel Zeit zu nehmen, um noch rechtzeitig nach Berlin zu kommen. So blieb ich schweren Herzens zu Hause und verfolgte die sich überschlagenden Nachrichten in den Medien mit großem Interesse. Deutschland wiedervereinigt: Das erfüllte meinen größten Wunsch, den ich gehegt hatte, seit die Waffen schwiegen.

Schon Monate zuvor hatten sich die Anzeichen verdichtet, daß eine dramatische Wende in den Beziehungen zwischen Ost und West unmittelbar bevorstand. Im Juli widerriefen die im Warschauer Pakt zusammengeschlossenen Staaten die Breschnew-Doktrin mit ihren einschränkenden Bestimmungen der Souveränität dieser Länder und befreiten sich damit von der sowjetischen Bevormundung ihrer Außenpolitik. Vom August an belagerten erst Hunderte, dann Tausende meist junger Menschen aus der DDR die deutschen Botschaften in Budapest, Wien und Prag, um ihre Ausreise in die Bundesrepublik zu erzwingen. Nach zuerst zögerlichem Verhalten ließen diese Staaten schließlich die Ostdeutschen zum Ziel ihrer Träume weiterreisen. Bis Oktober waren es fünfzigtausend. Die Situation wurde bedrohlich.

Die teilweise rasanten politischen Veränderungen in den Staaten des ehemaligen Ostblocks bestimmten den Frühherbst. Es war bewegend zu beobachten, wie sich ein Land nach dem anderen aus den politischen Fesseln des Kommunismus löste und einen Weg in eine demokratische Zukunft suchte. Das alles war die Folge der neuen Zielsetzungen des sowjetischen Präsidenten Gorbatschow in seinem Land. Erst seit dadurch die Bedrohung eines erneuten Einmarsches der Roten Armee zur Niederschlagung solcher Freiheitsbewegungen entfallen war, konnte sich die bewunderungswürdige Entwicklung vollziehen. Der Umwandlungsprozeß, der damit in Gang gekommen war, veränderte die innenpolitische Szene jener Staaten in einer solchen Weise, daß die Voraussetzungen für eine neue Stabilität erst nach und nach geschaffen werden können. Unter dem Eindruck dieses Umschwungs wurden in Ostdeutschland in aller Eile Wechsel in den Führungspositionen vorgenommen, die jedoch meist nur noch wenige Tage oder Wochen Bestand hatten. Dann öffnete sich die Mauer.

Seit der Teilung unseres Landes hatte ich nie und zu keinem Zeitpunkt daran gezweifelt, daß es eines Tages zur Wiedervereinigung kommen müßte, gleichgültig, wie lange das dauern würde. Der existierende Zustand erschien mir zu widernatürlich, als daß er ewig fortbestehen könnte. Ohne konkrete Vorstellungen, wie die Überwindung dieses Status möglich sei, erwartete ich eine allmähliche Liberalisierung der sozialistischen Systeme und damit eine Entspannung zwischen Ost und West. Dann, so folgerte ich, würde auch eine Beseitigung der Spaltung realisierbar werden. Das könnte viele Jahre, wahrscheinlich Jahrzehnte in Anspruch nehmen, aber der Endausgang war für mich nicht zweifelhaft. Eine Hoffnung, das Resultat selbst zu erleben, hegte ich nicht. Um so glücklicher war ich, als der große Augenblick nun so plötzlich und schnell kam und ich ihn in vollem Bewußtsein erfahren durfte.

Noch im Sommer des Jahres 1989 erwogen SPD und Grüne eine Aktion zur Streichung der in der Präambel des Grundgesetzes festgeschriebenen Verpflichtung: „... in freier Selbstbestimmung die Einheit und Freiheit Deutschlands zu vollenden". Sie schien ihnen nur lästig für eine „realistische" Politik, wie sie das nannten. Überhaupt zeigte sich, was für verheerende Folgen die vierzigjährige Trennung eines Volkes für das Bewußtsein seiner Bürger hatte. Das traf besonders auf die jüngere Generation zu, die sich mit der Teilung nicht nur abgefunden hatte, sondern die DDR als eine zwar deutschsprachige, aber eigentlich selbständige Einheit, ähnlich der Schweiz oder Österreich, betrachtete. Das Unnatürliche dieser Situation empfand sie überhaupt nicht mehr und mußte sich vielfach erst langsam an die grundlegende Veränderung unseres Staatswesens gewöhnen.

Die folgenden Wochen und Monate nutzte die Bundesregierung, um in Verhandlungen die Zustimmung der ehemaligen Gegner des Zweiten Weltkriegs zur Wiedervereinigung zu erhalten. Das gelang überraschend schnell. Bei den „Zwei-plus-vier-Gesprächen" (USA, Sowjetunion, Großbritannien, Frankreich und die beiden deutschen Staaten) wurde dann über die äußeren Aspekte der deutschen Einheit ein Einvernehmen dahingehend erzielt, daß ein formaler Friedensvertrag als abschließende Regelung nicht mehr notwendig sei. Der Weg in die neue deutsche Zukunft war damit frei. Aber so wundervoll und großartig diese zügige Lösung empfunden wurde, die alle Herzen höher schlagen ließ, so folgte ihr das Trauerspiel des sogenannten Einigungsvertrags. Darin wurden die deutschen Staaten nicht „wiedervereinigt", sondern es wurde ein „Anschluß" der ehemaligen DDR an die Bundesrepublik vollzogen. Dieser ganz und gar falsche Weg hatte noch jahrelang schwerwiegende negative psychologische Folgen.

Die Ursache für diesen gravierenden Mißgriff war die Siegesstimmung, der sich viele Menschen und vor allem auch die Politiker in Westdeutschland hingaben. Sie fühlten sich als die Gewinner in der Auseinandersetzung zwischen der „kapitalistischen" und der „sozialistischen" Gesellschaftsordnung. Aber die Schlußfolgerung, die sie daraus für den Einigungsprozeß zogen, verleitete sie dazu, eine Überlegenheit, ja Arroganz an den Tag zu legen, die so nicht gerechtfertigt war und die ostdeutschen Menschen aufs schwerste kränkte. Es schien beim Vergleich der Länder diesseits und jenseits der innerdeutschen Grenze einfach, für die Bundesrepublik in erster Linie Pluspunkte zu sehen, während auf der anderen Seite in vieler Hinsicht Rückständigkeit herrschte. Das traf vor allen Dingen auf die Wirtschaft zu. So schwerwiegend waren die Probleme, daß es noch Jahre dauern wird, bis der Vorsprung des Westens einigermaßen aufgeholt sein wird.

Um dafür die Voraussetzungen zu schaffen, schloß man zunächst einen Vertrag über eine Währungs-, Wirtschafts- und Sozialunion der beiden Staaten ab, durch den die D-Mark das alleinige Zahlungsmittel in Gesamtdeutschland wurde. Anschließend folgte der „Vertrag über die Herstellung der staatlichen Einheit", kurz „Einigungsvertrag" genannt. Mit ihm übertrug man das gesamte rechtliche System einschließlich des Verwaltungsaufbaus der Bundesrepublik auf fünf neu zu gründende Länder des Gebiets der ehemaligen DDR. Das in keiner Hinsicht geänderte Grundgesetz trat damit in diesen neuen Bundesländern, in denen es bis dahin nicht gegolten hatte, in Kraft.

Als sich die Ostdeutschen ihre Befreiung von einem menschenverachtenden Regime kämpferisch erstritten, war zu hoffen, daß sie einen spürbaren politischen Einfluß auf die Gestaltung des neuen gesamtdeutschen Staates im Sinne eines humaneren Wirtschaftssystems, als es in der Bundesrepublik besteht, haben würden. Dazu hätte zum Beispiel auch die Verwirklichung eines „dritten Weges" zwischen Kapitalismus und Sozialismus gehört, wie er etwa in den Partnerschaftsunternehmen seit Jahrzehnten praktiziert wird. Aber diese Erwartung verflog wie so viele andere im Lauf der weiteren Entscheidungen.

Die DDR-Bewohner hatten zwar in Massendemonstrationen und Kundgebungen vor der Wende ihren Anspruch, gehört zu werden, mit dem Ruf „Wir sind das Volk" laut herausgeschrien, aber für die Bonner Politiker waren sie nur als Wählerpotential interessant. Man hielt es ja nicht einmal für erforderlich, eine Präambel für die Verträge zu formulieren, in der man der ostdeutschen Bevölkerung dankte und eine förmliche Anerkennung dafür aussprach, daß sie während ihres vierzigjährigen Martyriums den Glauben an Deutschland und die Hoffnung auf seine Wiedervereinigung nie aufgegeben hat. Damit hätte ein Aufruf verbunden werden können, nun die Wende auch innerlich zu vollziehen und gemeinsam die große Aufgabe, die allen Deutschen gestellt war und immer noch ist, anzupacken und zu lösen. Eine derartige Aussage würde den Ablauf der folgenden Prozesse zweifellos sehr erleichtert und gefördert haben. Aber nichts dergleichen geschah. Man merkte sehr wohl, wer das Sagen bei der Abfassung der Vertragstexte hatte: die Buchhalter und Bürokraten!

Verzweifelt wehrten sich die Vertreter Ostdeutschlands bei den Verhandlungen gegen die einfache Vereinnahmung. Aber gegen die routinierten bundesrepublikanischen Kontrahenten kamen sie nicht an. Nur geringfügige Verbesserungen gelangen ihnen. Dabei soll nicht bestritten werden, daß auch Bestimmungen in die Verträge aufzunehmen waren, die sich aus der Notwendigkeit ergaben, daß in Ostdeutschland nun eine demokratische Grundordnung und eine freie Marktwirtschaft Einzug halten sollten. Aber dabei hätte man sich zunächst auf Rahmenbedingungen beschränken müssen, da noch gar nicht auszumachen war, welche Regelungen im Lauf der Übergangszeit erforderlich werden würden. Wie selbstsicher man sich jedoch verhielt, geht daraus hervor, daß den fünfundvierzig Artikeln des Einigungsvertrags eine Protokollnotiz angefügt wurde, in der auf eintausend Schreibmaschinenseiten bis in die kleinsten Einzelheiten alles geregelt worden ist. Man glaubte Ende August 1990, als man den „Vertrag" unterzeichnete, zu wissen, was alles erforderlich sei. Aber von Monat zu Monat erfuhr man mehr, wie viel daran fehlte.

Ein wesentlicher Grund dafür ist, daß die westdeutschen Politiker, allen voran die Bundesregierung, von den Ereignissen völlig überrascht wurden. Sie waren in keiner Weise darauf vorbereitet. Das erscheint um so unverständlicher, als alle Politiker seit Bestehen der DDR den „Unrechtsstaat" immer wieder angeprangert hatten und auf seine Beseitigung hinarbeiteten, wie es ja auch im Grundgesetz, wenn auch vorsichtig ausgedrückt, als Aufgabe der Bundesrepublik verbindlich vorgeschrieben war. Was hatte man also versäumt? Es gab zum Beispiel ein Kuratorium „Unteilbares Deutschland". Was hat es unternommen? Es gab einen Bundesnachrichtendienst, der den Oststaat auszuforschen hatte. Welche Erkenntnisse hat er über den inneren Zusammenhalt und die wirkliche Festigkeit des Regimes erbracht? Oder ist er etwa nur beziehungsweise in erster Linie auf die Rüstung angesetzt gewesen? Wenn ja, so war das ein großer Fehler.

Aber selbst wenn derartige Institutionen nicht richtig genutzt worden sind, um sich auf den Tag X, wann immer er eintreten würde, vorzubereiten, hätte es doch keiner sehr großen Phantasie bedurft, sich vorzustellen, welche Probleme eines Tages auf Westdeutschland zukommen würden, wenn es darum ging, die im Sozialismus grundlegend veränderten Eigentumsverhältnisse denen einer freien Gesellschaft wieder anzupassen. Auch das Fehlen eines für eine Wettbewerbswirtschaft unerläßlichen Managements war doch einfach vorherzusehen. Welche Maßnahmen hat man ergriffen, um auf Derartiges vorbereitet zu sein? Vor dem Mauerbau hatten doch die meisten dafür qualifizierten Menschen die DDR verlassen, um in der Bundesrepublik neu anzufangen und, wie bekannt, sehr erfolgreich zu arbeiten. Zurückgelassen hatten sie in vielen Fällen nur die zweite und dritte Führungsgarnitur. Was konnte man von dieser anderes erwarten, als was man nach der Vereinigung vorfand?

Nein, es ist wohl so, daß nichts vorbereitet war, weil sich viele Menschen im Westen mit der Situation, wie sie war, weitgehend abgefunden hatten. Deshalb dachten sie nicht mehr an eine Änderung oder hielten sie gar für möglich. Das ist der Grund für ihre Überraschung, als sich die Zweiteilung unseres Landes als überwindbar erwies, und für die Hektik, die ausbrach, um das Versäumte nachzuholen beziehungsweise zu reparieren. Daher rühren auch die vielen Fehler, die gemacht wurden.

Am schwersten wiegen wohl die psychologischen Mängel, die sich, je länger der Tag, an dem die Mauer fiel, zurückliegt, immer stärker und gravierender bemerkbar machen. Dazu gehört nicht nur die Art und Weise, wie man von bundesdeutscher Seite die Verträge mit der DDR „durchzog“ und die

Vertreter des Ostens an die Wand spielte, sondern auch die Tatsache, daß sich die Bundesregierung keinerlei Mühe machte, die Bevölkerung aufklärend und informierend an dem Vorgehen teilnehmen zu lassen und sie für die beabsichtigten Lösungen zu gewinnen. Das erwies sich allerdings auch vom Standpunkt der „Macher" aus als überflüssig, denn sie hatten nicht die Absicht, die Verträge durch die „mündigen Bürger" in Ost und West in einer Volksabstimmung ratifizieren zu lassen. Diese Aufgabe wurde dem Bundestag übertragen (im übrigen wie seinerzeit schon die Verabschiedung des Grundgesetzes).

Die große Chance eines mitreißenden Aufbruchs in eine neue, bessere Zukunft unseres Gesamtlandes wurde damit vertan. Was hätten wohl Franzosen, Polen oder Amerikaner in ihren Ländern aus einem solchen Vorgang gemacht? Hierzulande wurde das bewegendste und bedeutendste Ereignis seit Kriegsende in vielen provinziellen Betrachtungen und Bedenken zerredet und damit in den Augen der Bevölkerung kaputtgemacht. Bald kam das beschämende Wort von den „Besserwessis" auf, mit dem die Westdeutschen von ihren ostdeutschen „Brüdern und Schwestern", wie man sie früher genannt hatte, gekennzeichnet wurden.

Mit Psychologie hatte auch das zu tun, was man als den Versuch bezeichnen könnte, die jüngste ostdeutsche Vergangenheit zu bewältigen. Nach dem Zusammenbruch der DDR begann die Suche nach Leuten, die Informationen über die politische Zuverlässigkeit ihrer Mitbürger an den Staatssicherheitsdienst, kurz „Stasi" genannt, gegeben hatten. Ähnliches wollte man bei Kriegsende mit der Entnazifizierung erreichen, war daran jedoch kläglich gescheitert. Wohl deshalb öffnete man nun die einschlägigen Akten für jedermann zur Einsicht. So konnte jeder selbst Nachforschungen anstellen, ob er von irgend jemand, und gegebenenfalls von wem, verpfiffen worden war.

Was hatte man sich wohl davon versprochen? Gerechtigkeit? Genugtuung? Rache? Emotionen wurden frei! Wie sollte man überhaupt „Schuldige" finden, wenn nichts Schriftliches vorlag? Wer hatte zum Beispiel Stasikontakte gepflegt, um unbescholtene Bürger vor dem Zugriff der Behörden zu bewahren? Bis Herbst 1992 lagen bei der „Gauck-Behörde", die damit beauftragt war, die Akteneinsicht zu ermöglichen und dabei zu helfen, fast anderthalb Millionen Anträge von Bürgern vor. Als Folge dieser Aktion gingen Freundschaften in die Brüche, Familien zerstritten sich und fielen auseinander. Dabei erfuhr die Öffentlichkeit nur gelegentlich von derartigen Folgen. Aber es gab auch einige Fälle, bei denen die ganze Problematik offenbar wurde.

Dazu gehörte Manfred Stolpe, der Ministerpräsident des Landes Brandenburg. Er hatte als hoher Funktionär der evangelischen Kirche nach eigenem Eingeständnis mit der Stasi Gespräche, ja Verhandlungen geführt, um Konzessionen für die von ihm betreuten Gemeinden zu erreichen. Nun geriet er ins Zwielicht. War er dabei zu weit gegangen, wie einige Mitbürger behaupteten, oder waren seine Bemühungen doch von gelegentlichem Erfolg gekrönt gewesen, wie andere aus seinem näheren Umkreis meinten? Es wurde sogar ein förmlicher parlamentarischer Untersuchungsausschuß damit beauftragt, diese Frage zu klären. Es gelang ihm nicht! An diesem Beispiel wurde deutlich, wie verfehlt die ganze Aktion war. Die Durchschnittsmenschen sind einfach damit überfordert. Man mußte das von Anfang an wissen und ins Kalkül stellen.

Aber da spielte vielleicht auch der Gedanke eine Rolle, wenn man schon der Bevölkerung keine Möglichkeit gab, den Einigungsvertrag mitzubestimmen, dann wollte man ihr wenigstens auf diesem Gebiet die Chance einräumen, Dampf abzulassen. Die so entstandenen psychologischen Barrieren, die, als die Zeit fortschritt, ständig zunahmen und wirkungsvoller wurden, verzögerten das erforderliche Zusammenwachsen der

Menschen und damit die Prozesse, die die Vereinigung effektiv werden ließen.

Das zeigte sich beispielsweise bei den Bemühungen Westdeutschlands, Personal für eine begrenzte Dauer nach Ostdeutschland abzustellen, um auf den verschiedenen Gebieten des öffentlichen Lebens mit Kenntnissen und Erfahrung beim Aufbau mitzuhelfen. Die „Besserwisserei", die darin steckte, stieß zunächst auf den Widerstand der Ostdeutschen, die nicht wahrhaben wollten, daß bei ihnen „alles schlecht" gewesen sei. Und so war es natürlich auch nicht. Es gab vor allem auf sozialem Gebiet manches, was man als fortschrittlich anerkennen mußte, auch wenn man es nicht beibehalten konnte. Dazu gehörte die Arbeitsplatzgarantie. Sie ließ sich nicht fortsetzen, weil dadurch die Unternehmen gegenüber ihren westlichen Wettbewerbern nicht konkurrenzfähig waren. Die meisten Betriebe beschäftigten mindestens fünfzig Prozent zu viele Mitarbeiter. Das SED-System ließ keine Entlassungen zu. Der Schnitt, der nun erforderlich wurde, führte binnen kurzem zu einer großen Arbeitslosigkeit, die man vorher nicht gekannt hatte. Entsprechend stieg die Verbitterung. Es muß bezweifelt werden, daß diese Zusammenhänge den Ostdeutschen in aller Gründlichkeit vor Augen geführt wurden, um sie von den Notwendigkeiten zu überzeugen.

Im übrigen kamen die Unternehmen nur mit großen Schwierigkeiten in Gang. Die Umstellung auf die Marktwirtschaft erwies sich viel problematischer als angenommen. Daran waren nicht nur die meist ungeklärten Eigentumsverhältnisse schuld, sondern vor allem der Mangel eines mit den Erfordernissen des freien Wettbewerbs vertrauten Managements. Auch fehlte im allgemeinen ein geschultes Verkäuferpotential. In der Plan- und Kommandowirtschaft hätte es gar nicht zum Einsatz gelangen können. Das auch bei uns geläufige Vitamin „B" (für Beziehungen) war in der DDR für die Betriebsdirektoren ebenfalls das gängige Mittel, um über die Runden zu kommen.

Das hatte mir gegenüber ein Wäschefabrikant aus Chemnitz offen zugegeben, als ich ihn lange vor der Wende im Zusammenhang mit der Leipziger Messe besuchte. Er sagte damals, wenn er Schwierigkeiten hätte, an Personal zu kommen oder an eine Genehmigung, dann könne er jederzeit den Minister anrufen, der ihm weiterhelfe.

Große Verdienste hat sich die Treuhandgesellschaft erworben, der die Aufgabe oblag, Unternehmen in Ostdeutschland zu sanieren und/oder zu verkaufen. Dabei war die Lösung der Eigentumsproblematik ein großes Handikap. Die Sisyphusarbeit, die das bedeutete, kann hier gar nicht ausreichend gewürdigt werden. Jedenfalls ist es der Treuhand in vielen Fällen gelungen, Betriebe an westliche (nicht nur westdeutsche) Gesellschaften zu vermitteln, damit sie sie mit dem erforderlichen Know-how versehen und damit wettbewerbsfähig machen konnten.

Als nachteilig bei allen notwendigen Maßnahmen erwies sich die demokratische Ordnung und Verfassung, in der wir leben. Dadurch war es zum Beispiel nicht möglich, wie seinerzeit während des Kriegs für den Wi-Stab Ost, das fehlende Fachpersonal dienstzuverpflichten. Jetzt war man immer auf dessen guten Willen angewiesen. Dabei hätten die Aufgaben, die in Ostdeutschland zu lösen waren, Pioniernaturen geradezu magisch anziehen müssen. Aber es gab zu wenige, die diesen Drang in sich spürten und deshalb bereit waren, den heimatlichen Herd eine Weile zu verlassen.

Die Bonner Regierung setzte von Anfang an, sobald das SED-Regime gestürzt war, auf die Wiederholung eines ähnlichen „Wirtschaftswunders", wie es in den fünfziger Jahren so überraschende und großartige Erfolge zu verzeichnen gehabt hatte. Aber diesmal blieb es aus, weil die Voraussetzungen nicht vorhanden waren. Als die Erwartungen nicht eintraten, begann man die sich mehr und mehr abzeichnenden Probleme wie gewohnt mit der Zurverfügungstellung riesiger finanzieller

Mittel lösen zu wollen. Neue Ideen gab es wenige, und auch diese wurden schnell verwässert und zerredet. Dieses Schicksal teilte auch der „Solidarpakt", dessen Bezeichnung das Beste daran war. Dabei hätte ein wirklich großer Wurf, wenn er denn geschehen wäre, der ganzen Sache einen gewaltigen Auftrieb gegeben und manchen psychologischen Schaden wiedergutmachen können.

„Eine Chance wurde vertan", schrieb „Die Zeit" dazu. Wer das Hin und Her der Verhandlungen beobachtet hatte, kam zu dem Schluß, daß hier das alte Sprichwort „Wasch mir den Pelz, aber mach mich nicht naß" allzuoft die Leitschnur bei denjenigen gewesen war, die im „Pakt" hätten Opfer bringen müssen, damit etwas wirklich Großes geschah. Das hätte eventuell darin bestehen können, daß die westdeutschen Länder für ein paar Jahre auf das Ausgeben eines wesentlichen Prozentsatzes ihrer Etatmittel, auch wenn sie schon verplant und bewilligt gewesen waren, verzichtet hätten. Aber dazu waren sie offensichtlich nicht bereit. Wenn man es ihnen nahegelegt haben würde, wären ihnen jedenfalls viele wohlerwogene Gründe dagegen eingefallen. An Bedenken hat es ja in der Bundesrepublik nie gefehlt. Aber man hätte das nicht akzeptieren müssen. Statt dessen benutzte man die alten ausgetretenen Wege der direkten und indirekten Steuererhöhungen, um die Milliarden freizubekommen, damit man sie in das „lecke Faß der Danaiden" schütten konnte.

Was aus der Wiedervereinigung wird, wie lange es dauert, bis sie wirklich von den Menschen in West und Ost vollzogen und akzeptiert wird, das weiß man heute noch nicht. Ich gehe jedenfalls aufgrund all der Versäumnisse und Fehlentwicklungen mit wachsendem Unmut und Verdruß in die weiteren neunziger Jahre. Es hat nicht an eigenen Bemühungen gefehlt, irgendwo mitwirkend teilzunehmen. Aber ich bekam dabei zu spüren, daß jüngere Kräfte als ich gefragt waren. Vielleicht suchte man auch weniger skeptische.

Alt genug werden und Muße finden, das Erlebte aufzuzeichnen, heißt, zum zweiten Mal leben.

Klaus Mehnert

Schlußakkord

Mein Dasein im 20. Jahrhundert war nicht irgendein Leben, aber in jeder Hinsicht ein großbürgerliches. Auch hielten mich zeitweise, als ich durch das „Mitunternehmertum" bekannt geworden war, einige Leute, vor allem in Wirtschaft und Politik, sogar für „prominent". Aber da ich daraus nicht etwas machte im Sinne einer Karriere im öffentlichen Leben, kann ich mich heute als einen normalen, allerdings kritischen Zeitgenossen und Intellektuellen betrachten.

Mein Leben wurde von Menschen mehr als von Ereignissen bestimmt, von einigen, die man groß nennt, aber stärker noch von den vielen kleinen, die mir begegneten, mit denen ich in der einen oder anderen Weise zu tun hatte und die die Engländer „The little men in the street" nennen. Deshalb standen sie auch in den beiden Berufen, die ich ausgeübt habe, immer im Mittelpunkt meines Denkens und Tuns! Um sie ging es mir in erster Linie, und zwar nicht in der Art und im Sinne einer Betreuung. Damit habe ich nie viel im Sinn gehabt. Ich strebte vielmehr danach, sie von Bevormundung jeder Art zu befreien, in welcher Form, von welcher Seite und welchen Personen sie auch ausgehen mochte, besonders wenn diese anonym waren.

„Nicht sich dem opfern, was die Menschen sind, sondern dem, was sie werden können." Dieses Wort Antoine de Saint-Exupérys war die eine Leitlinie meines Handelns; eine andere stammt von Goethe: „Wenn wir die Menschen nur nehmen, wie sie sind, machen wir sie schlechter. Wenn wir sie behandeln, als wären sie, was sie sein sollten, so bringen wir sie dahin, wohin sie zu bringen sind." Dabei war mir klar, daß dies nur Ziele meiner Bemühungen, meines Denkens, meiner beruflichen Arbeit und meines privaten Handelns sein konnten, Ziele, die ich so nie erreichen würde. Aber diese Erkenntnis ließ weder mich resignieren noch mein Streben erlahmen.

Ich habe mich durchs Leben gefragt und dadurch vieles erfahren, was mir sonst unentdeckt geblieben wäre. Darüber hinaus bin ich einfach hungrig auf Neues – also auch darauf, wie es weitergeht auf dieser Welt. Ich war und bin auch immer unterwegs zu neuem Kräftemessen, neuer Betätigung und Bewährung, neuen Eindrücken, Erlebnissen und Taten. Ausgesprochen gerne betrat ich Neuland und war stets bereit, es durch eigene Aktivitäten aufzuschließen und für meine Initiativen aufzubereiten. Dementsprechend machte es mir die meiste Freude, wenn ich etwas Neues anfangen konnte, sei es allein oder mit anderen, wie zum Beispiel „Wi-Stab-Ost", „Tatgemeinschaft", „Fortschritt", „Baukreis", Produkte meines Textilunternehmens, „Mitunternehmertum", die Ausführung von PR-Aufträgen und mein „Preis". Immer lag mir daran, den Aufgaben, die ich übernahm, meinen Stempel in der einen oder anderen Weise aufzuprägen, sozusagen als ein Markenzeichen. Das gelang nicht immer, gelegentlich nur teilweise. Manchmal mußte ich eine Sache aufgeben, und ich habe schon geschildert, daß mir das nichts ausmachte. Schnell fand ich ein neues Betätigungsfeld, dem ich mich mit Passion widmen konnte.

Zum Beispiel nahm ich, als das Familienunternehmen, das ich leitete, nicht mehr zu halten war, davon Abschied ohne Kummer. Kein Traditionsbewußtsein löste bei mir ein Bedauern darüber aus. Wenn ich den Vorgang als eine Scharte bezeichnet habe, die ich auszuwetzen trachtete, so hing das mit meinem Ehrgeiz zusammen, eine Aufgabe auch vor mir selbst gut zu machen. Nur persönlicher Stillstand war mir unerträglich und alles, was man als Routine bezeichnet. Dazu fehlte mir die Geduld, oft auch die Ausdauer. Kleinkram war meine Sache nie, und glücklicherweise konnte ich ihm meistens aus dem Wege gehen.

Über viele Vorgänge, die ich kritisch beobachtete, vor allem im politischen Bereich, urteilte ich oft radikal, extrem und scharf – war unerbittlich in meinen Auffassungen. Das war vor allem dann der Fall, wenn es sich um Angelegenheiten oder Fragen handelte, wie dieses oder jenes von den Verantwortlichen angepackt wurde, wie sie sich generell und im einzelnen dabei verhielten und ob mir die getroffenen Maßnahmen oder Entscheidungen genügten oder ob sie verfehlt waren. Nur die Vernunft steuerte mich dann in der Weise, daß diese Seite meines Wesens nicht zum Ausdruck kam. Innerlich änderte sich jedoch nichts an meinem emotionalen Engagement und Denken, das ich nur durch ein entsprechendes Verhalten beherrschen konnte. Meine Kompromiß- und Konsensbereitschaft war und ist dementsprechend eng begrenzt. Das ist der Grund dafür, daß ich mich nie um ein öffentliches Amt beworben habe, bei dem ich mich mit meiner Einstellung schwergetan hätte.

Persönliches Prestige spielte bei meinen Handlungen und meinem Auftreten weder eine positive noch eine negative Rolle. Dagegen hat mich eine gewisse Risikoscheu mein Leben lang begleitet. Ich habe deshalb manche Entscheidungen wie jene, die zur Aufgabe der chemischen Produktion unseres Textilunternehmens führte, zu spät getroffen. Dagegen ist mir die Übernahme von Verantwortung nie schwergefallen. Ich drängte mich gerade dazu, wenn es um eine Sache ging, die ich für richtig hielt und bei der ich mich deshalb sicher fühlte. In solchen Augenblicken und Situationen ließ mich Kritik an meinen Standpunkten und Handlungen auch weitgehend kalt.

Ich hatte das jeweils anstehende Thema mit denjenigen, denen ich ein Urteil darüber zutrauen konnte, eingehend besprochen und mich mit ihnen auseinandergesetzt.

Hingegen belasteten mich Kontroversen, die ich mit mir nahestehenden Menschen hatte, immer schwer. Nicht selten führten sie zu einer monatelangen Reduzierung meiner allgemeinen Arbeits- und Leistungsfähigkeit. Waren solche Spannungen aber vorüber, dann ergriff mich eine ungestüme euphorische Stimmung, die oft meinen Blick für das Machbare trübte. Ich mußte mich dann äußerst zusammennehmen, um Fehler zu vermeiden, was mir jedoch meistens, jedenfalls, soweit ich sehe, in allen wichtigen Fragen, gelungen ist.

Meine Frau Wiltrud und ich verstanden uns gut. Wenn wir auch in unserem Temperament und Wesen sehr verschieden waren und deshalb unterschiedlich auf gewisse Vorkommnisse reagierten, so „rauften" wir uns meist schnell zusammen und verhielten uns Dritten gegenüber immer als Einheit. Das galt vor allem für die Erziehung unserer Kinder, die wir am langen Zügel gehen ließen, damit sie sich selbständig entwickeln konnten. In unserer Familie gab es infolgedessen niemals ernsthafte Spannungen und Zerwürfnisse. Im Gegenteil, wir waren ein fröhliches Quartett, das auch dann bestehen blieb, als unsere Kinder eigene Familien gegründet hatten und Enkelkinder heranwuchsen.

Wir hatten sehr gute Freunde, nicht eben viele, aber in jeder Hinsicht verläßliche. Die meisten kannten wir zunächst jeder allein, lernten sie dann jedoch nach und nach gemeinsam kennen und schätzen. Nachteilig war, daß die meisten weit entfernt von uns wohnten, teilweise in Übersee, aber auch in Europa und selbst in Deutschland, so daß wir sie nur sehr selten sehen konnten. Das beeinträchtigte die Möglichkeit, mit ihnen einen intensiven Kontakt zu halten und ausführliche Gespräche zu führen. So mußte häufig das Telefon an die Stelle treten, was sich jedoch fast immer als unzulänglich erwies. Meist blieb es dann bei dem Austausch von persönlichen und familiären Themen. Dennoch war die freundschaftliche Herzlichkeit sofort wieder präsent, wenn wir uns bei einem Besuch wiedersahen. Man hatte immer den Eindruck, als setze man nur das Gespräch fort, wo man es das letzte Mal hatte abbrechen müssen.

In den vierziger bis sechziger Jahren veranstalteten wir an verschiedenen Plätzen schöne Feste mit Tanz bis in die frühen Morgenstunden. Später luden wir zu kleineren Treffen bei uns zu Hause mit acht bis zehn Gästen ein, mit denen man ausführlichere Gespräche über interessante Themen führen konnte. Diese Feste bereitete Wiltrud, der immer wieder neue Kombinationen einfielen, sehr gründlich vor. Dabei ging es ohne tierischen Ernst, im Gegenteil oft sehr fröhlich und manchmal richtig ausgelassen zu. Überhaupt war sie es in erster Linie, die unsere gesellschaftlichen Kontakte pflegte, aufrechterhielt und neue anknüpfte, wodurch unser Leben sehr bereichert wurde. Besonders schön und stimmungsvoll waren die alljährlichen Silvesterpartys, die wir in unserem Altenberger Wochenendhaus feierten, mit einem festlichen Abendessen im nahegelegenen Hotel und einem Feuerwerk in der Waldeinsamkeit um Mitternacht. Aber wir pflegten auch andere Formen der Geselligkeit. So spielten wir viele Jahre mit Pastor Erich Schult und seiner Frau einmal in der Woche Bridge. Er war es auch, der unseren Sohn taufte, beide Kinder konfirmierte und verheiratete.

Als ein gutes Instrument der Beziehungspflege erwiesen sich die „Weihnachtsbriefe", die wir seit 1964 an alle diejenigen versenden, mit denen wir uns verbunden fühlten, aber nicht oft genug treffen, um den erwünschten Gedanken- und Meinungsaustausch zu kultivieren. Erfreut können wir feststellen, daß unser Weg begrüßt wird und selbst Nachahmung findet. Daraus ergeben sich gelegentlich sogar längere Briefwechsel, in denen wir mit unseren Freunden unterschiedliche Auffassungen und Standpunkte diskutieren.

Ausgesprochene Feindschaften habe ich nie erfahren, wohl Aversionen, die aber meistens aus verschiedenen Gründen von beiden Seiten bestanden. Ich habe schon an anderer Stelle meine Äußerung als Kind erwähnt, daß mir jemand „unsympathisch" sei. Das kam häufiger vor als einfache Gleichgültigkeit. Deshalb war ich bei neuen Bekanntschaften immer äußerst zurückhaltend und hielt gerne Abstand. Den Übergang zur „Du"-Anrede vollzog ich stets nur sehr zögernd. Mit vielen Menschen, denen ich mich freundschaftlich verbunden fühle, kam es während meines ganzen Lebens nie dazu, ohne daß die Herzlichkeit unserer Beziehung darunter gelitten hätte.

Eine jahrzehntelange Freundschaft besonderer Art führte zu einem größeren Engagement in der bildenden Kunst. Sie begann mitten im Krieg in Berlin, wo ich bei gemeinsamen Freunden den Maler Friedrich Karl Gotsch kennenlernte. Er zählte damals zu den von den Nazis als „entartet" verschrienen Künstlern und bekam weder offiziell Material, noch durfte er öffentlich ausstellen. Als Meisterschüler von Oskar Kokoschka hatte er einen großen Lehrmeister gehabt, mit dem er Zeit seines Lebens verbunden blieb.

Als wir uns begegneten, hauste er in einer Dachwohnung, wo ich ihn bald darauf besuchte. Seine Bilder bezauberten mich vom ersten Augenblick an, und ich erwarb ein Pastell „Tiergarten", das heute noch zu den schönsten Arbeiten gehört, die ich von seiner Hand besitze. Solange ich in der Hauptstadt wohnte, sahen wir uns fast täglich. Ich lernte immer neue Seiten seiner großen Begabung kennen. Er konnte neben Malen auch wunderbar erzählen und schrieb reizende Kurzgeschichten. Natürlich sprachen wir auch vom Frieden, wie wohl alle Menschen, die nicht so eingespannt waren, daß ihnen der Sinn nicht danach stand, und wir machten Pläne.

Eine Malschule, die wir zusammen gründen wollten, wenn das große Schlachten vorbei sei, beschäftigte unsere Phantasie. Gotsch sollte sie fachlich leiten und betreuen und ich das Kaufmännische besorgen. Wann das sein könnte, war zwar fraglich, aber wir zweifelten nicht daran, daß wir eines Tages unsere Absichten verwirklichen würden. Zunächst aber kamen wir auseinander. Ich wurde nach Afrika versetzt, der Malerfreund zu einer Dolmetschereinheit. Dort lernte er zwei andere Künstler kennen, einen Architekten und einen Hamburger Bildhauer. Bald berichtete er mir von ihrer Begegnung und der Erweiterung unseres Gedankens zu einer Kunstschule, in der alle bildenden Künste vertreten sein und gelehrt werden sollten. Den dreien schwebte so etwas wie das Dessauer Bauhaus vor, das unter den Nazis eingegangen beziehungsweise geschlossen worden war.

Die neue Idee fesselte mich von Anfang an, sah ich doch darin die Möglichkeit, in einem viel größeren Rahmen, als es eine Malschule sein konnte, bei der Gestaltung des Wiederaufbaus des weitgehend zerstörten Deutschlands tatkräftig mitzuwirken und moderne Stilelemente darin einzubringen. Ich schrieb also in diesem Sinne an Gotsch und seine Freunde. Damit mußte es zunächst sein Bewenden haben, denn der Krieg dauerte noch zweieinhalb Jahre. Aber kaum war er beendet, da kam schon der erste Brief aus St. Peter, dem Heimatort Gotschs, worin er ein Treffen in Hamburg vorschlug. Dabei lernte ich noch weitere führende Künstler aus dieser Stadt kennen, deren Ateliers durch Bomben zerstört waren und die nun nach einer neuen Bleibe suchten, wo sie ihre Arbeiten fortsetzen beziehungsweise wieder aufnehmen konnten. Es waren zunächst neun Männer verschiedener Kunstrichtungen, die am 26. Juni 1946 den „Baukreis“ als „Werkstättengemeinschaft und Lehranstalt für alle Künste“ in Hamburg gründeten.

Nach dem Wiederaufbau eines Schulgebäudes, das die Hamburger Behörde dem jungen Unternehmen zur Verfügung gestellt hatte, begannen die Männer der ersten Stunde ihre Idee zu verwirklichen. Mir wurde die Aufgabe zuteil, bei der offiziellen Eröffnung des Hauses einiges zu dem Weg zu sagen, den die Baukreisleute sich vorgenommen hatten. Ich erklärte dazu, daß die Erfordernisse des Aufbaus der zerstörten Städte mit einem anderen Weg angegangen werden müßten als mit einer Fortsetzung der L'art-pour-l'art-Auffassung, also einer Kunst, die um ihrer selbst willen gepflegt würde. Statt dessen beabsichtigten die Künstler des „Baukreis", die sich zu einem freiwilligen Kollektiv zusammengeschlossen hätten, die gestalterischen Aufgaben, die die Nachkriegszeit stelle, durch eine gemeinschaftlich erarbeitete Formgebung zu lösen. Das solle für Häuser, Wohnungseinrichtungen, Maschinen, Verkehrsmittel ebenso wie für Bilder, Plastiken geschehen, aber auch die Gebrauchsgegenstände erfassen, bis hin zu den Türklinken. Dabei werde davon ausgegangen, daß die Produkte, die im äußerlichen Leben Verwendung finden, mehr und mehr maschinell hergestellt würden. Glaubte man früher einmal, es sei möglich, durch theoretische Ausführung künstlerischer Formen auf dem Reißbrett gültige Antworten auf die gestalterischen Probleme zu finden, so sei nun zu erkennen, daß die Voraussetzung für zeitgemäße Lösungen erst durch vorherige Arbeit in der industriellen Fertigung selbst geschaffen werden könnte. Aus diesem Grunde müsse der Baukreiskünstler die Synthese zwischen Technik und Kunst durch seine praktische Erfahrung in der Produktion und die Verbindung mit seiner schöpferischen Eingebung entwickeln.

Da das Hamburger Gebäude nicht genügend Platz für alle diejenigen hatte, die sich für eine Beteiligung an der Baukreisarbeit interessierten, stellte ich einige Räumlichkeiten in einem Gebäude unserer Firma zur Verfügung. Die dort einzogen, gründeten eine kleine Niederlassung, die schnell ein gewisses Eigenleben entwickelte. Ihnen kam die besondere Situation

Hildens zugute, das von Bomben verschont geblieben war, während in allen Großstädten kaum noch geeignete Räume für derartige Einrichtungen vorhanden waren. So konnte ich auch bald einen Verein von Freunden und Förderern der Künstlergemeinschaft gründen, der sich zu einer ansehnlichen Gemeinde entfaltete. Für sie veranstalteten die Künstler neben Ausstellungen vor allem im Winter Vortrags- und Rezitationsabende, die großen Anklang fanden. Im übrigen entwickelte sich eine fruchtbare Zusammenarbeit zwischen den Baukreislern und den Freunden vor allem auf den Gebieten der Auftragsvergabe und der Materialbeschaffung. Sie war in der Zeit vor der Währungsreform für die Arbeit von ausschlaggebender Bedeutung. In unserer Firma produzierten wir zum Beispiel Malerleinen, das gegen Farben und andere Erzeugnisse einer Düsseldorfer Firma getauscht werden konnte.

Alles dies lief in Hilden wie in Hamburg hoffnungsvoll, bis bereits im Frühjahr 1951 die Schulbehörde in der Hansestadt den Nutzungsvertrag für das Gebäude kündigte und damit die Künstler wieder auf die Straße setzte. Die Unmöglichkeit, in der schwer zerstörten Stadt ein anderes Domizil zu finden, führte nach Jahresfrist zur Auflösung des „Baukreis". Dies betraf auch die Hildener Niederlassung. Zwar blieben die Künstler, die sich dort zusammengefunden hatten, freundschaftlich verbunden, und viele Zeugnisse ihres Wirkens schmücken heute noch die Stadt, aber von der überzeugenden Idee des gemeinsamen Wirkens, die am Anfang gestanden hatte, blieb leider nichts mehr übrig.

Das hatte allerdings auch noch einen anderen Grund. Im Gegensatz zum „Dessauer Bauhaus", das von den Baukreislern immer als leuchtendes Vorbild angesehen wurde, da es in einer ähnlichen Situation nach einem Krieg seine überzeugende und weltweit wirkende Arbeit geleistet hatte, fehlten ihnen so bedeutende Persönlichkeiten wie Gropius, Mies van der Rohe, Itten etc. Ihnen war es gelungen, so unterschiedliche Individuen, wie es Künstler nun einmal sind, auf ein gemeinsames Ziel zu verpflichten und zu integrieren. Hätten die Hamburger etwas Ähnliches vollbracht, sie wären wohl nicht so einfach und schnell auseinandergelaufen, als ihnen die Wirkungsstätte der Schule wieder genommen wurde. Ich sah das mit großem Bedauern, hatte aber auch keine Möglichkeit, diese Entwicklung aufzuhalten.

In einer Hinsicht verschaffte mir die Zeit, die ich mit den Künstlern verbrachte, aber wertvolle Erkenntnisse und Wissen. Ich wurde durch sie, die verschiedene Kunstrichtungen vertraten, mit der Arbeit und der Technik des Malens, Zeichnens, der Bildhauerei und der Architektur in einer Weise vertraut, wie es mir sonst wohl kaum möglich geworden wäre. Auf diese Weise konnte ich auch meine schon vorhandene kleine Sammlung bildender Kunst, soweit es mir meine Mittel erlaubten, systematisch ausbauen und die Räume meines Hauses damit schmücken.

Von den alten Meistern haben mich einige seit langem besonders angesprochen. Michelangelo und Rembrandt gehören dazu, dann aber auch El Greco und vor allem Goya. Aber deren Werke waren natürlich unerschwinglich für mich. Schwerpunkte meines Interesses sind eindeutig die Im- und Expressionisten. Zwar gibt es dabei einige, die ich bevorzuge, jedoch sind die Unterschiede in meiner Sympathie gering. Von den Bildhauern der jüngeren Zeit ist Ernst Barlach mein Favorit. Aber auch die Abstrakten wie Arps, Moore, Kricke sagen mir etwas und können mich fesseln. Alle Kunstwerke betrachte ich, ohne wirklich etwas davon zu verstehen. Darum habe ich mich auch nie bemüht, obwohl Museums- und Ausstellungsbesuche bei mir zu einem „Muß" in jeder Stadt gehören, in der es Hervorragendes zu sehen gibt. Es genügt mir, die Schönheit, die Harmonie, die Gestaltung und die Farben auf mich wirken zu lassen, um zu einem großen Genuß zu kommen.

Neben der bildenden Kunst sind es vor allem gewisse Bereiche des Theaters und der Literatur, die mir viel bedeuten. Beide Gebiete wurden mir durch meine Mutter nahegebracht. Ihr Schwerpunkt lag auf der Belletristik, die ich leider vernachlässigen mußte, weil ich zeitlich zu stark von fachliterarischen Themen der Sozial- und Gesellschaftspolitik, die mich in meinen beiden Berufen beschäftigten, in Anspruch genommen wurde. Nicht selten entwickelten sich daraus auch Korrespondenzen mit den jeweiligen Autoren, mit denen ich mich in besonderen Fällen persönlich traf, um mit ihnen gewisse Fragen mündlich zu erörtern. Meist ergaben sich aus solchen Gesprächen wertvolle Anregungen für meine eigene Arbeit.

Die Beschäftigung mit Literatur ließ schon in jungen Jahren den Wunsch bei mir aufkommen, selbst „zur Feder zu greifen“. Die ersten Gelegenheiten dazu ergaben sich im Zusammenhang mit dem „Mitunternehmertum“. Die schriftlichen Auseinandersetzungen, die damit im Zusammenhang standen, zwangen mich oft zu Stellungnahmen, die gerne von führenden Zeitungen abgedruckt wurden. So kam ich zum Schreiben. Da sich nach und nach die Notwendigkeit ergab, grundlegende Ausführungen zu meinen sozialpolitischen Vorstellungen zu machen, schrieb ich 1964 mein erstes Buch mit dem Titel „Neue Antworten im sozialen Raum – Leitbilder für Unternehmer“, das schnell vergriffen war. Ihm folgten noch ein paar Buchpublikationen, vor allem aber Zeitungsartikel – zuerst vier Jahre lang fast wöchentlich im „Fortschritt“, dann vor allem im „Blick durch die Wirtschaft“. Die Themen wechselten je nach dem Tagesbedarf und den aktuellen Ereignissen. Mir machte dieser Teil meiner Aktivitäten besondere Freude, wenn es mir gelang, eine treffende Formulierung zu finden und ich aus der Leserresonanz spürte, daß es mir gelungen war, einen bestimmten Sachverhalt verständlich und eindrucksvoll darzustellen.

Jedes Schreiben erregt mich, bis ich alles dazu gesagt habe, was ich für erforderlich halte. Allerdings hätte ich kaum je für eine täglich erscheinende Zeitung Artikel verfassen können, weil der Zeitdruck meinen Gedankenfluß gehemmt hätte. Schreiben ist für mich sehr stark von Stimmungen abhängig, und ich lasse mich leicht ablenken. So werde ich zum Beispiel durch unvorhergesehene Fragen zu Alltäglichkeiten und meinem Haushalt irritiert. Ich finde dann schwer wieder den Anschluß. Andererseits: Wenn ich mich beim Formulieren einmal festgefahren habe, muß ich etwas ganz anderes tun, um wieder kreativ sein zu können. Ich gehe dann in meinen Garten und verrichte dort kleinere Arbeiten oder mache einen Spaziergang mit meinem Hund. Nach einer solchen Pause geht es wieder munter weiter.

Ähnliches galt übrigens auch für alle wichtigen Entscheidungen, die ich in unserer Firma, für meine Klienten oder im privaten Bereich zu treffen hatte. Gerade wenn etwas als „dringend" bezeichnet wurde, nahm ich mir Zeit, die Angelegenheit in Ruhe zu durchdenken, darüber „zu schlafen", bevor ich mich entschied. Ich habe dadurch viele Fehler vermeiden können, und die entstandene Verzögerung hat in keinem Fall der Sache geschadet.

Das Theater hat in meinem Leben einen hohen Stellenwert, der schon auf meine Jugend zurückgeht. Ich entwickelte im Lauf der Jahre geradezu eine Leidenschaft für das gesprochene Wort. Man kann damit so viele Nuancen zum Ausdruck bringen, die es immer in einem neuen Licht erscheinen lassen. Manchmal kommt es einem vor, als hörte man es zum erstenmal. Deshalb liebe ich auch Rezitationen, wenn sie mit großem Können vorgetragen werden. Die Sprecher Maria Becker und Will Quadflieg rangieren bei mir ganz oben, und ich habe sie ein paarmal zu privaten Veranstaltungen eingeladen, bei denen sie meine Freunde und mich zutiefst bewegt haben. Viele, vor allem klassische Stücke, sah ich mehrfach, mit unterschiedlichen Darstellern. Dabei war für mich hauptsächlich von Interesse zu erleben, wie die verschiedenen Schauspieler die Rollen auffaßten und gestalteten.

Quadflieg sagte einmal zu den Gedanken, die ihn in seinen Rollen beunruhigen: „In den Figuren, die man verkörpert, findet man die Probleme der Welt so kondensiert, alle Gefühle, alles Leiden in so konzentrierter Form, daß das wirkliche Leben gar nicht mithalten kann." Ich sah in Düsseldorf eine Aufführung von „Torquato Tasso", einmal mit Gustaf Gründgens und wenige Tage später mit Horst Kaspar in der Hauptrolle. Nie wieder habe ich so unterschiedliche Interpretationen der gleichen darstellerischen Aufgabe gesehen. Thomas Mann schrieb in seinem Tagebuch: „Dieses herrliche Stück, dessen dichterische Intimität und Kühnheit so eindringlich mit seiner klassizistischen Form kontrastiert." Auch ich liebe es über alle Maßen und sah es wohl elfmal in meinem Leben.

Mit Opern habe ich nie viel anfangen können, obwohl ich von der Musik bei einigen Werken, vor allem der russischen Komponisten, sehr beeindruckt war und bin. Ihnen gilt überhaupt meine ganze Bewunderung. Sie wurde durch die Übersetzung eines kleinen Büchleins über „Das mächtige Häuflein" aus dem Englischen, das die fünf ersten großen Musikschöpfer des Zarenreiches schilderte, geweckt. Das setzte sich bei den Modernen fort und übertrug sich später auch auf Komponisten wie Chopin, Debussy und Ravel. Viele ihrer Werke hole ich mir an langen Winterabenden durch Musikkonserven in mein Haus. Aber am liebsten genieße ich sie natürlich nach wie vor im Konzertsaal.

Ich bin auch mein Leben lang viel gereist, beruflich und privat. Meine Neugier, ich sprach schon davon, hat mich immer umgetrieben, ließ den Wunsch von Mal zu Mal stärker werden, andere Kulturen, Völker, Länder und Landschaften zu sehen und, soweit das bei den stets auf wenige Wochen beschränkten Aufenthalten möglich war, kennenzulernen. In Europa bereisten meine Frau und ich vor allem die südlichen, am Mittelmeer gelegenen Länder mit ihren reichen kulturellen Zeugnissen aus den verschiedenen Phasen ihrer Jahrtausende alten Geschichte. Dabei übten die archäologischen Stätten eine spezielle Anziehungskraft auf mich aus, und ich gab selten Ruhe, bis ich alles nur einigermaßen Erhaltene gesehen hatte. Daneben waren es die Menschen und die wundervollen Landschaften, die mein Herz erfreuten.

Bei den Fernreisen, die mich in viele Teile unseres Globus führten, waren ein Schwerpunkt die Vereinigten Staaten, die ich in über dreißig Jahren mehrfach, zuerst beruflich, dann aber auch privat bereiste. Wenn ich an dies riesige Land denke, so bin ich immer wieder hin- und hergerissen zwischen Sympathie und Abneigung. Einerseits fesselt mich das unkomplizierte, praktische Zupacken im täglichen Leben und in der Politik und die geradezu grenzenlose Gastfreundschaft, die einem auch bei fremden Menschen zuteil wird. Dann aber bin ich oft erschüttert über die Primitivität der Auffassungen, die einem überall begegnen. Die USA sind zu einer großen Gefahr in unserer Welt geworden, seit sie als einzige Supermacht übriggeblieben sind und das politische und wirtschaftliche Geschehen weitgehend bestimmen.

1960 war ich während der entscheidenden Phase des Wahlkampfes zwischen John F. Kennedy und Richard M. Nixon im Land und erlebte ihn allabendlich im Fernsehen. Oft wurde ich dann von Bekannten gefragt, wen ich für den besseren Mann hielte. Meine Antwort war stets: „Wenn Sie Kennedy wählen, so zeugt das von großer politischer Reife." Bekanntlich erhielt er nur eine sehr knappe Mehrheit der Stimmen. Er hatte zuviel Unpopuläres gesagt, und sein Appell: „Fragt nicht, was euer Land für euch tun kann, sondern was ihr für das Land tun könnt!", war nicht nach dem Geschmack der Hälfte der Bevölkerung.

Meine Frau starb im Januar 1986, nach fast vierundvierzigjähriger Ehe, an einem Herzversagen. Ich verlor mit ihr nicht nur meine immer liebevoll um mich besorgte und fröhliche Partnerin, sondern auch eine Gefährtin, die mit mir alle guten und schwierigen Phasen meines Lebens teilte und mir dabei zuverlässig zur Seite stand. Seit ihrem Tod lebe ich allein. Ab Anfang der siebziger Jahre wohnte ich nicht mehr im Park meiner Eltern im Zentrum der Stadt Hilden. Ich verkaufte ihn damals der Stadt, und sie machte ihn öffentlich und nutzt das Haus für verschiedene Zwecke. Ich selbst zog in eine Nachbargemeinde und fühle mich dort wohl in einem kleinen Haus mit Garten, der mich zu allen Jahreszeiten beschäftigt und mir Freude macht, weil ich in ihm die Natur, ihr Werden und Vergehen erleben und beobachten kann. Es ist eine Insel in dieser unruhigen, in vieler Hinsicht üblen Welt, die mich oft bedrückt.

Ein letztes Wort

Was bleibt also zum Schluß zu sagen: All die erfreulichen und schönen Seiten meines Daseins, die bewegenden Erlebnisse und Höhepunkte von meiner Jugend bis zu meinem gesetzten Alter werden unüberhör- und unübersehbar von den deprimierenden Vorgängen und Ereignissen, die sich tagtäglich in der Welt abspielen, in den Schatten gedrängt. Da sind die Hungerkatastrophen, die Bürgerkriege, die diktatorischen Regime, die Unfreiheit vieler Völker, die soziale Ungerechtigkeit überall und besonders in den Entwicklungsländern, das Umweltverderben, der Rassenhaß, die Gewalttätigkeit, die Folterungen und der persönliche Terror, an denen wir nichts ändern können und an denen diejenigen, die es könnten, nichts ändern, weil das Resultat ihrer Bequemlichkeit, ihren Interessen, Privilegien und ihrer Machtausübung im Weg stehen und sie schließlich einschränken oder gar beseitigen würde.

Ich empfand und empfinde es immer mit großer Dankbarkeit, daß ich durch meine Geburt in unverdienter Weise begünstigt worden bin und nicht in einem Land mein Leben fristen muß, in dem die genannten Zustände herrschen. Es ist schwer zu begreifen und zu ertragen, daß weder eine Macht noch die Vernunft in Sicht ist, sie zum Besseren zu wenden. Es zeigt sich, daß nicht einmal die Demokratien, ja oft scheint es, daß gerade diese am wenigsten dazu in der Lage sind. Selbst in ihnen kann der einzelne kaum etwas, fast nichts bewirken, wenn er sich nicht mit anderen Gleichgesinnten zusammentut, es sei denn, er sei so prominent, daß sein Wort trotzdem gehört wird und Gewicht hat.

Als die große Wende im Osten kam und damit die latente Kriegsgefahr zwischen Ost und West vorerst gebannt war, brachte das vielen Menschen neue Zuversicht für ein Leben in der Zukunft. Aber das Ende des Jahrtausends macht mit seinen ständigen erfolglosen Bemühungen, an den vielfältigen Mißständen unserer Welt Grundlegendes zu ändern, alle derartigen Hoffnungen zunichte. So kann ich meinen Lebensbericht nicht mit einem positiven Ausblick beenden. Das fällt mir schwer, da ich selbst das große Glück gehabt habe, mein Dasein weitgehend so gestalten zu können, wie mir das vorschwebte, und unbehindert meine Ziele zu verfolgen. Aufgeben werde ich sie nie, wie ich mich nie habe entmutigen lassen. Sind meine Möglichkeiten im Alter auch kleiner geworden, so will ich mich doch so lange zu Wort melden, solange ich noch schreiben und sprechen kann, denn ich kann die Sache nicht im Stich lassen, für die ich mein Leben lang gestritten habe.